"四会"教学项目化教程

主　编　鲁　丹　闫　芳
副主编　王力登　阳建文
主　审　刘　越

南京大学出版社

图书在版编目(CIP)数据

"四会"教学项目化教程 / 鲁丹，闫芳主编.
南京：南京大学出版社，2024.7. — ISBN 978-7-305-28168-6

Ⅰ．G650

中国国家版本馆 CIP 数据核字第 2024K2B772 号

出版发行	南京大学出版社		
社　　址	南京市汉口路 22 号	邮　编	210093

书　　名　"四会"教学项目化教程
　　　　　"SIHUI" JIAOXUE XIANGMUHUA JIAOCHENG
主　　编　鲁　丹　闫　芳
责任编辑　高　军　　　　　　　　编辑热线　025-83592123
照　　排　南京开卷文化传媒有限公司
印　　刷　南京京新印刷有限公司
开　　本　787 mm×1092 mm　1/16　印张 11.5　字数 290 千
版　　次　2024 年 7 月第 1 版　2024 年 7 月第 1 次印刷
ISBN　978-7-305-28168-6
定　　价　42.00 元

网　　址：http://www.njupco.com
官方微博：http://weibo.com/njupco
官方微信号：njuyuexue
销售咨询热线：(025)83594756

* 版权所有，侵权必究
* 凡购买南大版图书，如有印装质量问题，请与所购
　图书销售部门联系调换

前　言

习近平总书记在党的二十大报告中指出："如期实现建军一百年奋斗目标,加快把人民军队建成世界一流军队,是全面建设社会主义现代化国家的战略要求。"习近平总书记提出,"深化军队院校改革,建强新型军事人才培养体系,创新军事人力资源管理",这为我们定向培养军士生的人才培养指明了方向。

我军面临的新形势和新任务以及新军事变革飞速发展,要求对定向培养军士生的培养在多方面进行更加深入的研究,更好地适应新军事变革的形势,满足打赢信息化战争的目标和要求。其中,定向培养军士生应该具有什么样的组训能力素质、如何在军地联合培养中逐步实现这些能力素质指标、如何考核选拔出具有这些能力素质指标的优秀军士,如何为部队输送合格的军士人才,是迫切需要解决的难题。

本教材将从定向培养军士的特点出发,着眼军士"四会"组训能力培养。"四会",即专业技术军士在组织训练和实施教学时要达到"会讲、会教、会做、会做思想工作"的四个标准。本教材通俗易懂、实践性强,每个项目后附有拓展内容和自测题目,可作为定向培养军士高职院校军士组训教学的主要教材。

《"四会"教学项目化教程》作为军士组训的方法论指导,是军士在部队训练实践中积累的方法和经验的总结与升华,并结合了教育学和心理学知识,能更好地帮助军士提高组训素质和实践能力。

军士组训的质量取决于训练计划、训练指导、训练管理以及组训人才的培养和训练资源的开发利用。编者在赴相关院校和部队广泛调研的基础上,着眼于军士自主学习和实践应用设置内容结构,围绕理论与实践的对立统一关系设计内容体系。本教材对专业技术军士在组训中须知、须懂、须会、须用的基础理论、基本知识、基本程序、基本方法等进行了比较系统的阐述。

本教材在吸收相关教材精华的基础上,结合军士组训能力培养特点,突出理论联系实践的原则,以项目化教学的方式安排教学内容,每个项目设计相应的实训环节和拓展内容。

本教材由武昌职业学院军士教学部鲁丹、闫芳担任主编,无人机应用技术学院王力登、阳建文担任副主编,由军士教学部刘越主审。在编写过程中,大家群策群力,集体研究,充分讨论,凝聚了集体的智慧和心血。同时参考、借鉴了有关部队和军事院校在军士组训教学中的成功做法与经验,并得到了地方院校和部队有关专家的指导,在此表示衷心感谢。

编者

2024 年 3 月

目　录

项目一　组训简介 ·· 1
　　第一节　组训概观 ··· 1
　　第二节　组训者概述 ·· 7
　　第三节　组训能力评估 ·· 10
项目二　"会讲"——语言表达技能 ··· 21
　　第一节　语言表达技能 ·· 22
　　第二节　态势语技能 ·· 33
项目三　"会教"——课堂授课技能 ··· 52
　　第一节　课堂教学设计 ·· 53
　　第二节　课堂教学技能 ·· 72
　　第三节　编写教学方案 ·· 87
　　第四节　制作运用课件 ·· 93
　　第五节　课堂组织管理 ··· 101
　　第六节　课堂教学心理 ··· 106
项目四　"会做"——专业组训技能 ·· 123
　　第一节　制定训练计划 ··· 124
　　第二节　专业组训准备 ··· 127
　　第三节　专业组训程序 ··· 130
　　第四节　技能训练心理 ··· 135
项目五　"会做思想工作" ·· 145
　　第一节　组训中的思想政治工作 ··· 146
　　第二节　心理教育疏导 ··· 150
附录1　教案模板 ··· 175
附录2　周训练计划模板 ·· 176
参考文献 ··· 178

项目一　组训简介

项目目标

通过本项目的学习,你应该能够:
1. 复述组训的任务和形式;
2. 阐述组训的特点和原则;
3. 说出组训法的发展和特点;
4. 描述组训者的作用职责;
5. 说出组训者的要求和评定标准。

项目导言

> 组训者要成为"四会"(会讲、会教、会做、会做思想工作)教练员,具备指挥、训练、教育和管理的能力。

项目内容

第一节　组训概观

组训,就是由组训者组织受训者进行训练,包括理论知识教学和专业技能组训。

一、组训的形式

组训形式,即组织训练的形态与方式,主要依据训练的基本规律、训练大纲、训练对象的实际情况及训练设施而定。组训的基本形式主要有新老学员分训、按职级训练、按专业训练和按建制训练。

(一) 新老学员分训

新老学员分训主要是对新老学员分别进行编组,按各自的训练内容进行训练的一种组训形式。采用这种组训形式,能避免训练内容的重复,增强训练针对性,调动受训者积极性,便于新学员打牢基础,老学员提高技能。

组织新老学员分训应注意以下问题。

1. 合理进行训练编组

新老学员分训大的编组是按新老学员划分。新老学员各自的训练编组要根据训练课目的特点、要求以及受训者的实际情况灵活实施。训练中,为了避免出现基础好的受训者重复学"吃不饱"、基础差的受训者难度大"吃不了"的现象,组训者可根据受训者的基础情况,按照好、差分别编组,对基础好的加强技能培养,提出更高的要求;对基础差的个别辅导,让其迎头赶上。也可以采取混合编组的形式,将基础好与基础差的受训者编在一起,组成帮学对子,以先进带后进,共同促进,共同提高。

2. 科学安排训练任务

安排训练任务要按照训练计划执行。组训中对训练任务的安排,主要是指对训练内容、训练时间、训练质量指标的管控。要科学地安排每周或每个训练日的训练内容,适时地转换训练内容,合理地安排各项内容的合练、分练时间,控制训练进程和讲授、练习、休息的时间。正确把握训练标准,依据训练大纲的要求,从新老学员各自的训练实际出发,由慢到快、由会到精,逐渐提高标准,循序渐进地控制和达到大纲规定的训练质量指标。

(二) 按职级训练

按职级训练是根据受训对象的不同职务、级别分别进行训练的一种组训形式。采用这种组训形式,便于按职务、级别,分别选择相应训练内容,突出训练重点,增强训练针对性;便于根据任职年限和训练基础,逐次递进地提升能力。

(三) 按专业训练

按专业训练是根据分队的专业性质相对集中进行训练的一种组训形式。按专业组训的特点是在同一个受训单位中,训练对象专业相同,训练课目、内容一致,便于充分利用人员、装备、器材、信息等训练资源,统一组织教学和保障。按专业组训,要按照专业集中、区分层次、上下结合的原则分别编组。按专业组训时,由于各专业技术性强,因此,实施训练必须注重专长任教,各专业组的组训者可由有专长的组训者担任。

(四) 按建制训练

按建制训练是以建制部(分)队为基本单位进行训练的一种组训形式。组训中使用较多的是组织建制班训练或组织建制排、连的受训者训练。按建制训练,参训人数相对较多,专业门类多,因此,要加强训练管理,周密计划,严格组织,认真把握训练的各个环节,严格正规施训。

二、组训的任务

训练是一个纷繁复杂的过程,是一个由诸多训练要素、训练环节组成的有机整体。组训者在组训过程中,不仅要认真教,还要精心组织练,既要搞好课堂讲授,还要抓好训练管理,同时要兼顾训练中的思想政治工作。可以说组训者承担的组训任务是一项贯穿训练过程始终的艰巨任务。主要表现在四个方面：

（一）传授理论知识和专业技能

组训者既是训练的组织者，又是教练员。组训者工作的时间长，理论知识扎实、专业技能过硬，训练经验丰富，因此，最直接、最主要的工作就是向受训者系统地传授训练大纲所规定的受训者应该掌握的理论知识和专业技能。特别是技术保障岗位，专业性强，专业知识和技能的传授成为组训的重要任务，要求每名组训者都能进行理论授课和专业组训。

组训者作为教练员，传授专业知识和技能，一要熟悉业务、精通专业，具有较高的理论水平和较强的操作技能；二要掌握法规、落实制度，严格按照教育训练规律施教；三要善于传授、会组织教练，具备"四会"教练员基本素质；四要以身作则、率先垂范，时刻注意自己的一言一行，对受训者起到耳濡目染、潜移默化的教育作用。

（二）做好训练中的管理工作

组训者组织训练并不仅仅是"教"和"练"，还要进行训练诸多环节的组织与实施，集知识技能的传授者和训练过程的管理者于一身。要对训练过程的计划、准备、实施、考核、总结等环节实施有效的管理。

训练计划管理主要是根据上级指示、训练大纲、训练计划和本分队实际情况，明确具体训练内容、合理划分训练时间、科学选择训练方法、周密安排训练过程、提出针对性要求，做好一周的具体训练计划。训练准备管理，主要是按照周训练计划做好训练前的思想准备、组织准备、物质准备和教学准备。训练实施管理，即严格按纲施训，在训练过程中，组织好"教"和"练"，以及人员管理和安全管理。训练考核管理，主要是协助军官做好考核验收工作。训练总结管理，则是要求组训者做好训练考核后的总结工作，包括成绩的登记统计、总结报告等内容，以便于明确训练成效和问题，更好地开展下一步训练。

（三）做好训练中的政治工作

训练过程是促进人和装备有效结合，形成战斗力的过程。在这一过程中，人起着主导的、能动的作用。受训者的精神状态、训练积极性、主观能动性，直接关系着训练的质量和训练目标的实现。因此，组训者在组训过程中，要注重发挥政治工作的作用。通过深入的思想政治教育和经常性思想工作，解决受训者在训练中出现的思想认识问题和实践问题，排除受训者的思想障碍和心理障碍，保证全体受训者都能全身心地投入训练。

组训者做好训练中的政治工作，一是要在组训和日常生活中仔细观察、经常谈心，及时、全面地了解受训者的学习、生活、身体和家庭情况，针对受训者的认知规律、学习特点和思想状况等，有针对性地开展训练。二是要采取恰当的方法耐心细致地做思想工作，当发现受训者存在不正确的行为和思想苗头后，要及时弄清问题的根源，采取有效的方法，对症下药，做好深入细致的思想工作。工作过程中，要推心置腹、以诚相见，不能简单粗暴、盲目训斥，要晓之以理、动之以情，循循善诱，搞好受训者思想教育工作，逐步提高受训者的觉悟。

（四）做好训练的总结研究工作

训练实践证明，许多良好的训练方法，主要是靠组训者从训练实践中总结出来的。因此,组训者除了传授知识和技能、做好训练的管理和政治工作外,还要做好训练的总结研究工作。

组训者做好训练的总结研究工作,一是以训练计划为依据,选准总结要点。总结是对训练实施结果进行评估,因此,要对照训练计划初期的目标,评价训练的落实情况,总结训练的经验教训,把握训练的重点内容。二是要搜集可靠信息,充分占有材料。要通过各种渠道,广泛收集,掌握训练所需的各种信息。三是要摸索规律,把经验升华为理论。实践经验只有上升到理论高度,实现质的飞跃,才能真正成为宝贵的精神财富。因此,总结不要就事论事,而应以事论理,分析事物的本质联系,把握事物发展变化的规律,加深对训练活动的认识。一方面不断探索训练规律,改进训练方法,提高训练质量,另一方面不断提高自身的组训能力,提升组训水平,为训练工作的持续、有效开展起到积极作用。

三、组训的特点

组训的基本特点反映了训练的一般规律,它与训练科目、组训形式、训练方法、训练对象、训练要求、训练强度有着密切的联系,集中表现出以下几个特征。

(一) 专业门类多,教学分工细

组训者所承担的基础知识和技能训练课目种类多、分工细、专业性强,往往多科目相继开展,各专业齐头并进,这些特点一方面要求组训者是"一专多能"的多面手,对某一个专业的训练应是"行家",对技能样样精通;另一方面要求对组训者担负的训练任务进行详细分工,组训者的教学分工应结合专业、课目训练特点和组训者的任教能力、专长进行,组训者对担负的教学任务不仅要"熟",而且要"精",要有较充足的时间从事教学准备工作。

(二) 操作课目多,体力消耗大

受训者技能的掌握、动作的形成,要经过反复操练,因此体力消耗是较大的,有时甚至是超常的。加上训练难度高、强度大、节奏快,决定了全体参训人员必须具有强健的体魄和稳定的心理素质。组训者要精心把握操作环节,精讲多练,分步细训,合理安排时间,劳逸结合,正确把握训练方法,注重研究训练特点,总结训练经验,并针对个别受训者训练中容易表现出的怕苦怕累思想和畏难情绪,及时做好政治思想工作。

(三) 时限性强,要求标准高

时限性强、要求标准高是组训者组织训练的又一个特点。组训者训练的基本特点是课目多,周期长,标准高。训练课目环环相扣,每个训练课目都有明确的完成时限要求和具体标准。只有在规定的时限内完成训练任务,才能保障在有限的时间内通过训练把战斗力提高到最高水平。训练大纲对各级、各类人员需要完成的训练课目、课题都规定了严格的精度要求、速度标准和具体的完成时限。组训者在组训过程中,必须认真把握这一点,树立强烈的时间观念,按照训练大纲的规定,一丝不苟地严格组织训练。

(四) 受训对象差异明显,教学组织复杂

组训者组训的对象来自五湖四海,文化程度、兴趣爱好、家庭条件和个人经历不同,生理

机能、心理素质、思想觉悟、学习态度、兴趣爱好、反应能力和接受能力等都有差别。特别是由于受训程度不一,个人素质的差异更为明显。受训对象群体、个体存在的差异性,决定了教学组织的复杂性。组训者在组织教学活动时,必须充分考虑受训对象差异性对教学活动的影响,依据不同的受训群体、个体,采用不同的教学方法,实施不同的教学步骤,分配不同的教练时间,设计出不同的训练方案。

四、组训的原则

组训原则是指导和组织实施训练必须遵循的基本准则。它是训练实践经验的科学总结,是根据训练的指导思想、训练任务、训练特点及训练规律提出的。随着人们对训练规律认识的不断深入,训练的原则也将不断发展和创新。根据组训的任务、特点和受训对象掌握技能的一般规律,组训者在组织训练过程中应用较多的训练原则主要有训战一致、训管结合、科学练兵、精讲多练、因材施教、循序渐进、组训民主、注重效益等。

(一) 训战一致

训战一致是指训练要适应实战要求,训练与作战必须统一,仗要怎么打,兵就怎么练。要"能打仗、打胜仗"。贯彻训战一致的原则,要树立"练为战"的思想,平时的训练要结合未来可能担负的作战任务,着眼实战需要,努力创设近似实战的环境,最大限度地缩小训练和实战的距离,提高部队实战能力。要从难从严进行训练,训练要有一定难度和强度,不偏训、漏训和随意降低训练标准,同时训练又要严而有格、严而有度,讲究训练方法,优化训练过程,将从难从严训练建立在科学训练的基础之上。

(二) 训管结合

训管结合是指在训练过程中,将训练活动与管理活动相结合,教育与养成相结合,使受训者在学习掌握理论知识和专业技能的同时,受到严格的管理和熏陶,以管理和养成促进训练质量的提高。贯彻训管结合的原则,要在训练中严格贯彻落实条令条例和规章制度,把条令条例和规章制度落实到日常行动中,变成看得见、做得出、用得上的具体形象,保证训练的条令化、规范化、标准化;要加强训练过程管理,对训练秩序、训练纪律、训练作风、训练安全等要严格管理、严格要求,才能保证训练正规、安全、顺畅、有序地实施;要组训者以身作则、言传身教,以自身的言行赢得受训者的尊重与信赖,收到强化训练管理的效果,反之,就会教而不信,训而不力,练而不会,管而不服。

(三) 科学练兵

科学练兵是指组训者要遵循训练规律,严格执行训练法规,运用系统论的原理和方法,对训练进行科学的组织、协调和控制,克服随意性和盲目性,保证训练健康发展,全面提高训练水平。贯彻科学练兵的原则,一是要搞好训练的总体设计,应"大处着眼,小处着手"。"大处着眼"是说看事情要高瞻远瞩,有全局意识,并且能够考虑长远;"小处着手"是说做事的时候要谨慎,着手细节,才能避免眼高手低的毛病。二是要正规系统施训,坚持依法治训,按纲施训,严格落实各项训练制度。三是要体现训练内容的科学性,训练内容、方法要科学,防止蛮干。

（四）精讲多练

精讲多练是指在训练中,组训者力求用较少的时间把问题讲精、讲深、讲透,给受训者留出更多的时间进行实践练习,做到边讲边练,讲练结合,以练为主。贯彻精讲多练的原则,一是要处理好"精讲"与"多练"的关系。"精讲"不是片面地强调少讲,不是讲得越少越好,而是在有限的时间内,把应当讲授的内容,特别是重点难点内容,用准确而精练的语言表述清楚。讲得多与少,以能否使受训者弄懂弄通为标准。"多练"则是在受训者理解知识、懂得道理的基础上,增加练习和作业时间,反复练习,较快掌握知识和技能。二是要讲练结合,以练为主,注重反复练习。训练的内容具有很强的操作性、实践性,要达到熟练掌握基本技术、技能的程度,关键是要反复练习。要根据技能的难易程度、受训者的实际情况,合理安排训练进度,采用多种方式组织练习,以调动受训者训练积极性,促进训练效益效果的提高。

（五）因材施教

因材施教是指组训者要从受训者的素质状况、接受能力等实际情况出发,对不同的训练对象,提出不同的要求,采用不同发方法,实施有针对性的训练。贯彻因材施教的原则,一是要掌握受训者的实际情况,在训练前和训练中做好调查研究,既要注意掌握受训者的普遍知识水平、基础状况、接受能力、学习风气和学习态度,又要了解每个人的兴趣爱好、文化水平、理解能力、经历等不同情况;二是要采取合理的教学编组,在操练中,为了避免基础好的受训者重复学"吃不饱",基础差的受训者因难度大"吃不了"的现象,应根据受训者的情况进行编组,切忌一刀切;三是要面向多数、照顾两头,训练的深度、进度和强度要适合大多数人,对少数有特殊才能的尖子要积极创造条件,注意发挥他们的特长和潜能,对基础较差的受训者,要耐心帮助,加强辅导,多给他们锻炼的机会,鼓励他们树立信心,使其尽快跟上集体的步伐。

（六）循序渐进

循序渐进是指根据训练课目之间的联系和训练内容内在的系统性及受训者掌握理论知识和技能的规律,按顺序、分步骤、有计划地实施训练。贯彻循序渐进的原则,一是训练计划要有系统性,应充分考虑各课目之间的逻辑关系,严格按照先基础课目,后专业基础课目,再专业课目的顺序安排;二是训练内容要有连续性,组训者在讲授内容时要注意新旧知识的有机衔接,使新知识成为原有知识合乎逻辑的发展;三是训练程序要讲究顺序,要根据课目内容、特点设计训练过程。讲解、示范、操作、分练、合练紧密结合,层层递进,分步实施。

（七）组训民主

组训民主是指在训练中要相信受训者、依靠受训者,充分调动受训者的积极性,促进训练任务的完成。贯彻组训民主的原则,一是要充分发挥组训者的主导作用,合理设计和把握训练过程,充分调动受训者的训练积极性和创造性,使受训者主动参与到训练活动中,提高训练效率;二是要发挥受训者的主体作用,鼓励受训者敢想、敢说、敢干,听取受训者对训练工作的意见和建议,最大限度地发挥群众的智慧;三是在训练中充分发挥训练骨干的作用,发动受训者开展帮学活动,以增强教学力量,弥补组训者教学力量之不足,使训练活动充满生气。

(八) 注重效益

注重效益即组训者在组训过程中,要采取先进的训练和管理手段,通过科学的计划、调节和控制,力求用最小的物质和时间消耗,换取尽可能大的训练效益。贯彻注重效益的原则,一是要运用科学的训练方法,尽可能通俗易懂、形象直观、卓有成效,使受训者在短时间内能迅速理解掌握知识和技能,使一定的教育训练资源在一定的训练时间内发挥最大的使用效益;二是要采用现代化训练手段,用多媒体教学和模拟、仿真等训练手段,提高训练质量,降低训练消耗,同时也要注重训练手段的简单实用、经济便捷,切实提高训练效益。

第二节 组训者概述

组训者是对专业技能训练组织和实施者的统称,其既是制定训练计划、开展训练活动的组织者,又是训练的实施者,在训练中起主导作用,也称为"教练员"。组训者的组训能力直接关系着专业技能训练的质量,会直接影响战斗力的生成、巩固和提高。

一、组训者的作用职责

(一) 组训者的作用

组训者在训练活动中起着主导作用。当代教育家叶圣陶对主导作用作过贴切的解释:"所谓教师之主导作用,盖在善于引导启迪,俾学生自奋其力,自致其知,非谓教师滔滔讲说,学生默默聆受。""教师当然须教,而尤宜致力于'导'。导者,多方设法,使学生能逐渐自求得之,卒底于不待教师教授之谓也。""教师之为教,不在全盘授予,而在相机诱导。"教是为了不教,深刻阐明了组训者主导作用的真谛。

唐代韩愈曾说:"古之学者必有师。师者,所以传道、授业、解惑也。"可见,组训者发挥主导作用主要体现在三个重要方面。

一是"传道",可理解为培养受训者良好的思想品德。作为"师者"的组训者"闻道在先",有较高的政治素质,在训练过程中,担负着培养受训者良好道德品质和作风意识的重任,并通过潜移默化的教育和影响,使之达到"政治合格"的要求。

二是"授业",可理解为传授专业知识和技能。组训者一般都是专业训练的尖子或骨干,"术业有专攻",指具有较系统的专业知识和丰富的实践经验。在训练过程中,组训者根据受训者的实际情况,因材施教,将经过加工的专业理论知识和技能迅速有效地传授给受训者,使之达到"军事过硬"的要求。

三是"解惑",可理解为解难答疑,调动受训者训练的积极性。教育理论的一个最基本的观点是:组训者的主导作用与受训者的主体地位是辩证统一的,在强调组训者主导作用的同时,还应充分认识到受训者是训练的主体。从某种意义上说,组训者的"教"终归是外部条件,只有发扬民主,充分调动受训者的内在动力,才能推动训练向更高层次发展。

(二) 组训者的职责

组训者在训练中占有特殊的地位,负有重要的责任,起着关键的作用。组训者的主要职责是:

(1) 积极接受各级部门安排的教学任务,做好训练计划;
(2) 按时、认真编写所授课目的教案、课件和补充资料;
(3) 开展组训对象、组训内容和组训条件等因素的调查与分析,做好教学准备工作;
(4) 认真、主动开展好所在单位的各项组训工作;
(5) 做好组训过程中的思想政治工作和训练管理工作;
(6) 积极参加上级组织的与组训有关的活动;
(7) 对受训者的综合素质、业务技能的提高负责;
(8) 不断提高自身素质修养,提高教学技能和技巧;
(9) 及时掌握所在部门本专业的新技术、新动态、新信息并及时反馈给上级;
(10) 做好训练的总结工作,对组训工作提出合理建议。

二、组训者的素质要求

一名合格的组训者履行教练员职能,应具备的基本条件主要包括政治素质、军事素质、文化素质、能力素质和身心素质。

(一) 政治素质

政治素质是组训者在政治思想上所应具有的基本素质和水平。政治素质是组训者最根本的素质、首要的素质,在素质结构中处于主导地位,对其他素质起着决定性的作用。政治素质包括高度的政治思想觉悟,强烈的爱国、爱军、爱岗热情,高尚的道德品质,严格的纪律观念,崇高的敬业精神和组训者的职业道德等。

(二) 军事素质

军事素质是组训者完成教学任务的重要基础,内容广泛。包含以下四点:一是广泛的军事知识,包括军事共同基础知识、军事理论知识、军事专业知识、军兵种知识和外军知识;二是熟练的军事技能,包括军事队列动作、装备操作技能和专业维修技能;三是优良的战斗作风,通过艰苦的锻炼,有意识地磨炼自己的意志和品格,培养顽强的战斗作风和高度的组织纪律观念;四是良好的军人形象,组训者向受训者传授知识、技能的过程,也是培养受训者良好素质的过程,良好的军人形象,会给受训者留下深刻的印象,并起到潜移默化的作用。

(三) 文化素质

文化素质是组训者所具备的科学文化知识,特别是从事教学所必备的教育专业知识和相关学科知识。"要想给受训者一瓢水,自己必须有一桶水",组训者首先要有一定的科学文化基础,其次要掌握相关学科和相邻专业知识,比如教育学知识、心理学知识、管理学知识、军事学知识等,使知识技能传授更有效。

(四) 能力素质

能力素质是指组训者在教学活动中表现出来的实际本领,是组训者完成教学训练工作的重要保证。能力素质在"会讲、会做、会教、会做思想工作"(简称"四会")一般要求的基础上,具体要达到"四个一"考核标准(即能拟制一份周训练计划、编写一份教案、上台讲授一堂课、组织一次班组实作训练)。因此,能力素质具体包括语言表达能力、教学设计能力、教案编写能力、课件制作能力、课堂教学能力、板书板画能力、操作演示能力和组织管理能力等。

(五) 身心素质

身心素质包括身体素质和心理素质两个方面。身体素质是其他素质包括心理素质的基础和前提,只有具备强健的体魄、充沛的精力,才能承担起繁重、艰苦的教学和训练任务。心理素质主要包括良好的心理特征和心理承受能力,是完成教学和训练任务的重要条件。

三、组训者的纪律要求

一名合格的组训者,必须明确组训纪律,并严格遵守组训纪律,主要包括以下几点。
(1) 热爱教育事业,严禁在教学和训练中出现抱怨和诋毁党中央的言行;
(2) 积极完成组训任务,不得无故推托教学任务,确实有困难时,应提前说明并请假;
(3) 努力提高教学技能,认真备课,严禁在没有教案和无准备的情况下进行组训授课;
(4) 遵循"示范性原则",注重仪表形象,按规定着装,不得在课堂上讲授与教学无关的内容;
(5) 关心受训者,严禁讽刺、挖苦,不得体罚或变相体罚,不得无故迟到或拖堂;
(6) 教学期间不许做与教学无关的事,严禁使用一切通信工具;
(7) 组训教学工作中一律使用国家推广的普通话;
(8) 严格执行保密制度。

四、组训者的评定标准

(一) 组训者"四会"标准

组训者作为教练员,在组织训练时要达到"四会"(即会讲、会教、会做、会做思想工作)标准。

会讲,即精通所教课目内容,熟悉有关的条令、规程、教材以及训练大纲的要求,掌握所教课目的精神实质。讲解后能使受训者懂得"是什么""为什么""怎么做"等问题。会讲是"四会"的前提,它要求组训者讲授的语言和内容具有独特的风格,在对受训者传授知识、启发思维、交流感情的过程中体现出艺术性与科学性的统一,完成教学任务,达到教学目的。

会做,即对所教课目动作熟练,基本功过硬,并能准确示范和正确指挥,使受训者学有榜样、练有标准。会做是"四会"的重点,它要求组训者自身军事素质和专业技能必须过硬,在传授知识和技能的过程中能进行规范、准确的演示,以供受训者模仿、参照。

会教,即根据不同课目的特点,运用灵活多样的教学方法,做到时间短、效果好。会教是"四会"的核心,它要求组训者在教学过程中采用灵活的教学方法,循序渐进,在不走过场、不搞形式主义的前提下,以"教得真、教得全"与"学得实、学得巧"的结合来提高教学质量。

会做思想工作,即组训者能把思想工作渗透到训练中,激发受训者的训练热情,使其能自觉苦练、精益求精。会做思想工作是"四会"的保证,它要求组训者在教学过程中,有针对性地进行思想政治教育,激发受训者的训练热情和训练潜能,保证讲、做、教的顺利实现,最终提高训练质量。

"四会"能力是相互联系、相互作用的有机整体,它从整体上规定了组训者实施教学应具备的基本素质和知识结构,也是评价组训者教学功底的唯一标准。没有哪一个课目的教学是可以完全抛开其中一"会",而圆满完成教学任务的。

(二) 组训能力考核标准

组训者组训能力考核依据有关规定,考核组训者拟制训练计划、编写教案、课堂授课和组织操作训练的能力,达到"四个一"考核标准,即拟制一份周训练计划、编写一份教案、讲授一堂理论课、组织一次班(组)操作训练。

拟制一份周训练计划,即能够根据训练任务,结合本职岗位,拟制本专业某一课目的周训练计划。计划内容一般包括课目、目的、内容、时间、地点、对象、要求、器材、训练方法、注意事项、进度安排、考核验收等。

编写一份教案,即根据课目训练计划和专业要求,按照教案编写的格式要求,编写一份专业理论课的授课教案。教案内容一般包括教学课目、教学目标、主要内容、重点与难点、方法手段(讲解、示范、提示和指导等)、归纳小结和布置作业等。

讲授一堂理论课,即结合多媒体课件、教具模型等,向受训者讲授一堂专业理论课。授课过程一般包括导入、讲授、板书、提问、小结等环节。

组织一次班(组)操作训练,即根据课目要求,结合实际装备或器材,熟练地组织一次班(组)专业训练,进行示范讲解并指导受训者练习。

第三节 组训能力评估

组训能力评估是指在规定的时间内,按照规定的形式和方法,对组训者进行的考核评定。组训者组训能力评估是检验组训成果的一种训练管理机制,是训练管理的一种控制手段,是组训过程中不可缺少的重要环节。组训者组训能力评估,必须坚持从严检验、全面衡量、以考促训、以评促训的原则,严格把握标准,正确实施考核与评价,对指导、调节和规范组训工作,激发组训者争先创优的积极性和创新性,都具有十分重要的意义。

一、组训能力评估的标准

组训能力考核主要考核组训者拟制训练计划、编写教案、课堂授课和组织操作训练的能力。

(一)拟制训练计划能力考核标准

会拟制周训练计划:能够根据训练任务,结合本职岗位,拟制课目的周训练计划。拟制周训练计划能力考核标准如表1-1所示。

表1-1 拟制周训练计划能力考核标准

课目名称:_____　　　　　　　　组训者姓名:_____

评价项目	主要评价标准	分值	得分
计划总体(30)	要素齐全(有训练课目、训练目的、训练要求、训练时间、训练方法、注意事项、署名和日期),简明准确	15	
	书写工整,条理清晰,布局合理,格式规范	15	
要素质量(35)	标题简明准确	5	
	目标要求明确	5	
	训练方法科学	5	
	器材计划周全	5	
	注意事项清楚,关键点突出	10	
	署名和日期标注位置正确	5	
过程设计(35)	训练计划时间安排合理	5	
	训练内容重点突出,符合受训对象特点	10	
	训练计划科学合理,可操作性强	20	
周训练计划得分			
说明	拟制周训练计划能力是专业组训能力的一部分,占组训能力权重的0.1		

(二)编写教案能力考核标准

会编写教案:根据课目训练计划和专业要求,编写授课教案。编写教案能力考核标准如表1-2所示。

表1-2 编写教案能力考核标准

课目名称:_____　　　　　　　　组训者姓名:_____

评价项目	主要评价标准	分值	得分
教案总体(15)	要素齐全(有课题名称、教学对象、教学目标、教学重点、教学难点、教具和教学方法选用、教学过程设计、内容小结、作业布置、板书预案等),条理清晰,详略得当	10	
	书写工整,布局合理,条理清晰	5	

续 表

评价项目	主要评价标准	分值	得分
要素质量（35）	基本内容思路清晰、阐述准确，书写规范	5	
	教学目标明确，要求适当	10	
	教学内容重点、难点定位准确，适合教学对象	10	
	授课方法选择正确，符合教学规律	5	
	教具准备栏教具填写齐全，无缺漏	5	
过程设计（50）	授课方法选择合理，课题引入自然流畅，能紧扣教学主题	5	
	教学内容准确，详略得当，不完全照抄、照搬教材	10	
	内容结构合理，教学环节安排恰当，过渡自然，衔接紧密	10	
	能合理利用备注栏，注记合理，提示性强	5	
	有时间预案，教学时间分配合理	5	
	结课方式选择合理，内容小结简练精要，重点突出	5	
	作业布置合理，利于复习巩固所学内容	5	
	板书设计合理，内容准确简练	5	
编写教案得分			
说明	编写教案能力是专业组训能力的一部分，占组训能力权重的0.1		

（三）课堂授课能力考核标准

会课堂授课：依据《训练和考核大纲》要求，向受训者讲解专业知识和训练内容。课堂授课能力考核标准如表1－3所示。

表1－3 课堂授课能力考核标准

课目名称：_____　　　　　　组训者姓名：_____

评价项目	主要评价标准	分值	得分
教学基本功（25）	军容严整，教态自然	5	
	语言表达流畅、声音洪亮、表述清楚准确，有节奏感	10	
	板书清楚，布局合理，画图规范	10	
教学准备（15）	备课充分，教案撰写认真，要素齐全	10	
	课前准备充分，教学器材齐全	5	
教学内容（25）	教学目标明确，重点突出	5	
	内容讲述准确，分析透彻，逻辑性强	10	
	内容安排合理，理论联系实际，符合对象需求	10	

续　表

评价项目	主要评价标准	量化指标	
		分值	得分
教学过程（25）	教学各环节完整,衔接自然,导课、结课自然明了	10	
	重点突出,时间分配合理	5	
	教学方法手段选择恰当	10	
教学效果(10)	主导作用好,互动性强,教学效果好	10	
	课堂授课得分		
说明	课堂授课能力是专业组训能力的一部分,占组训能力权重的0.4		

（四）组织操作训练能力考核标准

会组织操作训练,根据课目要求,熟练地进行操作示范,组织、指导受训人员练习。组织操作训练能力考核标准如表1-4所示。

表1-4　组织操作训练能力考核标准

课目名称：＿＿＿＿＿＿＿＿＿＿＿＿　　　　　组训者姓名：＿＿＿＿＿＿＿

评价项目	主要评价标准	量化指标	
		分值	得分
训练准备（15）	场地选择、布置合理	5	
	装备设置、准备到位	5	
	操作计划、考虑周密	5	
课目下达（20）	课目明确、要素齐全	5	
	要求严格、符合规范	5	
	声音洪亮、表达准确	10	
操作示范（30）	语言清晰、准确简练	5	
	操作熟练、动作规范	20	
	讲解全面、效果明显	5	
组织实训（20）	分组合理、组织得当	10	
	指导得法、措施到位	5	
	训练认真、规范安全	5	
讲评训练（15）	符合实际、条理清晰	5	
	总结经验、归纳成绩	5	
	针对问题、点评准确	5	
	组织操作训练得分		
说明	组织操作训练能力是专业组训能力的一部分,占组训能力权重的0.4		

二、组训能力评估的组织实施

组训能力考核应以训练条例、训练与考核大纲、训练考核规定和年度训练任务等为基本依据，确定考核的对象、内容、方法、时机和要求等，以建立科学、规范的考核秩序。

（一）考核准备

组训者组训能力考核准备应根据考核目的和任务，成立考核组织、确定考核内容和方式、培训评判人员、组织考核保障、制定考核方案（计划）等。考核准备工作主要由考核组织单位和机关部门组织实施，组训者应协调做好相关保障工作。

1. 成立考核组织

考核组织可由组织考核的单位，抽调有较丰富教学经验的骨干构成，一般由主考和评判员组成。主考通常由考核组织单位或业务部门的领导担任，负责确定考核内容和方式，审定考核方案（计划），指导培训评判人员，组织考核保障，领导组织考核的实施，确保考核质量和良好的考风。评判员通常由主考指定，协助主考判定考核成绩。

多级联合组织考核时，应由受考单位上级或业务部门为主成立考核组织，本级或业务部门参加并协助组织考核；也可由上级指定受考单位或业务部门成立考核组织，监督考核的组织实施。

2. 培训评判人员

培训评判人员应根据考核规则和内容，使其掌握评分标准、评分细则及考核的有关要求等。培训一般由主考单位集中组织，必要时可组织试评，以便统一标准。

3. 制定考核方案（计划）

考核前，考核组织者应制定考核方案（计划）。考核方案（计划）主要内容包括考核目的、内容、对象、时间、实施方法、要求和组织分工等。凡大纲未明确具体考核标准的课目，应制定评分细则。主要内容包括评分项目及分值、评分标准、成绩统计和说明等。考核方案（计划）是实施考核的预案，必须周密计划，认真制定。拟定后应及时报上级审批，并严格按考核计划执行。

组训能力考核内容由考核组织者在大纲规定的考核内容中选定，一般选取具有代表性的课目作为组训能力考核专题（该专题的内容讲解时间不少于20分钟，实操训练和操作示范的时间不少于10分钟）。

4. 组织考核保障

考核保障通常包括场地、器材等。应根据训练场地和保障条件，结合考核内容和方法，选择适当的考核场地。室外考场应满足受考者实施教学及训练的需要，并根据教学内容需要设置；室内考场应结合训练条件，可利用教室、训练中心、俱乐部等场地。室内考场必须满足受考者教学需要，并有必要的教学设施。物资器材应依据考核内容进行准备，包括受考者携带的教案、教具及教学班所携带的作业器材等。

（二）考核实施

考核实施是组训能力考核的主要阶段。考核组织者应当严肃认真，精心安排，严格要

求,周密地组织。考核实施的基本步骤是:

1. 考核开始前

清点、检查受考对象(检查有无虚假)及配合教学分队(人员);检查器材、装备是否按规定携带;检查考核场地、教学设施是否齐全、功能完好;宣布考核课目、内容及考核方法;明确考核纪律、注意事项和要求等。

2. 考核进行中

受考者在给定专题中抽取课目后,应在考核人员的监督下,在规定的时间和地点独立完成周训练计划的拟制以及授课教案的编写。

在规定的考核时间内,考核人员在合适的考核场地实施对受考者讲授、操作演示以及组织实操训练能力的集中考核。受考者按顺序完成所抽课目的训练内容讲解、操作示范和实作训练。考核开始前和结束后,担任组训角色的受考者应向主考报告。在获取足够多评判信息的前提下,主考可以视情况提前结束受考者的某项内容考核。

3. 考核结束后

待受考者在规定的时间内完成考核后,主考应视情况对受考者的考核情况进行简明扼要的讲评,指出其优点和不足。并根据受考者的实际考核情况,依据评定细则,由考核人员共同评定受考者的考核成绩。

(三) 考核监督

组织考核时,上级应根据需要派出监考人员。监考人员可由上级单位领导或机关人员担任,也可委托其他单位人员担任,主要负责监督检查考核组织实施情况,确保考核组织严密、成绩真实。当发现考核组织不严密时,应及时予以纠正;若发现降低考核标准或弄虚作假时,应视情节轻重,中止考核或宣布考核无效。

(四) 成绩评定

考核成绩的评定主要采取百分制、等级制及百分制和等级制相结合的三种记分方法。通常情况下,理论考核的成绩评定,多采用百分制计分法;动作技能考试的成绩评定,多采用等级制计分法;战术作业的成绩评定,多采用百分制与等级制相结合的计分法。

组训者组训能力考核依据考核标准和评分细则,对受考者拟制周训练计划、编写教案、课堂授课、组织实操训练等内容的完成情况进行评判,并给出综合成绩。

具体计算方法:综合成绩=拟制周训练计划成绩×10%+编写教案成绩×10%+课堂授课成绩×40%+组织实操训练成绩×40%。综合成绩作为受考对象的组训能力考核成绩。

组训能力结论分为优秀、良好、合格和不合格四级,标准为:综合成绩为90分以上,组训能力记为优秀;综合成绩为80~89分,组训能力记为良好;综合成绩为60~79分,组训能力记为合格;综合成绩低于60分,组训能力记为不合格。

(五) 结果处理

组训能力考核结束后,应对考核结果进行确定,在确保考核成绩准确无误,考核的组织者、监考者签字后,要进行登记、统计、归档,并依据考核结果实施奖惩。

1. 登记、统计、归档

考核的结果要按照"谁主考、谁登记,谁监考、谁签字"的原则,由专人或业务部门负责。各级均要建立考核登记、统计和归档制度,综合评定后及时把成绩归入训练档案。

2. 实施奖惩

各级单位应按组训能力考核成绩,根据纪律条令、训练条例规定的权限、组织程序和上级有关奖惩规定,对取得优秀成绩的个人和单位给予奖励,对取得较差成绩的个人和单位给予惩罚。

3. 复训、补训、补考

组训能力考核成绩不合格的,必须在限定的时间内进行复训、补训,并接受一次补考。补考应由考核组织者组织实施。

(六)考核总结

组训能力考核总结是对组训能力考核活动所做出的客观分析和评价,是组训能力考核工作的重要环节。其目的在于把已进行的组训能力考核实践活动上升到理论高度,以求从中找出带规律性的东西,总结经验教训,从而更好地指导今后的组训能力考核工作。

组训能力考核总结主要包括组训考核的基本情况,主要经验和特点,组训考核中存在的问题及改进措施等。

考核的基本情况主要是指参与考核单位(人员)、考核的起止时间、完成的主要课目或内容,以及取得的主要成绩和收获。总结一般按先主后次、先共性后个性的顺序进行。总结组训能力考核基本情况的目的,在于从客观上把握和认识总结对象的全局情况,以便从整体上研究和分析组训能力考核问题,对组训能力考核的全貌做出客观准确的概括。

主要经验和特点是组训能力考核总结的主体,也是总结的重点内容之一。只有对组训考核中的成败得失及其原因进行深入的剖析、概括,从而上升到理论的高度,揭示出其中的规律,才能使总结达到指导考核活动的目的。因此,组训能力考核总结,必须把这部分内容作为核心进行认真总结。

存在的问题即组训能力考核实践中应当解决而没有解决的问题。通过总结,发现问题,正视问题,并从深层次上分析存在问题的主要原因,从中吸取教训,是保证组训能力考核质量再上新台阶的先决条件。因此,对这部分内容的总结要持严肃认真的态度,不能草率从事。

改进措施是组训能力考核总结的重要内容。应在总结经验、指出问题的基础上,根据考核任务完成的情况,针对组训能力考核中存在的薄弱环节,制定出切实可行的改进措施,以使受考者明确今后努力的方向,增强完成考核任务的信心。

三、组训能力考核质量的评估

组训能力考核质量的评估是在考核成绩评定以后,根据对考核成绩的分析,进而对考核质量做出的评议和估价。其目的是评估考核成绩是否客观、准确,是否反映了受考者掌握知识、技能的程度和能力水平,诊断组训的效果和存在的问题,找出受考者知识、技能方面的缺陷和空白点，从而提出改进组训工作的措施。因此，组训能力考核质量的评估是一项十分重要而有意义的工作，也是成绩评定后不可缺少的工作。评估考核质量，通常采用的方法有以下几种：

（一）指标分析

考核质量评估通常采取定量分析的方法，通过对考核信度、效度、难易度、区分度等指标的分析，可以发现组训能力考核工作的优缺点，找出产生问题的原因，从而提出改进的办法和措施。

1. 信度分析

信度又称作可靠度，指的是考核结果前后一致的程度。针对某一课目的考核，如果对同样的受训者在相同条件下进行多次测定（即实施等价考核），能够得到前后相同或相似的结果，就表明这个考核的信度较高，或者说这次考核结果是可靠的，否则就是不可靠的。

表明信度高低的统计量叫作信度系数。信度系数的大小表明考核稳定性的程度，而考核的稳定性则反映了考核的可靠性。信度系数最大为1，表示考核完全反映了受考者稳定的水平，但是任何考核都不可避免地会出现误差。一般认为，信度系数达到0.9时，考核成绩比较稳定地反映了受考者掌握知识、技能的程度。如果信度系数小于0.7，则考核成绩不可靠。

2. 效度分析

效度又称为有效性，是指所要考核的训练课目达到了何等程度，也就是说考核是否达到了测验的目的，是表示考核质量的一个重要指标。

考核的效度是实现目标的有效程度，任何考核都会具有一定的效度。效度低说明考核未能较好地实现目标，未能真正地反映受考者的水平。效度系数的最大值为1，表示考核完全反映了所要测验的水平。效度系数通常在0.4~0.7，表明考核成绩有效。效度值太低的考核，对于实现预定考核目标来说，没有实际意义。

信度和效度是从不同角度反映考核质量的指标。效度必须以信度为前提。考核的信度不高，效度再高也无意义。仅仅信度高不一定是好的考核，还必须看考核是否有效，信度高只是考核有效性的必要条件，并不说明效度高。信度高、效度不高的考核是不可能客观、准确地反映受考者掌握知识、技能的程度的。

3. 难易度分析

难易度是指考核的难易程度。难易度通常以完整无误地完成考核课目的人数比例来表示，即以通过人数的百分比作为指标。一般认为，课目的难度应在0.3~0.8，也就是说受考者中30%~80%的人可以通过。难易度分析是根据一定的公式求出各考核课目的通过率来确定考核的难易度的，通过率越高，说明考核课目难度越小，反之则难度越大。

4. 区分度分析

区分度是考核课目区分受训者能力水平的指标，是考核质量的反映。区分度分析是根据一定的计算公式，求出每个课目所得分数与考核总成绩的相关系数，作为区分度的指标。相关系数的值越大，表明区分度越高，反之则越低。一般认为，合理的区分度相关系数的值应在0.4以上。

难易度和区分度是两个不同的概念,但是两者间存在着一定的关系。难易度对考核课目的区分度有重要的影响。一般来说,有适当的难度,才能保证有较高的区分度。

(二) 逐题分析与总体分析

逐题分析就是对试卷中每一道题的得分、失分情况进行比较,从而分析受训者对每道题掌握的情况和存在的问题,讨论该题是否恰当。可以先把每题在每个分数段的受考者的百分率算出来,比较其信度、效度、难易度、区分度,从而判断每题的质量。

总体分析就是将全部受考者的成绩,从高分到低分按顺序排列,按事先规定的分数段将各段的人数统计出来,然后计算各分数段的人数百分比,并画出成绩分配的曲线图,以分析、评价考核总体情况,从而了解受考者的学习情况。

上述几种方法均是以定量分析的方法来分析考核质量的。根据需要还可以采取定量分析与定性分析相结合的分析方法。如分析考核课目的广度、深度和数量是否恰当;考核内容和类型是否合适;考核成绩的分布是否合理;考核评分标准是否客观;考核过程的时间掌握是否恰当;考核人员是否公正等方面和其他影响考核成绩的因素。

知识拓展

自我介绍

自我介绍就是向别人介绍自己。自我介绍直接关系到你给别人第一印象的好坏及以后交往的顺利与否,同时,也是认识自我的手段。自我介绍是日常工作中与陌生人建立关系、打开局面的一种非常重要的手段。

自我介绍包括对姓名、年龄、职业、经历及特长等几个方面的介绍,应根据场合和需要决定其繁简,一般的朋友聚会说出自己的姓名、身份即可。

自我介绍时,态度要平和,要清晰地报出自己的姓名,并用微笑来表示友好。同时还要掌握好分寸,不要有意抬高或贬低自己,否则会让人产生反感,不愿与你来往。

职业生涯规划

职业生涯规划(career planning)也叫"职业规划",又叫"生涯规划"。职业生涯规划是指在对一个人职业生涯的主客观条件进行测定、分析、总结的基础上,对兴趣、爱好、能力、特点进行综合分析与权衡,结合时代特点,根据其职业倾向,确定最佳的职业奋斗目标,并为实现这一目标做出行之有效的安排。

组训者要对自己有一个基本认识,同时掌握一定的方法,对自己进行职业规划,为自己的职业生涯发展画一个蓝图。

许多职业咨询机构和心理学专家进行职业咨询和职业规划时常常采用的一种方法就是有关五个"W"的归零思考的模式:从"自己是谁"开始,然后顺着一路问下去,最后就有自己的职业生涯规划,共有五个问题:

1. Who are you? "我是谁?"
2. What do you want? "我想干什么?"

3. What can you do? "我能干什么?"
4. What can support you? "环境允许我干什么?"
5. What can you be in the end? "自己最终的职业目标是什么?"

回答了这五个问题,找到它们的最高共同点,你就有了自己的职业生涯规划。

第一个问题"我是谁?"是对自己进行一次深刻的反思,对自己有一个比较清醒的认识,优点和缺点,都应该一一列出来。

第二个问题"我想干什么?"是对自己职业发展的一个心理趋向的检查。每个人在不同阶段的兴趣和目标并不完全一致,有时甚至是完全对立的。但随着年龄和经历的增长而逐渐固定,并最终锁定自己的终生理想。

第三个问题"我能干什么?"则是对自己能力与潜力的全面总结。一个人职业的定位最根本的还要归结于他的能力,而他职业发展空间的大小则取决于自己的潜力。对于一个人潜力的了解应该从几个方面着手,如对事的兴趣、做事的韧性、临事的判断力以及知识结构是否全面、更新是否及时等。

第四个问题"环境允许我干什么?"环境支持包括客观方面和主观方面,客观方面包括本地的各种状态,比如经济发展、人事政策、企业制度、职业空间等;主观方面包括同事关系、领导态度、亲戚关系等。两方面的因素应该综合起来看。

明晰了前面四个问题,就会从各个问题中找到对实现有关职业目标有利和不利的条件,列出不利条件最少的且可以达到的职业目标,那么第五个问题"自己最终的职业目标是什么?"自然就有了一个清楚明了的框架。

实 践 训 练

科目:自我介绍及职业生涯规划

目的:增进了解、展望未来、锻炼语言表达能力和当众发言勇气。
内容:介绍个人及家乡、特长、爱好、座右铭、职业生涯规划等情况。
要求:内容适当、条理清楚、语言清晰、表现自然。
时间:控制在3分钟左右。

复 习 思 考

一、填空题

1. "四会"是指_____、_____、_____、_____。
2. "四会"教练员,应具备_____、_____、_____和_____的能力。
3. 组训者通常也称作"_____"。
4. 组训就是由_____组织_____进行_____。
5. 四会教练员"四会"的前提是_____,四会教练员"四会"的重点是_____,四会教练员"四会"的核心是_____,四会教练员"四会"的保证是_____。

二、多选题

1. 组训的基本形式主要有哪些?( )

A. 新老学员分训 　　　　　　B. 按职级训练
C. 按专业训练 　　　　　　　D. 按建制训练
2. 组训的特点是什么？（　　　）
A. 专业门类多，教学分工细 　B. 操作课目多，体力消耗大
C. 时限性强，要求标准高 　　D. 受训对象差异明显，教学组织复杂
3. 组训者的素质要求包括哪些方面？（　　　）
A. 政治素质 　　　　　　　　B. 军事素质
C. 文化素质 　　　　　　　　D. 能力素质
E. 身心素质

三、简答题

1. 什么是组训？
2. 组训的任务是什么？
3. 组训的原则有哪些？
4. 组训的手段有哪些？
5. 新老学员分开训练的目的是什么？
6. 简述"四个一"考核标准。
7. 军士组训能力评估标准是什么？
8. 如何组织实施军士组训能力评估？
9. 如何分析军士组训考核成绩的信度、效度、难易度、区分度？

项目二 "会讲"——语言表达技能

【项目目标】

通过本项目的学习,你应该能够:
1. 阐述教学语言的特点和要求;
2. 概括教学语言的训练方法;
3. 说明态势语言的作用和基本要求;
4. 说出板书语言的设计和书写技能;
5. 能够提升语言表达技能,具备"会讲"的组训能力。

【项目导言】

> 会讲,即精通所教课目内容,熟悉有关的条令、规程、教材以及训练大纲的要求,掌握所教课目精神实质。讲解后能使受训者懂得"是什么""为什么""怎么做"等问题。会讲是"四会"的前提,它要求组训者讲授的语言和内容具有独特的风格,在对受训者传授知识,启发思维,与之交流感情的过程中体现出艺术性与科学性的统一,完成教学任务,达到教学目的。

【项目内容】

善歌者,使人继其声;善教者,使人继其志。其言也,约而达,微而臧。罕譬而喻,可谓继志矣。

——《学记》

起句当如爆竹,骤响易彻;结句当如撞钟,清音有余。

——谢榛

凡是当教师的人,绝无例外地要学好语言,才能做好教育工作和教学工作。

——叶圣陶

语言是人类社会最重要的交际工具,是人们传递信息、沟通思想、交流感情的重要媒介。由于传播方式不同,语言分为口语和书面语,口语和书面语既有联系又有区别,口语是书面语的基础,书面语又对口语起着规范作用。口语除了运用自然的有声语言外,还可以运用表情、手势、动作等态势语以及各种伴随语言现象(即副语言)来辅助表达复杂的思想感情。口语尽管受时空的局限,但它比书面语交际有更直接、灵便、快捷的优势。

人类最初的教育就是通过口耳相传的方式进行的。即使是现代教育产生了很多教学方法和手段,但讲授仍然是课堂中使用最频繁、最普遍的教学方法。在组训者和受训者的教与学中,口语行为占所有课堂行为的80%。

口语也叫口头语言,是指人们运用语音表情达意,通过口耳进行交际的语言形式。口语表达是指特定的人(听、说双方),在特定的语境里,为了特定目的,凭借口头语言手段,选择适当的内容和方式,传递信息、交流思想感情的一种言语活动。口语表达包含五个要素:主体(表达者),对象(听者),手段(口语),语境(时间、场合),内容(思想感情信息)。口语表达以语义为内容载体,以语音为物质外壳,以恰当的语音、语调和态势来实现言语交流的目的。

第一节 语言表达技能

组训者在课堂教学时所使用的语言,即教学语言。它既不是纯粹的书面用语,也不是普通的口头语,而是书面用语的加工、口头语言的提炼。它是多种语言风格的融会,是科学性、思想性和艺术性的统一。

一、教学语言的特点

教学语言的特点主要表现在以下几个方面。

(一)学科性和科学性

从语言内容看,教学语言是教育教学的专门术语,应具有教育性和科学性。

组训者的教学语言所承载、传递的是某学科的教学信息和相关知识,因此应具有学科专业语言的性质和特点。组训者必须正确运用本学科的专门用语——术语来组织教学语言,实施教学语言行为,这就是所谓的"学科性"。遵从学科性的特点要从下面两个方面加以注意:

1. 正确地使用名词术语

因为各学科的名词术语都有其确切的内涵和外延,运用不当就会引起科学性的错误,从而直接影响受训者对教学信息和相关知识的理解与吸纳。

2. 处理好通俗语言与学科术语的关系

组训者的教学语言必须是经过转化的书面语和经过优化的口头语。教材内容的表达都使用书面语言,要使受训者理解教学内容中的书面语言,组训者必须把学科语言(书面语)加工转化为教学语言,这就必须用通俗易懂、生动活泼的口头语言与受训者进行交流。

科学性是指教学语言要概念准确、判断科学,推理合乎逻辑,表述恰当,不会产生歧义,具体表现为:

(1)教学语言要准确规范,用词贴切,合乎语法规则。不能想当然地解释词语或概念,不能含含糊糊、似是而非地阐述一个观点,解说不能模棱两可。

(2) 教学语言要具有逻辑性、系统性以及层次感,即教学语言表达讲究上下衔接、前后呼应、语脉相通。教学语言要有的放矢、言之有物。

(二) 口头性和规范性

从语言形式看,教学语言是经过提炼的有准备的口头语言,具有口头性和规范性。

(三) 反馈性和控制性

从语言过程看,教学语言是组训者和受训者双边交流用语,具有反馈性和控制性。因此,组训者语言表达的优劣,直接影响到向受训者传授知识、培养其思想品德的效果。组训者的职能要求组训者把自己的语言放在重要地位。

(四) 针对性和灵活性

在实际课堂教学过程中,组训者教学语言的组织要受到教学内容、教学对象、教学场景等因素的影响和制约,这就要求组训者的教学语言具有一定的针对性,根据不同的教学内容、不同年龄特征和个别差异的教学对象、千变万化的教学场景灵活运用教学语言。叙述要条理清晰、语言简练;描写要形象生动、切合实际;解说要通俗易懂、清晰准确;评论要一针见血、鞭辟入里;概括要简明扼要、全面准确。对刚入伍的新兵语言要亲切、具体、细致,用生动形象的语言让其易于接受;对有一定经验的老兵语言应丰富多变、深刻隽永、富含哲理。教学语言应从受训者不同的心理需求出发,真正地、充分地发挥其应有的诱导作用。并且,组训者应随时注意观察受训者听课时情绪的变化,敏锐地捕捉受训者反馈的信息,及时调整教学语言,或改变语调,或适当延伸,或变化角度,或删繁就简。

二、教学语言的要求

教学语言是组训者用来"传道、授业、解惑"的工作用语,即组训者在教学过程中,根据受训者的特点和教学内容的需要,以传授知识、培养技能、进行思想教育为目的而使用的一种工作用语;是组训者精心选择、组织的富有知识信息和审美价值的课堂用语,也是带有组训者本人风格的个性化的语言。具体来说,有以下几方面的要求。

(一) 准确规范

准确规范主要是指组训者使用普通话的规范,具体是指组训者的教学语言要符合现代汉语在语音、词汇、语法等方面的标准。

语音方面以"北京语音为标准音",做到发音准确,吐字清晰,没有地方口音,不念错字、别字。还应注意响度适中,抑扬顿挫,舒缓有致,出语表意明确,连贯流畅等。教学语言中常见的错误,如把"浪漫"读作"烂漫"、"鱼翅"读作"鱼刺"(发音不准确);"孔乙己"读作"捆己"(吞音);"可恶"读作"可饿"(多音字念错音)。组训者应避免以上问题。

词汇方面要以"北方话为基础方言",尽量运用普通话规范的词汇,不用或少用方言词汇,如把"膝盖"说成"波棱盖"(方言词汇)。慎用一些新的网络词汇,如霉女(美女)、版猪(版主)等。

语法方面以"典范的现代白话文著作为语法规范",做到运用符合普通话规范的语法,不使用方言语法。尽量杜绝成分残缺、产生歧义、搭配不当、词类误用、语序失调等不规范的语法现象的出现。

组训者一言一行都在影响感染着受训者,因此,应注意语言的纯洁性,要戒绝污言秽语,坚持使用礼貌用语。

(二)简洁精练

组训者讲课语言要简洁明快、干净利落,既准确又简练,过渡自然、句句连贯、层次分明,具有内在的逻辑力量和高度的概括水平,这样才能不断吸引受训者的注意,启迪受训者积极思考。组训者在课堂上的每一句话、每一个字都要紧扣教材,都要深思熟虑、恰到好处,以发挥教学语言的应有作用。为此,组训者要对教材的书面用语进行加工、提炼、斟酌,少用修饰语,既要善于用最精练的语言表达最丰富的内容,又要善于用发自内心的语言表达教材内容,使受训者感到授课过程是组训者引导他们探寻知识的过程,而非组训者逐条背诵教材内容的过程。组训者给受训者讲课,最忌繁杂冗长、拖泥带水、似断未断的讲解和反反复复、絮絮叨叨、漫无条理的说教,这样"讲解"不仅浪费了宝贵的教学时间,而且还消磨了受训者的意志,使受训者精力涣散。一般来说,精练和准确是相生共长的统一关系,如果能够做到准确,就会具有精练的效果。但在教学中真正做到二者的统一,并非易事。例如,有的组训者为了表达准确,说个没完,并不精练;有的组训者为了表达精练,用语过简,表达概念不全,不够周详严密,谈不上准确。

针对这种情况,组训者须在加强教学基本功训练的同时,潜心研究受训者的认识规律和教材内容的深刻内涵。只有以扎实的教学基本功为基础,以受训者的认识规律和身心特点为依据,以概括知识的深刻内涵为准则,并使三者有机结合,才能实现准确与精练的统一。

(三)生动形象

教学语言不仅要讲究准确规范,还要追求形象生动。形象生动的教学语言可以唤起受训者头脑中已有的记忆及情感体验,激发受训者的学习兴趣和上进心,能够加强受训者的无意注意,延长注意力集中的时间,也能使抽象的道理具体化,深奥的道理浅显化,从而加深受训者对知识的理解程度。组训者要根据教材内容,联系教学实际,运用丰富的教学语言词汇,以增强教学语言的形象性。例如,运用形象生动的比喻,诱发受训者的联想与想象;用精巧的设问,造成悬念,启发受训者刨根究底;用热情强烈的对比,激起受训者内心的感情波澜;用机智幽默的语言,启发受训者智慧的思考。当然,教学语言的生动形象性是建立在科学性的基础上的,组训者既不能只重科学性而使教学语言表达平淡无奇,更不能为追求所谓的课堂气氛生动热烈而背离教学信息的准确传递。

(四)通俗易懂

组训者上课的目的是让受训者透彻理解和牢固掌握所授知识。要使受训者能够理解和掌握所授知识,组训者讲话就得让受训者听得懂、解得开。这就要求课堂语言通俗易懂。由于受训者来自全国各地,文化基础不一,如果课堂语言过于晦涩,课堂上充满新的概念、术语,受训者必然听不懂、记不住,无法系统掌握知识。因此,讲解要看对象,用语要有针对性,使受训者能够听得明白,避免使用只有少数受训者能懂的方言土语,而要用规范化、大众化的普通话讲课,这应成为组训者教学的一条基本准则。同时,组训者在讲课过程中要注意杜绝语病,减少口头语。有的组训者讲课,每说一句话,就带上一个"嗯""啊""这个""那个""是不是""对不对"等口头语,不但影响语言的纯净,而且易于分散受训者的注意力,甚至引起受训者不良的心理反应,组训者对此必须注意。

(五) 富含情感

富含情感是指组训者讲课要真正"进入角色",充满激情,随着讲授内容的变化,当喜则喜,当忧则忧,要是非清楚,爱憎分明;不能置身于教材之外,作不带感情的介绍或冷漠平淡的说教。组训者只有用充满情感的语言,才能激发受训者的内心情感,使其产生共鸣,使他们的内心世界波澜起伏,不由自主地进入学习情境,与组训者的情感同步变化。课堂语言的情感性要的是组训者对教材内容的真实感受和组训者内心世界的流露,而绝不是装腔作势或矫揉造作。只有组训者有真情实感,才能对受训者有潜移默化的良好感染作用。

(六) 抑扬顿挫

给受训者上课,组训者不仅要掌握语言艺术,而且要讲究说话技巧。比如语速的快慢、声调的高低、语气的轻重缓急、结构的连断疏密等,都要十分讲究。一般来说,课堂授课应该声音洪亮、吐字清晰、咬字准确、发音规范,语速快慢适宜,语调平直自然。但也要注意根据教学内容和情感表达上的需要,使声调有高有低、语速有快有慢、抑扬起伏。组训者语调的变化,主要有两个方面的要求。一是根据教材内容的主次、详略、难易,确定语调的变化。一般来说,讲授重点、难点和关键内容时语调应稍加缓慢、高亢、字正腔圆,一句一顿,必要时还须适当"点化",以便给受训者以较强的刺激,产生突出印象;而对于次要的、非重点的知识,或受训者一听即懂的地方,则可适当讲快一些,语调平淡,"轻描淡写",一带而过。二是根据表达教材内容思想感情的需要,决定语调的变化。组训者在授课时,要善于从语言情感上打动受训者,让受训者深刻理解教材。

下述几种语调是组训者应该注意克服的。

(1) 声音过度高昂,嗓门很大,声音很尖,形成持久的"高八度"。受训者耳旁充满了"震耳欲聋"的音波,这种"噪声"会使受训者心烦意乱。

(2) 声音过度低沉,嗓门很小,后排的受训者即使侧耳倾听,也难以听清,免不了思想开小差。

(3) 讲话速度过快,如同机枪连发,一句连着一句,使受训者应接不暇、听不清楚,更无思考和做笔记的余地。

(4) 讲话速度过慢,半天才说完一句话,受训者急不可耐,浪费时间。

(5) 语调高低抑扬过度悬殊,起伏太大,使得课堂用语矫揉造作,也使受训者难以接收、易于分心,效果不好。

凡此种种,都是不和谐的课堂语调,都会削弱课堂教学的表达效果,组训者应特别重视,有则改之,无则加勉。

（七）善于反馈

善于反馈是指在授课过程中，组训者通过语言把储存的知识信息传输给受训者的同时，还要通过受训者的语言和表情反应，引导受训者把输入的信息再行输出，检验自己传输知识的效果，以判明受训者是否有所感受、有所理解和掌握。对组训者讲解的知识，受训者能否输出以及输出的深度和方式如何，是衡量教学效果优劣的客观标准之一。如果受训者不能输出，特别是不能输出新的信息时，则表明受训者没有真正掌握组训者所讲知识，这就需要随机应变，对课堂语言及时进行调控。有的组训者在教学中往往只顾讲授，不顾反馈，以致上课语言失控：情绪激动时，口若悬河，滔滔不绝，不能及时收住；讲解重点难点时，已经阐述清楚，还要旁征博引，延缓时间；在讲解顺利时，易节外生枝，或因某一问题触发，即兴发挥，离题万里；或用闲言碎语充塞时间；等等。这些现象被称为"语言走火"。失控的语言多是缺乏准备、思维混乱、颠三倒四的，不但影响教学的正常进行，而且难以取得好的效果。对此，组训者应用理智控制自己，保持头脑冷静，让讲述快速回到主题上来。这就要求组训者善于反馈，增强语言的掌控力。

教学语言的特点与要求是丰富的，除以上所介绍的以外，其他要求还有导向性、简约性、讲解性、时空性、主导性、情感性等等。总之在实际教学工作中具体运用教学语言时，应当严谨而不呆板，规范而有特色，声音洪亮，条理清晰，重点突出，快慢适中，感染力强。

三、教学语言的表达方式

教学语言的表达方式主要指叙述、描述、解说、评述等，训练教学语言运用，对提高教学语言的基本技能是十分重要的。

（一）叙述语的运用

叙述是以平实自然的语言对某特定教学内容进行条理分明、清楚完整的表达，主要用于实验过程的解释、装备技术性能的交代、观点的说明、定理和定律的证明等等。叙述语没有过多的感情润色，也不是很注重词语的雕饰，语言通俗简练。叙述语表意最直接，很少用夸张之辞。

叙述语的特点如下。

1. 条理性

叙述事物要有层次，安排层次要有顺序，决定顺序要有标准，这才叫有条理。这样既便于组训者讲解，又便于受训者听记。

2. 完整性

叙述一件事情，要让受训者了解事情的前因后果、来龙去脉；叙述某装备的使用方法，要让受训者掌握步骤和注意事项。因此，叙述应是个完整的过程。

叙述语的基本要求如下。

（1）语脉清楚，应把客观事物在时间上的发展、变化，在空间上的状态、位置，以及事物间的联系性，清楚有序地叙述出来。

（2）语速从容，语调在平实中起伏。

（二）描述语的运用

描述是显示事物的形状，再现某种场景的语言形式。描述是以生动形象的语言对被描述对象的形象、情形、状态等情况进行具体细致的描绘，主要用于传授感性知识，比如描述一种战斗场景，描述一种现象。

描述语的特点如下。

1. 形象性

描述的目的是向受训者展示人物、景物、事物的真实具体的原形，使受训者如见其人、其景、其事、其物，借以增强感受力，加深印象。

2. 生动性

描述语讲究细致具体，讲究语言的文学润色，注意雕饰词语，善于用最恰当的词语再现事物，表露感情。

在教学中运用描述语有以下两个技艺。

（1）在形象化的讲述中注入情感，把复杂的情景具体地、情景交融地描述出来，以便引起受训者的同感、共鸣，加深对生活境界和艺术境界的认识和感受。

（2）大量运用口语修辞手法，如比喻、对比、拟人、借代等，加上语气、语调、节奏的变化，渲染出生动形象、立体可感的意境。

（三）解说语的运用

解说是组训者讲授专业理论知识时最常使用的表达方式。教学语言中的解说要做到准确、清晰、简明、生动。设计解说语，可以采取下定义、讲特征、作分类、用比较、作分析、打比方、列纲目、列数据、作对比、举例子、引材料、用图表等方法。

教学语言中的解说要注意：切合受训者理解水平，少用专业术语，力求通俗易懂，深入浅出。边说边交流，根据受训者的理解程度及时调整解说的用语和方式。语速不宜过快，吐字要清楚，尤其要突出关键词的重音。

在教学用语中，解释概念的用语占有非常重要的地位。从话语形式的角度来说，解说语有直陈式的，即组训者把自己对概念的认知和分析，用浅显的语句表达出来；另一种是借用式的，即借用能说明概念实质的、受训者易于理解的事理加以说明。

（四）评述语的运用

评述是以精辟准确的语言对教学内容进行评价议论，表明自己的观点、态度和情感，主要用于评论教学内容中定律、定理、原理的应用价值，科学家的重大贡献，受训者的作业或回答等方面。

评述语的特点如下。

1. 针对性

评述总要就某一对象进行，也就是要有的放矢。对评述的对象表示赞同或反对，有时还要进一步展开，说明依据，阐述其社会及军事意义等。

2. 鲜明性

评述首先要表明自己的态度、观点是肯定还是否定,是赞扬还是贬斥,是拥护还是反对,态度要鲜明,不能含糊其词。

评述是帮助受训者提高认知,推动教学目标实现的重要手段。它依附于教学内容、受训者实际和教学语境,有较灵活的适应性,常常是以感而发的方式,及时对某种情境或话题发表见解。

评述的方式有很多,常见的有组训者独白式评述;受训者述,组训者评;组训者述,受训者评;等等。从评述语的构成来说,有先述后评、先评后述以及边述边评等。

评述语有时需要用确定的语气,不容置疑;有时需要用商榷的语气,促进受训者思考;有时需要略带感情色彩,以使自己观点的倾向性更加鲜明。

四、语言表达的组成要素

语音是语言的物质外壳,是人的发音器官发出的有一定意义的声音。组训者要掌握清晰、流畅的表达技巧,学会调整语气、语调、重音、顿连、节奏等,提高教学语言的表达效果。

(一) 清晰度

清晰度是指出语、表意清晰、明白的程度。研究表明,受训者的知识学习同组训者表达的清晰度有显著的正相关关系。教学语言必须字正腔圆,每个音节的读音都清楚地传给受训者。教学语言不清晰的情况有以下几种:

(1) 发音器官的运动不到位造成语音含混;
(2) 尾音不清晰;
(3) 音节与音节之间有再拼合现象;
(4) 语音的力度太弱,声音飘忽,语音朦胧。

这些方面的问题必须注意纠正,才能保证语音的清晰。

掌握正确的发声方法可以提升清晰度,正确的发声方法不是用嗓子发声,而是用气发声。这种发声方法叫胸腹联合式呼吸,可以将它视为深呼吸,准确地说,是有控制的胸腹联合式呼吸。训练要领是:两肋开,横膈降,小腹收。这要求我们每次都要吸进足量的气,而且要吸到极限。吸气时,可以幻想自己闻到了一股花香,或者想象自己抬重物时憋足劲的感觉,或者想象半打哈欠的感觉,然后把吸进的气再均匀地呼出去。如何均匀地将气呼出去呢?有一个简单但有效的训练方法,就是在吸够足量的气后,伸出自己的食指,把食指想象成一根蜡烛,将自己吸进的气均匀地呼出去,但不能把蜡烛吹灭。这样就能使我们的两肋打开,横膈下降,小腹收起。按照正确的发声方法持久地练习下去,组训者能够字正腔圆、声情并茂地说话,而且能让身体更健康。

(二) 流畅度

流畅度是指教学语言顺畅的程度,要求组训者在说一段相对完整的话时,做到不打嗑,克服语流"拥挤"使人听不真切的毛病。教学语言不流畅的表现有选词"卡壳",说话吞吞吐吐,沉吟时间过长,口头禅太多等。必须加强语言实践,从改善内部语言转化的环节入手,以提高语言的流畅程度。

提升说话流畅度可用以下方法。

第一,不断重复,提高说话的流畅度。主持人为什么要训练绕口令?绕口令可以锻炼他们的口腔肌肉,从而让他们的吐字归音更加容易。当组训者把一段绕口令不断重复地大声念出来,口腔的打开方式就会形成肌肉记忆,再说的时候就轻而易举了。同理,口才不好的人,因为很少表达,所以口腔肌肉对很多话语的打开方式都不是那么熟练,结果自然是不那么流利。但如果组训者针对同一个话题,一遍说得不好,再说第二遍、第三遍,甚至第四遍、第五遍,那么他对这些话语内容的表达也就很流畅了。

第二,不断地重复可以梳理组训者的说话思路。刚开始说的时候,我们说出来的内容肯定无法完全表达出心中所想的意思,多多少少会有遗漏的地方。组训者觉得第一遍说得不好,再重复去说,这种修正的方式可以把那些遗漏的内容补充到第二遍或者第三遍的讲述当中。通过反复的调整,组训者关于这个话题的思路就自然而然地得以完善了,这对口才有显著的提高作用。毕竟好的思路才可以孕育好的表达。

第三,不断重复可以塑造组训者的表达惯性。口才不好的人,由于自身积累的表达框架比较少,所以想去表达什么,也很难表达出来。例如组训者要表扬一个人,口才不好的人要么说"你很美",要么说"你是最棒的",然后就没有其他词汇了。为什么他们说不出其他赞美的话语呢?因为"你很美""你是最棒的"这些话语,已经成为他们的惯性表达,一碰到类似的情景,只会用这一两种方式去表达。这是表达能力不强的体现。组训者针对某个话题不断说之前从未说过的话,就会形成一种新的表达惯性,表达能力自然就能获得提升。

(三)语气

语气是说话时流露出来的感情色彩,例如:严肃的语气、幽默的语气。语气大致可以分为陈述、疑问、祈使、感叹几大类。语气包括思想感情、声音形式两个方面的内容,而这二者又都是以语句为基本单位的。因此,语气的概念又可以表述为由具体思想感情支配的语句的声音形式。语音作为语言的物质外壳,是语气表达必须依赖的支持物。语言有表意、表情、表志的作用,语气也相应分为这三种。

表意语气用于向对方传递某种信息,如陈述、疑问、祈求、命令、感叹、催促、建议、商量、呼应等。语气词或独立成短句,或用于句子末尾。指明事实,提请对方注意时,我们可以用"啊""呢""咯"等语气词;催促、请求时用"啊""吧";质问、责备时用"吗",如与虚词"难道"搭配,语气更为强烈;说理一般用"嘛";招呼时用"喂";揣测时用"吧"。

表情语气用于在谈话中表现感情,如赞叹、惊讶、不满、兴奋、轻松、讽刺、呵斥、警告等。赞叹时用"啊""呵",句中常有"多"字搭配;惊讶时用叹词"啊""哎""哟""唉";叹息时用"唉";制止、警告时用"嘘""啊";醒悟时用"哦";鄙视时用"呸";等等。

表志语气用于对自己的说话内容表示某种态度,如肯定、否定、强调、委婉、和缓等。肯定时一般用陈述句,表示缓和时我们可以用"啊""吧"等语气词,语气显得平淡,不生硬;夸张时用"啊""哇"等语气词。

有的人讲话声音变化很大,总是一开口声音很高、很强,到后来越说越低、越弱,句尾的几个字几乎听不到。这种头重脚轻的语气往往使语意念混,容易使听话人产生疲劳感。有的人讲话总是带有一种"官腔",任意拖长音,声音下滑,造成某种命令、指示的意味。有的人讲话则喜欢在句尾几个字上用力,使最后一个字短促,语力足,给人以强烈感、武断感,容易让人不舒服。

把握语气首先要注意说话的场合,这是十分必要的。一般来说,场面越大,越要注意适当提高声音,放慢语言速度,把握语气上扬的幅度,以突出重点。相反,场面越小,越要注意适当降低声音,使词语密度适当紧凑,并把握语气的下降趋势,追求自然。场合不同,应运用不同的语气。

把握语气的另一个技巧是掌握说话时机。同样一句话,在不同时候说,效果往往不同。抓住时机,恰到好处地运用语气,才会产生良好的效果。

要正确使用语气,最重要的一条是因人而异。语气能够影响听话者的情绪和精神状态。语气适应于听话者,才能引起对方的共鸣。例如:受训者高兴的时候,组训者用喜悦的语气同他交谈,就更能增强他的喜悦之情;当受训者愤怒的时候,组训者还是用喜悦的语气,往往会使对方更加愤怒。当组训者谈话的语气不适应于受训者的时候,会引发不良反应,如生硬的语气会使对方不悦,埋怨的语气会引发对方的不满,等等。

组训者用不同的语气说话,表现出的思想感情就有很大的不同。例如"坐下",用比较平和的语气和微微下降的语调说,就表现出比较宽容和亲切的态度;如果把"坐"字拖长,把"下"说成曲折的末尾上升的语调,就带有明显的命令意味。如果组训者不善于运用语气,声音呆板、平淡、缺乏变化,就会使受训者产生厌倦。在讲课过程中,根据表情达意的需要,不时变化语气,使其有起伏变化,或强或弱,或虚或实,或快或慢,或软或硬,或粗或细,可以表达不同的思想感情。

(四) 语调

语调用于辅助表达语言的意思和感情,语调是由说话快慢轻重配置而成的。一个人说话时给人的印象,肢体动作占55%,语调占38%,内容只占7%。所以,说话时语调非常重要。说话的语调如果从头到尾都是平的,听话的人就会觉得很枯燥。以音乐为例,如果一首歌曲的旋律非常优美,抑扬顿挫,听众就会觉得好听;如果从头到尾都是一个调子,人们就没有听的兴趣了。说话也是如此,如果你的语调没有任何波动,那么听话人的兴趣也就到了尽头。

美国耶鲁大学的卡鲁博士尝试用多种语调向受训者讲授,发现低沉、稳健的语调比亢奋、热情、煽动性的语调,更能让受训者记牢。我国丁传禄等人在《教师讲课的语调研究》中指出,调查研究发现,组训者运用高亢型语调、抑制型语调、平缓型语调进行教学,班级学生作业的平均正确率在59.4%~81.1%。而采用变换型语调教学的班级,受训者情绪兴奋、注意力集中、反应灵敏,作业正确率达到98%。有经验的组训者善于根据教学内容的性质和具体的教学情境变换自己的语调类型,时而高亢,时而激烈,时而舒缓。这样才能吸引受训者听讲,取得比较好的教学效果。

(五) 重音

重音是指朗读或说话时,需要强调突出的词、短语,或者某个音节。重音的运用是组训者突出语言意义和情感倾向的重要手段,也是让受训者领会语义的语音信号。例如:

<u>我</u>是武昌职业学院的学生。(谁是武昌职业学院的学生?)
我<u>是</u>武昌职业学院的学生。(你是不是武昌职业学院的学生?)
我是武昌职业学院的<u>学生</u>。(你是武昌职业学院的教师还是学生?)

我是武昌职业学院的学生。(你是哪所大学的学生?)

这句话中,强调的重音位置不同,语义也随之发生变化。

按照重音在语句中的位置可以把重音归纳成八种类型。

1. 并列性重音

在段落、语句中,有并列关系的词或短语,在段落中通常是以平等的地位呈现。在口头语言表达中我们需要显示出它们之间的并列关系,从而确定词或短语是并列性重音。

例如:一个夏天,太阳暖暖地照着,海在很远的地方奔腾怒吼,绿叶在树枝上飒飒地响。

在这句话中,有两组并列性重音,第一组是"太阳、海、绿叶",一经突出就把"太阳、海、绿叶"限定在"夏天"独有的景象当中。第二组是"照着、奔腾怒吼、飒飒地响",用符合上下文环境的语气强调突出,整句话的意味便展现出来了。

2. 对比性重音

在对照式结构明显的句子中,通过对两种或两种以上事物的比较、对照,使事物的特征表现得更突出,形象更鲜明,这时需要用对比性重音。

例如:骆驼很高,羊很矮。骆驼说:"长得高多好啊!"羊说:"不对,长得矮才好呢。"

这句话中有两个对比性重音"高""矮",说的是两种动物对于自身特点的自满和吹嘘。高、矮本身就是一组相反的字,用在句子中起到对比的作用。而在这段话中出现了两次高、矮的对比,"骆驼很高,羊很矮"这句话只是叙述,其中的"高、矮"并不需要强调,骆驼和羊说的话中"高、矮"才是需要重音突出的。同时在这句话中"骆驼"和"羊"属于并列性重音。

3. 呼应性重音

呼应性重音揭示上下文的呼应关系,使文章层次清楚,结构完整,有一呼一应和多呼多应,又分为问答式呼应和分合式呼应。

(1) 问答式呼应性重音。

例如:他还有一个美名,叫什么呢? 叫"老抱子"。

他可能有许多美名,但是这句话要突出的是"还有一个名字叫'老抱子'",所以,"还"是呼,"老抱子"是应。

(2) 分合式呼应性重音。

例如:他当过演员,在大学里教过书,还干了几天电工。

这句话中"他"是呼,后面的"演员、教过书、电工"是应,而且"他"是领起部分,后面分别说明了他干过的职业。当然,这些职业属于并列的成分。从停连的角度来说也属于分合性停连,在"他"处停,同时强调呼应性重音。

4. 递进性重音

例如:竹篱的那边是两家很精巧的华美的洋房。篱畔的落叶树和长青树,都悠然自得地显出入画的奇姿。平坦的淡黄的草园,修饰得浅黑的园径,就好像一条很贵重的兽毯一样敷陈在洋房的下面。

这一小段文字是空间场景的描写,根据空间的变化,就有了连续性重音的出现。"竹篱、洋房、落叶树、长青树、草园、园径"这些重音的突出让一幅立体画展现在听众面前。

例如:竹叶烧了,还有竹枝;竹枝断了,还有竹鞭;竹鞭砍了,还有深埋在地下的竹根。

这种连珠句式的重音落在递进的词上,第二次出现的词不能称为重音。

5. 转折性重音

转折性重音经常出现在转折复句中,通过相反方向的变化来揭示句子的精神实质。

例如:我们都以为她会和从前一样,谁知这一回,她噘起嘴来生气了。

虽然句中没有出现转换性的关联词,但是"谁知"之后的转折明显是作者的语言目的,所以"这一回"要强调。

6. 肯定性重音

这里的"肯定"是作出明确判断的意思。一种是要肯定"是什么",另一种是要肯定"是"还是"不是"。

例(1):不要开枪,大伯,是我。

例(2):原来他喜欢的不是你。

这两个例子中,例(1)中的重音"我"回答了"是什么"的问题,例(2)中的重音"不是"回答了"是"还是"不是"的问题。

7. 拟声性重音

拟声性重音一般是拟声词,但不是所有的拟声词都是重音,要看它是否体现语句目的。表达时重在传神。

例(1):夜深人静,我在荒地里走着,突然一只野鸟"扑棱"一声从杂草里飞了出来,吓得我直冒冷汗。

例(2):雨哗啦啦地下着,她搓着双手焦急地望着窗外。

例(1)中的"扑棱"要强调出来,表达当时野外的静默和"我"内心的极度恐惧。例(2)中的"哗啦啦"不能作为重音,重音应在"焦急"二字上,展现"她"的心情。

8. 目的性重音

从目的出发确定的重音叫目的性重音。对重音可以作如下选择或加工:

(1) 为加深印象而重说某些之前提到的概念;
(2) 为体现语脉线索或逻辑关系而重说关联词;
(3) 为确定某种判断或范围而重说判断词、副词;
(4) 为强调某些动作、性质或感情而重说相应的动词、形容词。

(六) 顿连

顿连指句子中或句子之间的声音间歇和延续。口语表达是没有标点符号的,必须通过停顿体现。不同的停顿会引起语义的变化。例如,"中国打败了美国取得冠军"这句话,停顿不同意义就会有明显区别。这句话间歇的划分起码有两种:"中国打败了,美国取得冠军"和"中国打败了美国,(中国)取得冠军"。

口语表达的时候,停顿的长短也很重要。过短了,听众来不及接收;过长了,也许听众听到后头就忘了前头。总之,口语表达的停顿和停顿的长短要根据说话的内容、感情的表达决定。当断则断,当连则连,当长则长,当短则短。

在教学语言中语气的顿连对表明语义的逻辑关系、提示重点、唤起受训者听讲的注意力等,都有着重要的作用。教学语言中对顿连的处理与加工,主要有以下几种情况。

（1）强调性顿连，为突出即将要说的话，而在开口之前设置的顿连。
（2）回味性顿连，为让受训者消化刚刚讲过的重要内容而设置的顿连。
（3）过渡性顿连，在语意的转换处设置的顿连。
（4）反馈性顿连，为探询受训者的理解程度或调控受训者注意力而设置的顿连。
（5）感性顿连，讲到情感激动处，情感大起大落处而设置的顿连。

（七）节奏

节奏是指在一个相对完整的表述中，言语快慢、强弱的变化而形成的语流态势。它与教学内容表述的需要，以及组训者边讲边根据受训者的反应而做的语言调控有关。

组训者把握口语的节奏时，应注意两点。

（1）节奏的变化是在语流对比中显示的。即无高不显低，无快不显慢，无重不显轻，无刚不显柔。因此，掌握语流的节奏变化，应时时调控好对比度。

（2）一节课里应有多种节奏的交错使用，当一种节奏向另一种节奏过渡时，要注意做些铺垫，使其转换自然，成为和谐整体。

（八）音量

音量是指说话发声的大小强弱。说话音量大小、高低、强弱的程度，是受气息支配和控制的。教学语言必须有合理的音量，才能让受训者听真切、听清楚。组训者用自己的耳感监听，从受训者听课的反应中了解音量是否适中，做到及时调控。

音量不宜过高。声音过高，受训者听不真切，还容易造成听力疲劳。平时上课，组训者宜以中音区发音为主，这样说起来不吃力，受训者听起来也轻松。

音量不宜过低。教学语言的音量，因教室的大小、受训者人数的多少、有无扩音设备而异。组训者发言的音量，应让坐在最后排的受训者听清，又不使前排的受训者感到震耳。讲课时应克服声音弱化、虚化、最后一个字的字音消失等毛病，要做到发音清楚、吐字清晰。

音量要有变化。组训者在施教的过程中，为了时时唤起受训者听讲的注意力，要善于变化自己的音量，做到声音有强有弱。

第二节 态势语技能

态势语是组训者通过动作手势、身体姿态、面部表情等手段，进行信息传递、思想沟通、感情交流的活动方式。组训者讲课过程中所做出的肢体动作、眼神表情等行为，就是态势语的具体表现。科学实验表明，人的记忆80%是靠视觉来确立的。受训者在课堂教学中仅仅依靠听觉获取的教学信息是有限的，也是比较抽象的，有时甚至是比较模糊的，而恰当地加入态势语，组训者的讲述就会变得生动、形象、具体，从而使受训者能更轻松愉快地接收信息，加深理解，强化记忆。所以，态势语传递信息的方式在课堂教学中有着重要的作用，组训者在教学中必须充分利用。

一、态势语的作用

态势语的作用可以概括为三个主要方面。

（一）补充、强化口语信息

在口语表达中，发言人的身体姿态、举手投足、神情容貌，始终伴随着他的有声语言，发送着各种信息。动态、直观的态势语与有声语言协调统一，同时作用于听众的视觉和听觉，拓宽了听众的信息传输通道，补充和强化了有声语言的信息，使有声语言的表现力和感染力得到升华。

（二）沟通，交流情感

如果说"言（口语）为心声"，态势语言则是无言的心声，是信息交流双方心理状态和情感的自然流露或有意识的表现。人们可以通过态势语表情达意，也可以通过态势语观察、分析对方说话的内容是否表达了真情实感，达到双方交流、沟通的目的。

（三）调控交流活动

在口语表达的过程中，态势语所表达的情感信息往往具有暗示作用。发言者和听众有意识地通过身姿、手势、表情、目光等手段传递信息，可以调动或影响口语表达对象的情绪，启发或引导对方的思路，调节口语交际的气氛。

二、态势语的具体内容

在课堂教学中，组训者注意运用态势语，有益于传递教学信息，激发受训者浓厚的学习兴趣，提高教学的效率。自然大方、准确得体的态势语能体现组训者深厚的文化修养和生活积累，有助于组训者树立良好的讲台形象，给受训者留下好印象。态势语主要表现为以下几个方面。

（一）面部表情

课堂教学中，组训者教学的表情变化对受训者听课情绪有十分重要的影响。受训者最不喜欢冷漠、喜怒不形于色、情绪冷淡，或者过分严肃、总是板着面孔，或者摆出居高临下姿态的组训者。组训者丰富又适当的表情有利于创设良好的教学情境，激发受训者的学习兴趣，营造积极的教学气氛。

组训者表情变化，主要是指面部表情变化。面部表情是人最灵敏、最复杂、最微妙的"气象图"，是教学中很丰富的信息源。面部表情包括人的面孔由情感作用而产生的各种动作和状态。其中，最关键的是眼神和微笑。

1. 眼神

眼睛是心灵的窗户。眼睛通过眼睑的开合、瞳孔的扩大和缩小、眼珠的转动等组合出多种多样的眼神，在教学中通过视线接触传递出丰富的信息，可以起到传情达意、导向以及组织教学的作用。眼神主要有环视或扫视、注视或凝视两种方式。

环视即目光在较大范围内作环状扫描。环视目光应明亮有神、热情友善、充满自信，以此告诉受训者自己对工作充满热情,是怀着兴奋的心情来上这堂课的。这样才能给受训者以积极的影响,使受训者精力集中、心情振奋地听课。组训者如果无精打采,昏昏欲睡,或者边讲课边走神,目光飘忽不定,那就会直接影响教学的效果。如果整节课组训者没有环视,会给受训者造成组训者不热情、教学呆板或高傲的印象。因此,课堂教学中的目光环视是必不可少的。

注视即目光较长时间地固定于某人或某物。注视辅以不同的视线、视角和不同的表情,可以表达不同的情感。注视有三种:严肃注视、授课注视和亲密注视。严肃注视多用于批评受训者的不良行为。严肃注视时视线要直,不能斜眼看人,眼珠不能乱转;面部表情要严肃、认真。同时,注视的目光不仅有威严,还要有信任、有诚意。授课注视能够营造较为融洽、和谐、自然的气氛,有利于激发受训者的思考。运用授课注视时,面部表情应自然、亲切,与授课语言相结合,既不能板着面孔,过于严肃,也不能大笑,过于随便。亲密注视包含了组训者真诚的关心、体贴。它犹如一缕阳光,洒在受训者的心头,让人感到温暖。运用亲密注视,组训者必须发自内心,出于真情,不能作秀,故作亲密,也要注意适度,不要产生误会。

2. 微笑

微笑是指略带笑容来传递信息的态势语。微笑可以表示多种意思,在讲课中恰当地运用微笑可以起到事半功倍的效果。上课开始,组训者面带微笑走进教室,表示上课的愉悦和对受训者的亲近;上课过程中的微笑,表示组训者对教学内容的自信,对教学过程的从容,对上课表现的满意,对受训者答问的肯定,对受训者思想行为的理解,对受训者表现的信任;当受训者回答问题出现错误时组训者边微笑边摇头,则不会使受训者感到难堪,反而更加激起受训者积极思考、探求正确答案的兴趣。在运用微笑传情达意时,要注意自然得体,切不可无笑装笑、皮笑肉不笑,那不仅收不到应有的效果,反而会弄巧成拙、适得其反。

(二) 动作手势

手势是课堂教学中强化教学效果的重要方式。手势指手指、手掌和手臂能传递意义的姿势动作。恰当的手势不仅可以增强语言的表现力和传递感情,使语言更富有感染力,而且是一种美的显露。

手势语从教学功能方面可分为四类。

(1) 指示性手势,主要用于指示具体对象或数量,含义简单明确,如教学中要求受训者看黑板或屏幕上的某字某句某图等。

(2) 感情手势,主要用来表达喜怒哀乐的感情,使之形象化、具体化,如欢呼时举手挥动,对受训者赞许时拍拍受训者的肩膀,等等。

(3) 摹状手势,用以摹形状物,给受训者一种形象直观的印象。

(4) 象征手势,用于表达抽象的意念,使抽象的概念变得具体,把握说话的内容并作出相应的动作,启发受训者思考,让受训者产生联想形成共鸣。

手势的活动空间可分为三个区域:肩部以上称为上区,上区的手势多表示宏大的、张扬的、有气势的、鼓舞人心的内容和感情,如远大的理想、殷切的希望、胜利的喜悦、幸福的祝愿、未来的展望、美好的前景等;肩部到腹部为中区,中区的手势多用于一般性的叙述事物和说明事理,是用得最多的一种手势,它表示平静的、稳重的、开阔的心理情境;腰部以下称为下区,下区的手势多表示憎恶、不悦、不齿、排斥、否定、压抑等内容和情感,这一区域的手势用得较少一些,因为它们往往被讲台挡住。

除了上述手势之外,手势包括的内容还有很多,如拳头的运用、手掌的运用、指头的运用、胳膊的运用及其复合的运用等。

(三) 身体姿态

身体姿态又称身姿语,指人的躯体(包括颈部、躯干、臀部、腿等)发出某种信息的姿态。这是种常见的态势语,又称为教姿。身姿语包括站姿、行姿、坐姿等。在课堂教学中,组训者举止得体、稳重洒脱的身姿配合有声语言传递教学信息,将收到良好的效果。

1. 站姿

"站"作为组训者的主要身姿形态,具有很强的造型特点,体现着组训者的涵养程度。在教学过程中,组训者有较长的时间是在站立中度过的。站立成为教学工作常见而又必不可少的组成部分。站姿不仅是组训者涵养程度的体现,而且具有很强的造型特点,对组训者传达教学信息有着很重要的作用。组训者从走进教室开始,其姿态就成为构成教学情境的重要因素之一。组训者的站姿稳健、挺直,能向受训者传递出正直、挺拔之美的信息,令受训者感觉组训者可信赖、可依靠。组训者站姿不端正,就会给受训者一种不坦然、不舒服的印象,组训者形象不佳,第一印象不好,教学效果就会受到影响。

站姿一般分为两种形式:一种是自然式,两脚基本平行,距离与肩同宽;另一种是前进式,两脚一前一后,相距适中。无论哪种站姿,组训者都应肩平、腰直、身正、立稳;身体重心均衡分布在两脚中间,或根据表达需要落在靠前的脚上,上身可略前倾。这样可以给人以亲切、进取、伟岸的印象。不要上身后仰,重心落在靠后的脚上,不要左右摇晃,不要两腿打战或轮流抖动,以免给人轻率、傲慢或慌张的感觉。

2. 走姿

组训者在课堂上来回走动是必不可少的。走姿恰当得体,课堂就会生气有余,就能引起受训者的注意、兴趣,还能调动受训者的积极情绪。组训者在课堂上的走动大体有两种:一种是组训者讲课时在一定范围内适当走动,比如讲课时偶尔围着讲台缓缓走动,板书时顺势走至讲台左右,这种走动是与语言配合传递信息的一种方式;另一种是在受训者练习、讨论、实验时,组训者在受训者中间走动,这种走动是以组训者与受训者空间距离的缩小来产生心理上的沟通。组训者的活动不能过度,不能总是走来走去,更不能晃来晃去、缺乏稳定性,这样会造成受训者的视觉疲劳,分散受训者的注意力。组训者行走时要步伐稳健,步幅不大不小,步速不快不慢,上身直立,两肩要平,不要弯腰驼背。

3. 坐姿

坐姿也是组训者气质、素养和个性的显现。优美得体的坐姿可以给受训者以美感。坐姿要求身体挺直,双腿并拢或略微分开。切忌在讲课中摇摇晃晃或者跷着二郎腿不断抖动。

(四) 衣着服饰

衣着服饰既是一个人的外表装饰,又是一个人心灵的外在表现。它是一个人思想情操、情感意志、气质性格、文化修养、审美情趣和审美标准的综合反映。组训者的衣着服饰要庄重、整洁、大方、合体,这样才能使课堂保持一种严肃而不失活泼的气氛,表现出组训者美好的气质和风度。

（五）空间距离

口语交际双方空间距离的远近，往往反映了谈话双方的关系以及谈话内容和效果等，被人们称为"空间距离语"。

组训者讲课时，站位以讲台后边为主，根据教学需要可适当变化，缩小与受训者之间的空间距离，如走下讲台，站在前排或深入受训者座位之中去指导、帮助；走近后排受训者，使他们感到亲近；貌似不经意地走向做小动作的受训者，缩小距离提醒受训者等。上课时走动不宜频繁，以免分散受训者的注意力。

三、态势语的具体运用

组训者很有必要加强态势语的训练，以便在课堂教学中，充分发挥自己言、行、神、色的作用，有机组合，逐渐形成和谐统一的教学风格。

（一）眼神的运用

表情是心灵的屏幕，它像镜子一样把交际双方复杂变化的内心活动反映出来。口语表达时，要注意自身表情的明朗、真挚、有分寸。

组训者在教学中的表情语可以分为两种：一种是常规性的，要做到和蔼、亲切、热情、开朗，常带微笑，这是组训者面部表情的基本要求，它能使受训者产生良好的心理态势，共同营造和谐轻松的学习氛围；另一种是变化的面部表情，如随教学内容而产生的喜怒哀乐、随教学情境与受训者发生的感情共鸣等。它能使课堂教学生动而充满活力和吸引力。组训者的表情变化要适度，不能过分夸张，避免哗众取宠；更不能板着面孔讲课，毫无生气。

眼神是面部表情达意最丰富的渠道，是表情语的核心。要根据实际需要恰当地运用各种眼神来帮助说话，如正视表示庄重、诚恳，斜视表示轻蔑，环视是与听众交流，点视具有针对性和示意性，仰视表示崇敬或傲慢，俯视表示关心或忧伤等。在课堂教学中应尽量避免消极眼神的出现，如盯视、逼视、瞪视、怒视、呆视、侧视、仰视等。应尽量发挥眼神的积极作用，以使受训者从组训者的目光中感受到尊重、理解、爱护、体贴，形成自信、自强的特质。

开始上课，组训者扫视全体受训者，可以集中受训者的注意力，营造良好的课堂氛围；教学过程中不断环视受训者，既表示关注每一位受训者的学习效果，又可了解受训者的听课状况，和受训者保持信息传递；讲课中提出问题让受训者思考并回答，环视受训者，表示组训者对每位受训者的关注、期待及对其回答问题的鼓励；上课时发现受训者精力不集中，做小动作或其他与上课无关的事，组训者可以注视这名受训者，引起其注意。

组训者采用环视眼神时，要注意以下几个问题。

（1）环视要遵循一定的路线，目光不能忽左忽右、忽前忽后，要顺时针或逆时针扫视。

（2）要照顾到教室的各个方位，速度适当放慢，也可在个别受训者身上短暂停留。

（3）环视不可过于频繁，环视后应马上恢复普通视线。

组训者要避免目光语运用中的一些不良习惯，比如视线老盯着天花板、窗外或讲义，不与受训者交流以致冷落受训者；眼神长时间地固定在某一点上，而对整个课堂和其余受训者视若不见；长时间死死盯住对方，使对方受到目光侵犯；视角频繁转换，飘忽不定，眼球乱转或眼动头不动；做手势时手到眼不到；边想边说时频繁眨眼或闭目思索；当众说话时挤眉弄眼等。

（二）手势语的运用

手势的运用方法多种多样、千变万化，但不管怎样运用，都是为了提升讲授效果，提高教学质量。为了达到这一目的，在手势的运用上，要做到以下几点。

1. 适合

适合在这里有两层意思。一是内容形式要适合，即说的意思要与手势所表达的意义适合，这是质的适合。授课内容决定手势的运用，而贴切的手势又能鲜明地表现内容，提升语言的表达效果。二是手势的多少要适合，即在讲课中，手势不要过多，也不能太少，这是量的适合。手势过多，不但没有实际意义，而且会喧宾夺主，分散受训者的注意力；手势过少，课堂会显得呆板，不能形象、恰当、生动地表情达意。总之，应当让富有哲理和感情的语言与必要的手势有机地结合在一起，力求用最精当的手势，获得最鲜明的表现力。

2. 简练

简练就是每做一个手势，都力求简单、精练、清楚、明了，做得干净利落，切不可拖泥带水或者手舞足蹈。手势奇形怪状、花样不少，不仅无助于表情达意，还可能让受训者眼花缭乱，茫然不解，给受训者以哗众取宠之感。

3. 自然

手势贵在自然，切忌矫揉造作。只有自然的手势才能真实地表情达意，给人以美感。所以，组训者的手势要做得舒展大方。不动则已，动则令受训者悦目赏心。在此基础上，手势要富于变化，不能从头到尾始终是一种手势、一个动作。但手势也要目的鲜明，克服随意性。组训者要针对不同教学对象、教学内容正确选用手势，要注意克服教学中常见的不良手势，如抓耳挠腮、抠鼻子、摸胡子、手沾唾液翻书或讲稿、用手指敲击讲台或对着受训者指指点点等。并且要注意手持书或讲稿讲课时，不要挡住面部。

4. 协调

教学中的手势从来不是单独运用的，它总是和声音、姿态、表情等密切配合的，这就存在相互协调的问题。手势不能游离于整个形体动作，只有协调的动作才是美的动作，离开了协调就谈不上美，如手势的起落应和语音的出没同时进行，不可互为先后。又如组训者边走边做手势不大协调，只有做完手势再走动，才能使受训者感到协调、和谐。

（三）身姿语的运用

课堂教学中，最常用的教姿是站姿和走姿。

1. 站姿

组训者上课一般是站在黑板与讲桌之间，站姿要端正、稳重、挺直，并与全体受训者保持相对稳定。教学时，为了表达喜悦、愤恨等感情和肯定、否定的态度，头部可以适度活动，但要少而精，幅度不能太大。躯干部要求直身平肩，作长时间讲述时要挺胸收腹。站立时内腿应挺直，两脚自然分开，略呈八字，也可两脚前后自然分开，给人欲动之感。根据教学需要应有适当的活动,或侧向部分受训者或侧向黑板。这样的站姿有利于稳定受训者的情绪,振作受训者的精神。

心理学研究表明,面对黑板而站说明组训者内心封闭,不利于阐述教学内容、抒发情感,而且会给受训者留下疏远的感觉。站时重心或左或右,被视为信心不足、情绪紧张和焦虑过度。面对受训者站姿亲切自然、庄重大方,则表明组训者准备充分,有信心上好这堂课,有能力控制整个教学局面。受训者回答问题时,组训者身体微微前倾,表明对受训者所说的话题感兴趣,也表明注意力正在集中。这能增强组训者与受训者之间的亲切感。当需要阐述、描述或分析时,组训者应稍离讲台,或轻松自然地走动,或微微分开双腿。在走动过程中组训者站立,使受训者既感到组训者的端庄严肃又感到组训者的亲切自然。当受训者埋头记笔记或做实验时,组训者可以用手撑住桌沿,把重心移向某只脚上,既可以得到短暂休息,又可避免对受训者产生消极影响。

课堂教学过程中,组训者切忌背对受训者只顾自己板书,这容易给受训者一种不礼貌的感觉;组训者两手放在裤袋里或双手反背身后,一副居高临下的态势,缺乏亲切感;组训者固定一种姿势在一个地方站立时间过长,会使受训者产生一种单调、乏味的枯燥感;组训者含胸驼背、收肩缩颈、左摇右晃、站立不稳,会给受训者以随便感;组训者如有摸头、捂鼻、搔耳、玩弄教鞭或粉笔等其他消极的体态行为,也会给受训者不好的印象。

2. 走姿

走姿一般来说,应注意以下几点。

(1) 走动不能分散受训者的注意力,要有节制。课堂上,组训者要控制走动的次数,不能整节课不停地走;要控制走动的速度,身体突然地运动或停止都能引起受训者的注意。要控制脚步的轻重,脚步不能太重,讲台上"咚咚咚"的脚步声会引起受训者的反感。组训者应缓慢地、轻轻地走动。此外,走动时姿态要自然大方,不做分散受训者注意力的动作。

(2) 走动或停留的位置要方便教学。当在课堂上进行问答时,组训者应在讲台周围走动,这样便于全体受训者目视讲台,集中注意力。如果组训者处在课堂中间或课堂后面,部分受训者就会感觉不适。当组训者在受训者之间边走边讲时,不要停留在教室后端,因为对受训者来说组训者的声音是从后面传来的,会影响受训者听课的效果。

(3) 走动的时间要适当。比如,受训者在做练习或答试卷时,注意力高度集中,大脑思维处于紧张状态。此时,如果组训者在他们身边突然停住,往往会造成受训者情绪紧张,破坏他们的正常思维过程,影响他们的学习效率。如果组训者要观察整个教室的情况,最好走到教空的后面。

(4) 走动时要照顾到点与面。点就是一名具体的受训者,面就是全体受训者。组训者在受训者中间走动或进行个别辅导时,要注意关心每个受训者,给所有受训者同样的热情。如果组训者不注意这个问题,经常关注某些受训者而对另一些受训者过于冷淡,会伤害他们的积极性,使其学习受到影响。在组织小组讨论时,也应该这样操作。如果发现某个小组有问题,需要对一个小组释疑,组训者应轻轻地向他们走去,以免影响其他小组。如果这组提出的问题具有普遍性,需要全班注意,组训者应快速走到讲台前,引起全班注意,面对全班进行解答。

【知识拓展】

语言表达技能训练方法

语言表达能力是口才训练最基本的训练对象,语言表达的好坏直接影响口语交流的效果,也直接影响你的工作、生活,甚至影响一个人一生的成就和价值。重视语言表达训练,能有效提高你的语言表达能力,让你受益一生。

1. 速读法

这里的"读"指的是朗读,是用嘴去读,而不是用眼去看,顾名思义,"速读"也就是快速地朗读。

这种训练方法的目的在于使人口齿伶俐,语音准确,吐字清晰。

方法:找一篇演讲词或一篇文辞优美的散文。先查阅词典把文章中不认识或弄不懂的字、词查出来,搞清楚,弄明白,然后开始朗读。一般开始朗读的时候速度较慢,逐次加快,最后达到你能达到的最快速度。

要求:读的过程中不要有停顿,发音要准确,吐字要清晰,要尽量达到发声完整。如果你不把每个字音都完整地发出来,那么速度加快以后,听众就听不清楚你在说些什么,快也就失去了快的意义。快必须建立在吐字清楚、发音干净利落的基础上。我们都听过体育解说员的解说,他们的解说就很有"快"的功夫。解说的"快",是快而不乱。每个字、每个音都发得清楚准确,没有含混不清的地方。我们希望达到的快也就是他们的那种快,吐字清晰,发音准确,而不是为了快而快。

速读法的优点是不受时间、地点的约束。只要手头有一篇文章就可以练习。而且还不受人员的限制,不需要别人的配合,可以独立完成。当然你也可以找一位朋友旁听你的速读练习,让他帮助纠正你速读中的毛病,比如哪个字发音不够准确,哪个地方吐字还不清晰,等等。这样更有利于你有目的地进行纠正、学习。还可以用录音机把你的速读录下来,然后自己从中找出不足,加以改进。有老师指导效果更好。

2. 背诵法

同学们都背诵过课文。背诵的目的各有不同。有的是因为老师要求必须背诵,不得不背,以完成老师交给的学习任务;也有的是为了记忆名诗、名句,提高自己的文学素养。我们提倡的背诵,主要目的是锻炼我们的口才。

我们要求的背诵,并不仅仅要求你把某篇演讲词、散文背下来。我们要求的背诵,一是要"背",二还要"诵"。这种训练的目的有两个:一是培养记忆能力,二是培养口头表达能力。

记忆是练口才必不可少的一种素质。没有好的记忆力,想要培养出口才是不可能的。只有大脑中充分地积累了素材,你才可能出口成章,滔滔不绝。如果你大脑中一片空白,那么你再伶牙俐齿,也无济于事。记忆与口才一样,它并不仅是一种天赋的才能,后天的锻炼对它同样起着至关重要的作用,"背"正是对这种能力的培养。

"诵"是对表达能力的一种训练。这里的"诵"也就是我们常说的"朗诵"。它要求在准确把握文章内容的基础上进行声情并茂的表达。

背诵法不同于我们前面讲的速读法。速读法的着眼点在"快"上,而背诵法的着眼点在

"准"上。也就是你背的内容一定要准确,不能有遗漏或错误的地方,而且在吐字、发音上也一定要准确无误。

方法: 第一步,先选一篇自己喜欢的演讲词、散文或诗歌。第二步,对选定的材料进行分析、理解,体会作者的思想感情。这是要花点功夫的,需要我们逐句逐段地进行分析,推敲每一个词句,从中感受作者的思想感情,并激发自己的感情。第三步,对所选的演讲词、散文、诗歌等进行一些艺术处理,比如找出重音、划分停顿等,这都有助于准确表达内容。第四步,在以上几步工作的基础上进行背诵。背诵的过程也可分步进行。首先,进行背的训练。也就是先将文章背下来。这个阶段不要求声情并茂,只要能达到熟练记忆就行。在背的过程中,自己进一步领会作品的格调、节奏,为准确把握作品打下更坚实的基础。然后,是在背熟文章的基础上进行大声朗诵。将背熟的演讲词、散文、诗歌等大声地背诵出来,并随时注意发声和感情。最后,用饱满的情感,准确的语言、语调进行背诵。

准确无误地记忆文章,准确地表达作品的思想感情。比如,我们要背诵高尔基的《海燕》,首先就应明白这是篇散文诗,它是在预报革命的风暴即将来临,讴歌的是海燕——无产阶级战士的形象。整篇散文诗都是热烈激昂的,表达了革命者不可遏止的爱憎。我们在朗诵《海燕》时要抓住这个基调。当然仅仅抓住作品的基调还是不够的。我们还要对作品进行一些技巧上的处理,比如划分段落、确定重音、停顿等。平平淡淡,没有波澜,没有起伏,一调到底的朗诵是不会成功的。有些朋友在朗诵《海燕》时把握了它激昂奋进的基调,却没有注意朗诵技巧,开口就定在最高的音上,结果到了感情的最高点时,就只能是声嘶力竭。这是把握不够准确的缘故。如果对作者的思想感情发展的脉络有了准确的把握,就不会犯这样的错误了。

背诵法的训练最好能有老师的指导,特别是在朗诵技巧上给予指导。如果缺乏这个条件,也可以找同学帮忙,请同学听自己背诵,然后指出不足,使我们在改进时有所依据,这对练口才很有好处。

3. 练声法

练声也就是练声音、练嗓子。我们都喜欢听那些饱满圆润、悦耳动听的声音,而不愿听干瘪无力、沙哑干涩的声音。所以锻炼出一副好嗓子,练就悦耳动听的声音,是我们必做的功课。

练声的方法如下。第一步,练气。俗话说"练声先练气"。气息是人体发声的动力,是发声的基础,与发声有着直接的关系。气不足,声音无力;用力过猛,损害声带。所以我们练声,首先要学会用气。

(1) 吸气。吸气要深,小腹收缩,整个胸部要撑开,尽量把更多的气吸进去。我们可以体会一下闻到一股香味时的吸气法。注意吸气时不要提肩。

(2) 呼气。呼气要慢慢地进行。我们在演讲、朗诵、辩论时,有时需要较长的气息,只有呼气慢而长,才能达到这个要求。呼气时可以把两齿基本合上,留一条小缝让气息慢慢地通过。

学习吸气与呼气的基本方法,可以每天做这些练习,做深呼吸,天长日久定会见效。

第二步,练声。我们知道声音是通过气流振动声带发出来的。

在练发声前先要做一些准备工作。先放松声带,用轻缓的气流振动它,让声带有所准备,发一些轻柔的声音,不要大喊大叫,这会损伤声带。就像我们在剧烈运动之前,要做些准备动作一样。

声带活动开了,还要让口腔做好准备。口腔是人体的一个重要的共鸣器,声音的洪亮、圆润与否与口腔有着直接的关系,所以不要小看了口腔的作用。

口腔活动可以按以下方法进行。

第一,进行张闭口的练习,活动嚼肌。练声时嚼肌运动起来就轻松自如了。

第二,挺软腭。这个方法可以用学鸭子嘎嘎叫来体会。

人体还有一个重要的共鸣器,就是鼻腔。有人在发音时,只会在喉咙上使劲,没有用上鼻腔共鸣器,所以声音单薄,音色较差。练习鼻腔共鸣的方法是学习牛叫。但一定要注意,平日说话时如果只用鼻腔共鸣,会导致鼻音太重。

我们还要注意,不要在早晨刚起床时到室外去练声,这样会使声带受到损害。特别是室外气温更低时,不要张口就喊,冷空气进入口腔后,会刺激声带。

第三,练习吐字。吐字似乎与发声关系较远,但其实二者是息息相关的。只有发音准确无误,清晰、圆润,吐字才能字正腔圆。

我们都学习过拼音,知道每个字都是由音节组成的,而一个音节又可以分成字头、字腹、字尾三部分,这三部分从语音结构上来说,字头就是声母,字腹就是韵母,字尾就是韵尾。

吐字发声时一定要咬住字头。"咬字千斤重,听者自动容"说的就是这个意思。所以我们在发音时,一定要紧紧咬住字头,这时嘴唇一定要有力,把发音的力量放在字头上,利用字头带响字腹与字尾。字腹的发音一定要饱满,口形要正确。发出的声音应该是立着的,而不是横着的;应该是圆的,而不是扁的。处理得不好,就容易使发出的声音扁、塌、不圆润。字尾,主要是注意归音。归音一定要完整。当然字尾也要能收住,不能把音拖得过长。

如果我们能按照以上的练习要求去做,那么吐字一定圆润、响亮,你的声音也就会变得悦耳动听了。

应多做以下练习。

(1) 深吸一口气,数数,记录能数多少数。

(2) 跑20米左右,然后朗读一段课文,尽量避免喘气声。

(3) 按字正腔圆的要求读下列成语:

英雄好汉、兵强马壮、争先恐后、光明磊落、深谋远虑、果实累累、五彩缤纷、心明眼亮、海市蜃楼、优柔寡断、源远流长、山清水秀。

4. 复述法

复述法,简单地说,就是把别人的话重复地叙述一遍。这种方法在课堂上使用得较多。如老师让同学们看一段课件,然后请同学复述课件的情节或人物的对话。这种训练方法可以锻炼人的记忆力、反应力和语言连贯性。

具体方法是:选一段小说或演讲词中叙述性强的语段,然后请朗诵能力较好的同学进行朗读,最好把它录下来,听一遍复述一遍,反复多次地进行,直到能完全把这个作品复述出来。复述的时候,可以把第一次复述的内容录下来,然后对比原文,看你能复述多少,重复进行,看多少遍自己才能把全部的内容复述出来。这种练习绝不单单在于背诵,而在于锻炼语言的连贯性。面对众人复述还可以锻炼你的胆量,克服紧张心理。

开始时我们只要能把基本情节复述出来就可以,在记忆原话的时候,可以用自己的话把意思复述出来;第二次复述时不仅仅是复述情节,而且要求能复述一些人物语言或描写语言;第三次复述时,就应基本准确地复述出人物的语言和大致的描写语言,逐次提高要求。

在进行这种练习之前,最好能根据自己的实际情况和所选文章的情况,制定一个具体的要求。比如选了一段共有10句话的文章,那么第一次复述时就要把基本情节复述出来,并能把几个关键的句子复述出来;第二次应能复述出5~7个句子;第三次应能复述8~10个句子。进展得越快,说明你的语言连贯性和记忆力越强。

开始练习时,最好选择句子较短、内容活泼的材料,这样便于你把握、记忆、复述。随着训练的深入,可以逐渐选一些句子较长、情节较少的材料进行练习。这样由易到难,循序渐进,效果会更好。

这种练习一定要有耐心与毅力。有的同学一开始就选用那些句子长、情节少的文章作为训练材料,结果常常是欲速则不达。而且这个训练有时显得很烦琐、麻烦,甚至是枯燥乏味,这就需要我们有耐心与毅力,知难而进,勇于吃苦,不怕麻烦。

5. 模仿法

我们每个人从小就会模仿,模仿大人说话做事。模仿的过程也是一个学习的过程。我们小时候学说话是向爸爸、妈妈及周围的人学习。我们练口才也可以利用模仿法,向口才好的人学习。天长日久,我们的口语表达能力就能得到提高。

具体方法如下。

(1) 模仿专人。在生活中找一位口语表达能力强的人,请他讲几段最精彩的话,录下来供我们进行模仿。也可以把你喜欢的又适合你模仿的播音员、演员的声音录下来,进行模仿。

(2) 专题模仿。几个好朋友在一起,请一个人先讲一段小故事,然后大家轮流模仿,看谁模仿得最像。为了调动积极性,也可以采用打分的形式,大家一起来评分,表扬模仿最成功的一位。这个方法简单易行,且有娱乐性。课上、课间、课后都可进行。只要有三四个人就能进行。要注意的是,每个人讲的小故事一定要新鲜有趣,大家爱听爱学。而且在讲之前一定要有准备,一定要讲得准确、生动、形象,讲的时候不要犯错。

(3) 随时模仿。我们可以随时跟着播音员、演员进行模仿,注意他们的声音语调、神态动作。天长日久,我们的口语表达能力就会得到提高。

要尽量模仿得像,要从对象的语气、语速、表情、动作等多方面进行模仿,并在模仿中有创造。

在进行练习时,一要注意选择适合自己的对象进行模仿。要选择那些对自己身心有益的语言动作进行模仿。

模仿法是一种简单易学、娱乐性强、见效快的方法,尤其适合同学们练习。希望大家勤学苦练,早日见效。

6. 描述法

我们小时候都学过看图说话,描述法就类似于看图说话,只是我们要看的不仅仅是书本上的图,还有生活中的一些景、事、物、人,而且要求也比看图说话要高。简单地说,描述法就是把你看到的景、事、物、人用描述性的语言表达出来。

描述法比以上的几种训练法更进一步。没有现成的演讲词、散文、诗歌等做你的练习材料,而要求你自己去组织语言进行描述。描述法训练的主要目的就在于训练同学们的语言组织能力和语言的条理性。

演讲、说话、辩论都需要有较强的语言组织能力,语言组织能力是口语表达的一项基本功。

方法是描述一幅画或一个景物。第一步,对要描述的对象进行观察。比如,我们所要描述的对象是"秋天的小湖边",那么我们就要观察一下这个湖的周围都有些什么,有树?有假山?有凉亭?还有游人?树是什么样子,山是什么样子?凉亭在湖光山色、树影的衬托下又是什么样子?这秋天里的游人此时又该是一种什么心情呢?这一切都需要你用自己的眼睛去观察,用你的心去体验。有了这种观察和体验,我们的描述才有基础。第二步,描述。描述时一定要抓住景物的特点,要有顺序地进行描述。

描述法的要求是抓住特点进行描述。语言要清楚明白,要有一定的文采。描述千万不要成为平淡乏味的流水账,一定要用描述性的语言,尽量生动些、活泼些。要讲得有条理,不要东一句,西一句,要让人听了以后能知道你描述的是什么景物。描述的时候允许有联想与想象,比如,我们观察到秋天的湖边有一位白发苍苍的老爷爷,孤独地坐在树荫下,我们就可能有一种联想,可能想到自己的爷爷,也可能想到这个老人的生活晚景……那么在描述的时候,我们就可以把这一切都加进去,使描述更充实、生动。

7. 角色扮演法

角色一词是从戏剧、电影中借用来的,是指演员扮演的戏剧或电影中的人物。我们这里的角色,与戏剧、电影中讲的角色,有着相同的意义。

角色扮演法,就是要我们像演员那样去演戏,去扮演作品中出现的不同的人物,当然这个扮演主要是在语言上的扮演。

具体方法如下。

(1) 选一篇有情节、有人物的小说为材料。

(2) 分析选定的材料,特别要分析人物的语言特点。

(3) 根据作品中人物的数量,找同学分别扮演不同的人物角色。

(4) 也可一个人扮演多种角色,以此培养自己的语言适应力。

这种训练的目的,在于培养人的语言适应性、个性,以及适当的表情、动作。

这种训练法"演"的成分很重,它有别于对朗诵的要求。它不仅要求声音洪亮,充满感情,停顿得当;还要求把人物的性格恰如其分地表现出来,而且要配有一定的动作和表情。这个训练是有一定难度的。

8. 讲故事法

同学们都听过故事,但都讲过故事吗?讲故事看起来很容易,要真讲起来就不那么容易了。

讲故事是强大的工具,领导者可以用它来激励群众,而作家则可以利用它来创作经典文学。以下有一些讲故事的技巧,可以帮助加强叙事和吸引听众。

(1) 选择清晰的中央消息。一个伟大的故事通常会朝着中心主题或信息发展。在编写故事时,我们应该对要构建的内容有一个明确的想法。如果我们的故事具有很强的道德成分,则需要引导听众或读者了解信息。如果我们讲的是有趣的故事,请尝试增加戏剧性的张力和悬念,直到叙述的高潮为止。无论我们讲的是哪种类型的故事,都要清楚地说明中心主题或情节。

(2) 拥抱冲突。讲故事的人不能回避冲突。伟大的故事在主角的道路上散布各种障碍和艰辛。为了幸福的结局,观众必须观看主角为实现自己的目标而奋斗的过程。引人入胜的情节是建立在冲突的基础上的。

（3）具有清晰的结构。故事的结构有很多不同的形式,但是故事必须具备的三个要素是开始、过程和结束。成功的故事始于冲突,冲突会导致行动不断上升,达到高潮,并最终找到令人满意的解决方案。有许多书籍和在线资源可以帮助我们更好地理解这些术语并熟悉其他讲故事的技术。

（4）挖掘个人经历。无论是根据个人经验直接讲述真实发生的故事,还是编出新故事,总能从生活中汲取灵感。要借鉴现实生活中的重要经验,并设法将它们转化为故事。

（5）吸引听众。出色的故事讲述要求我们与听众建立联系,但是,吸引听众的方式很大程度上取决于我们使用的故事讲述方式。如果读的是短篇小说,则可能需要经常将视线从页面上移开,与听众进行眼神交流。如果正在录制叙事播客,那么需要以声音的表达能力和表达情绪的能力来吸引听众。

（6）学习优秀的讲述者。无论是在餐桌旁为你讲述童年故事的家庭成员,还是在公开演讲方面表现出色的当地政客,都是我们可以观察学习的对象。寻找讲故事的人,并观察学习他们如何讲故事。

（7）缩小故事范围。如果要讲述自己生活中的真实故事,则不需要包括所有要点。许多人倾向于将所有细节都讲得面面俱到,最终淡化了故事主线。正确的做法是讲清楚故事的起点和结尾,然后将关键情节事件写成它们之间的要点。

9. 练绕口令

一盆面,一盆饼,面盆饼盆并排放,面盆不敢碰饼盆,饼盆怕把面盆碰。

一座棚傍峭壁旁,峰边喷泻瀑布长,不怕暴雨飘泼冰雹落,不怕寒风扑面雪飘扬,并排分班翻山攀坡把宝找,聚宝盆里松柏飘香百宝藏。

粉红墙上画凤凰,凤凰画在粉红墙,红凤凰,粉凤凰,红粉凤凰花凤凰。

四是四,十是十,十四是十四,四十是四十,不要把十四说成"实事",也不要把四十说成"事实",要想说对四,舌头碰牙齿,要想说对十,舌头别伸直。要想说对四和十,多多练习十和四。

七巷一个漆匠,西巷一个锡匠,七巷漆匠用了西巷锡匠的锡,西巷锡匠拿了七巷漆匠的漆,七巷漆匠气西巷锡匠用了漆,西巷锡匠讥七巷漆匠拿了锡,请问漆匠和锡匠,谁拿谁的锡？谁用谁的漆？

谭家谭老汉,挑担到蛋摊,买了半担蛋,挑蛋到炭摊。买了半担炭,满担是蛋炭。老汉忙回赶,回家炒蛋饭。进门跨门槛,脚下绊一绊。跌了谭老汉,破了半担蛋。翻了半担炭,脏了木门槛。老汉看一看,急得满头汗。连说怎么办,蛋炭完了蛋,老汉怎吃蛋炒饭。

老龙恼怒闹老农,老农恼怒闹老龙,农怒龙恼农更怒,龙恼农怒农怕农。

四十四个字和词,组成一首子词丝的绕口词。桃子李子梨子栗子橘子柿子槟子和榛子,栽满院子村子和寨子。刀子斧子锯子曲子锤子刨子尺子,做出桌子椅子和箱子。名词动词数词量词代词副词助词连词,造成语词诗词和唱词。蚕丝生丝熟丝缫丝染丝晒丝纺丝织丝,自制粗丝细丝人造丝。

10. 即兴演讲

即兴演讲,就是在特定的情境和主体的诱发下,自发或被要求立即进行的当众说话,是一种不凭借文稿来表情达意的口语交际活动。演讲者事先并没有做任何准备,而是随想随说,有感而发。即兴演讲的技巧和方法有以下几种。

(1) 以关键字为主。

即兴演讲来不及准备稿子,所以最好是简单想几个关键词,否则,你讲的内容越多,注意力就越容易分散。比如就职演说关键词为规划和目标,战前动员关键词为激励和鼓舞,欢迎致辞关键词为欢迎和祝福,会议主持关键词是暖场、串场和总结,获奖感言关键词是感谢和经验分享。

(2) 用自己的激情带动听众。

当众讲话最需要的是热烈的气氛,演讲者越有激情,演讲才会越精彩。演讲者的语言要富有感染力,声音洪亮、吐字清晰,保持高昂的状态,才能充分调动听众的情绪,激发他们的热情。

(3) 站在听众的角度思考问题。

演讲者要学会换位思考,站在听众的角度考虑问题,这样才能打动听众。与听众寒暄的时候,多说亲切的话,多提及听众的名字,抓住听众的心,做到以情动人。

(4) 观察听众的反应。

优秀的演讲者不会只顾自己滔滔不绝,他会很重视听众的反应。因为沟通是双向的,若只顾自己讲会使沟通变成"独角戏"。演讲者一旦发现听众现场反应不佳,应立即调整话语动向,使自己随时掌控节奏。

(5) 与听众互动,调动听众的激情。

演讲时,要懂得与听众互动,把听众拉到演讲的氛围中。使用"演示法""提问法"等,与听众建立轻松愉快的关系,炒热现场的气氛。这样才能在即兴演讲中如鱼得水,获得听众的掌声和鲜花。

11. 辩论

辩论,指双方用一定的理由来说明自己对事物或问题的见解,揭露对方的矛盾,以便在最后得到共同的认识和意见。辩论会,也叫辩论赛,是参赛双方就某一问题进行辩论的一种竞赛活动,实际上是围绕辩论的问题而展开的一种知识的竞赛、思维能力的竞赛、语言表达能力的竞赛,也是综合能力的竞赛。辩论(赛)旨在培养人的思维能力和语言表达能力。近年来流行的大型辩论赛,一般由8个人参与,辩论过程一般分为五个阶段。

阶段一:开篇陈词。正方一辩发言立论,反方一辩发言立论,时间各2分30秒。

阶段二:攻辩。① 正方二辩针对反方二辩或三辩提问。② 正方三辩针对反方二辩或三辩提问。③ 反方二辩针对正方二辩或三辩提问。④ 反方三辩针对正方二辩或三辩提问。(注:每一轮攻辩阶段为1分30秒,攻方每次提问不得超过10秒,每轮必须提出三个以上的问题。辩方每次回答不得超过20秒。用时满时,主席举红牌宣布终止发言,不得再提问或回答。重复提问、回避问题均要被适当扣分)问者只能问,答者只能答。

阶段三:攻辩小结。正方一辩进行攻辩小结,反方一辩进行攻辩小结,时间各1分30秒。

阶段四:自由辩论。正反方辩手自动轮流发言。每方限时5分钟。

阶段五:总结陈词。反方四辩总结陈词,正方四辩总结陈词,时间各4分钟。

解说词范例

范例1:军训解说词

男:看,迎面走来的是由××学院和××学院组成的护旗方队。他们像挺拔的青松,像奔腾的骏马。此时此刻,他们豪情万丈、激情飞扬,智慧与力量折射出绚丽的光芒。他们是初升的朝阳,他们是展翅的雄鹰。相信他们在未来的旅途中会带着绿色的希望去创造他们新的辉煌!

女:接着走来的是由××学院组成的××方队。他们是雄鹰,搏击长空,啸声响彻云霄;他们是蛟龙,畅游四海,惊涛骇浪任其遨游。在那力竭之际、坎坷之时,他们也绝不会停止迈动的双脚!他们意气风发,迎难而上;让汗水滑落,让热血沸腾,昂首走出坚毅的步伐!

男:现在走过来的是××方队。看!他们意气风发,斗志昂扬!在军训过程中,他们能严守纪律,积极训练,发扬"流血流汗不流泪,掉皮掉肉不掉队"的革命精神。希望他们在今后的学习和生活中,能够相扶相助,共同提高。携手共进,共创辉煌!

女:现在通过受阅区的是××方队。战士们迎着习习秋风,迈着坚定步伐,开创未来崭新的征程!海阔凭鱼跃,天高任鸟飞。阳光曝晒,晒不褪他们的热情;汗水流淌,带不走他们的信念。积极向上是他们的风格,勇往直前是他们的作风,这支精锐之师必定凯旋!

男:看,××方队正以崭新的精神面貌向我们走来!他们精神振奋,口号嘹亮;英姿挺拔,步伐沉稳!这群热血儿郎向我们展示着"没有最好,只有更好"的独特风采。他们心中的豪情直击蓝天,脚下的足音响彻大地!

女:这是一群精神抖擞的雄狮,经受沙场艰苦磨砺,汗水铸造出他们钢铁般的脊梁,伤口结痂成就他们磐石般的意志,烈日点燃了他们虎啸般的气势。这就是××方队,他们步伐雄健,铿锵有力;队伍整齐,彰显军魂;铮铮铁骨,威震四方!

男:谁说女子不如男?铿锵玫瑰展风采!接下来迎面走来的是女生方队。

看,迎面走来的是由××学院女生组成的××方队。她们是绿色军营之花。不怕烈日蒸烤,无畏风吹雨打。悠悠古院书墨飘香,巾帼红颜气宇轩昂!拿起笔,她们柔思百转;穿上戎装,她们英姿飒爽。静,她们是挺拔的青松;动,她们是奔腾的骏马!

女:接着走来的是××方队。整齐的步伐踏出铿锵的鼓点,嘹亮的口号唱响奋斗的激情,自信的笑容彰显巾帼的风采。她们团结协作、拼搏向上;任汗水浸透,任阳光烧灼;不喊苦,不怕累;精神抖擞,斗志昂扬。军旗因她们而更鲜艳,青春因他们而更精彩!

男:飒爽的英姿迎着灿烂的朝阳,明净的脸庞洋溢着青春的自信。看!××学院××方队的女兵们迈着坚定的步伐朝我们走过来了。她们勤学苦练,顽强拼搏;更高、更快、更强是她们的目标;风雨过后,迎接她们的是绚丽的人生!

女:风在吼,马在叫。迎面走来的是××方队的女战士们!她们个个神采奕奕,英姿焕发;步伐铿锵有力,动作整齐划一。在训练中,她们精神抖擞,用辛勤和汗水诠释青春的魅力!看,她们的表情胸有成竹,她们的口号嘹亮激越,她们对自己的未来充满信心!

男:下面经过受阅区的是来自××学院的××方队。男儿当自强,女儿也豪迈!她们豪情万丈,激情飞扬,喊出了军人的斗志;她们朝气蓬勃,英姿飒爽,走出了军人的风采!古有花木兰替父从军,今有××方队巾帼不让须眉!

女:看!踏着洒满汗水的大地,××学院的女兵潇洒地向我们走来了!阴雨绵绵中,她们稳扎稳打;烈日炎炎下,她们苦学苦练。今天的她们个个意气风发,一身军装更显巾帼英姿。她们步伐整齐,精神抖擞,尽显英雄本色,尽展蓬勃风采!

男:瞧!××方队的女兵们正微笑着向我们走来。高强度的训练下,她们经受住了考验,不哭泣,不放弃;积极配合教官,勤学苦练,严守纪律。她们勇敢接受血与汗的洗礼,成功铸就钢的意志、铁的纪律。她们用汗水和激情证明了自己是好样的！希望她们走得更远、更稳！

女：恰同学少年，风华正茂，指点江山，激扬文字，挥斥方道展雄才！迎面走来的是××方队的女兵们。她们一张张青春的笑脸显示出这个集体的朝气蓬勃，坚定有力的步伐诉说着她们的自信与自豪。谁敢言花拳绣腿，铿锵步履显英姿！

男：昂首阔步而来的是××学院××方队的姑娘们。东方破晓时，她们踏着晨露走向训练场；阴雨绵绵中，她们稳扎稳打、绝不退缩；烈日炎炎下，她们勤学苦练、朝气蓬勃。年轻的心在此刻奋发激昂，胸膛中回荡着她们坚定的誓言"勇于挑战，永不言败"！

女：看，××方队的女战士们正迈着整齐的步伐朝我们走来。在为期两周的高强度训练中，这支女兵队伍向我们充分展示了她们巾帼不让须眉的顽强作风，这整齐划一的步伐就是她们纪律的象征。今日，她们踏上阅兵场，无须证明，巾帼已成英雄！

男：现在朝我们走来的是××学院××方队的女兵们，秀气的脸庞上写着必胜的信念。今天的她们意气风发，一身军装更显巾帼英姿。她们动作整齐，口号嘹亮；她们风姿尽展，容颜坚毅。她们是绿色军营的红花，是坚毅秀美的铿锵玫瑰，是会场上一道亮丽的风景线！

女：现在向受阅区走来的是××学院××方队女子方队。都说女儿美，莫说女儿娇。而今天，再苦再累，她们无怨无悔！桃李争艳，她们无惧无畏！艳阳高照，罩不住她们士气的骄傲！莺歌燕舞，舞不出她们飒爽的英姿！金秋桂香，香不敌她们无悔的誓言！

男：看，正在向我们走来的是来自××学院的女子方队。勇往直前，绝不退缩是她们的本色；柔美与顽强的完美结合是她们的标志。看，那整齐的步伐器宇轩昂！听，那嘹亮的口号势破云霄！她们骄傲地向我们证明：光荣属于她们，未来属于她们！

女：最后向我们走来的是××学院女子方阵。她们口号洪亮，步伐整齐；她们意气风发，青春飞扬！朝气和活力在每个人身上洋溢，团结与友爱在每个人心中传递。谁说女子不如男？巾帼红颜赛木兰！待到风云齐聚会，便上青天摘玉盘！

范例2：参观解说词

尊敬的各位××：

欢迎各位来到××学校指导和检查工作。××学校始建于1958年，位于××山下，××河畔，地理位置优越，校园环境优美，文化底蕴丰厚，办学特色鲜明。学校现占地105亩，建筑面积一万多平方米，教职工110名。

我校确立了"明理、明德、乐业、乐群"的校训，形成了"知行合一、求实创新"的校风，坚持"一切为了师生的幸福与成长"的办学理念，行教育之道，办人民满意的教育。让孩子在这里快乐地学习，健康、幸福地成长。

我们校园布局合理，现在所走的大路宽阔整齐，两边是整齐的塔松、月季和樱花。给人一种蓬勃向上，错落有致，层次分明的感觉！优美的教学环境陶冶了学生的情操，使学生在欣赏美、感受美中学会创造美，起到了潜移默化的教育作用，促进学生在良好的环境中健康成长。

1. 宿舍区部分

下面向各位××介绍的是我们的学生宿舍。

学校安全是学校工作的重中之重。我校在实践中创立了"四位一体"学校安全管理模式：一是重视分工到位；二是健全措施到位；三是加强教育防护到位；四是齐抓共管防治一体。对于学生宿舍的管理，我们实行的是"三位一体"的模式，具体做法是舍长汇报制和教师检评制相结合，安排教干带班、教师饭时值班和班主任轮岗检查的"三位一体"的管理。详尽记录检查的结果,并进行张榜公布。检查结果纳入"文明宿舍"和"先进班级"的考评当中。

对于学生的午间、晚间休息,我们每天都安排班主任和学生督导员轮流检查并签字,确保了学生午休、晚休的纪律和安全。

2. 黑板报部分

现在各位××看到的是校园文化长廊。

我校大力加强校园书香文化建设,积极动员全体师生共同参与,精心布置了校园文化长廊,让一面面墙壁会说话、能育人。

我们所看到的室外文化墙,左右两边的黑板报,每一版面都有主题、有诠释。分别是《校长寄语》《教师心语》《青春之歌》《文明传承》《安全伴我行》《法制在心中》等,每一版面都凸显了我校为促进学生德智体全面发展而做出的努力,它们丰富了广大师生的精神生活。板报图文并茂、感人肺腑,是教人求真、催人奋进的人生驿站,也突出了我校师生在工作学习之余,不断丰富自我的进取精神,彰显出了他们对教育幸福的追求。就连黑板报上的字,我们都采用不同的字体,目的就是想通过老师的言传身教,潜移默化地教育学生、影响学生。

学校本着让学校发展,让家长放心,让百姓满意,让师生幸福的宗旨,锐意进取,求真务实,科学规划。办真事,办实事,办好事。满怀豪情,信心百倍,带领全体教职工扎扎实实搞好教育、教学工作,谱写出××学校新的教育篇章。

3. 图书阅览室部分

下面大家所看到的是我校图书阅览室。图书阅览室现有藏书56 000多册,生均50册,总价值52万余元。为了管好用好这些图书,使其发挥最大效益,学校建立健全了图书管理规定、图书借阅规定、图书室管理人员岗位职责。做到了管理到位、责任明确,现已实现了数字化管理。这些图书为我校师生提供了丰富的精神食粮,开阔了学生的视野,提高了学生的自主学习能力。充分发挥了图书的育人功能。

4. 学生小组合作教学现场

自20××年以来,我们学校所有班级采用"小组合作学习"的教学模式,效果非常显著,学生不仅在学习成绩上明显提高,而且心理健康状态良好。

我们的做法:一是始终坚持把思想品德教育,理想、信念教育和情感教育贯穿于学生的学习和生活中。二是让学生对自己进行自我教育。三是建设优秀的班级文化、课堂文化、学科文化,培养学生正确的世界观、人生观、价值观,激励学生积极向上、拼搏进取。

为了更好地激励小组成员之间的合作、组与组之间的竞争,我们采用了以下几种评价办法:一是每节课结束前一分钟,小组成员互相评价本节课的表现;二是班长、学习委员、生活委员、卫生委员分别对小组进行多视角的综合量化考核,实行日评价、周评价、月评价和学期评价。三是每次大型考试后,学习委员算出各组的平均分,教师给表现较好的小组发小奖品。通过合作评价,激发每位同学的价值感、荣誉感,促进学生的主动发展和良好习惯的养成。

实践训练

1. 科目:绕口令练习

目的:锻炼口齿灵活、语音准确、吐字流畅、字正腔圆的表达能力。

内容:绕口令发音练习

山前有个严圆眼,山后有个杨眼圆,二人山前山后来比眼;不知严圆眼比杨眼圆的眼圆,还是杨眼圆比严圆眼的眼圆。

街上有个算卦的,还有一个挂蒜的。算卦的算卦,挂蒜的卖蒜。算卦的叫挂蒜的算卦,挂蒜的叫算卦的买蒜。算卦的不买挂蒜的蒜,挂蒜的也不算算卦的卦。

要求:一口气急速念出,且吐字清楚,表达准确。

2. 科目:态势语言练习

目的:使受训者正确运用态势语言,做到表情、手势动作、姿态等准确、适当、协调、自然,增强表达的亲和力、感染力。

内容:手势分解的模仿练习(边说边做)。

(1) 大家安静,安静!
(2) 我讲的这个问题非常重要!
(3) 这么讲,我们不就完全明白了吗?
(4) 注意,有一点我们切不可大意!
(5) 有人想这么办,这是触犯刑律的,是绝对不行的!
(6) 看!太阳升起来了,它光芒四射,普照人间。
(7) 什么是爱?爱不是索取,而是奉献!
(8) 小赵,真是个好样的!
(9) 中国人民是无所畏惧的,就是天塌下来,我们也顶得住。

要求:表情、姿态、动作与所说内容配合恰当,能较好表达出语意。

3. 科目:演讲练习

目的:克服紧张情绪,锻炼语言表达能力。

内容:根据指定题目或情景即兴演讲。

要求:内容适当,条理清楚,语言清晰,表现自然。

时间:3分钟左右。

题目选择:就职演说、战前动员、欢迎致辞、会议主持、获奖感言等。

4. 科目:辩论练习

目的:锻炼思维,锻炼语言表达能力。

内容:根据指定题目或情景开展辩论。

要求:论据充分,条理清楚,语言清晰,表现自然。

时间:20分钟左右。

题目选择:

1. 正方:大学生上课应该收手机。反方:大学生上课不应该收手机。
2. 正方:高等教育应该宽进严出。反方:高等教育应该严进宽出。
3. 正方:大学生作弊应该退学。反方:大学生作弊不应该退学。
4. 正方:网络使人变得更亲近。反方:网络使人变得更疏远。

5. 科目:解说词练习

目的:克服紧张情绪,锻炼语言表达能力。

内容:根据指定题目或情景即兴演讲。
要求:内容适当,条理清楚,语言清晰,表现自然。
时间:3分钟左右。
题目选择:军训阅兵式解说、运动会入场式解说、仪器设备解说、导游解说、参观解说等。

【复习思考】

一、填空题

1. 教学语言的表达方式主要指_____、_____、_____、_____等。
2. 态势语言是组训者利用_____、_____、_____等手段,辅助口头语言传递教学信息和表达情感的行为方式。
3. 手势语的运用要做到_____、_____、_____、_____。

二、选择题

1. (　　)是面部表情达意最丰富的渠道,是表情语的核心。
   A. 眼神　　　　　B. 语气　　　　　C. 态度　　　　　D. 情绪
2. 以平实自然的语言对某特定教学内容进行条理分明、清楚完整的表达称为(　　)。
   A. 描述语　　　　B. 评述语　　　　C. 概述语　　　　D. 叙述语
3. 组训人员授课过程中动作手势大多数活动在身体(　　)。
   A. 上区　　　　　B. 中区　　　　　C. 下区　　　　　D. 都可以
4. 手势语的运用,要做到以下几点?(　　)
   A. 适合　　　　　B. 简练　　　　　C. 自然　　　　　D. 协调

三、简答题

1. 什么是教学语言技能?
2. 怎样培养受训者的口头语言技能?
3. 什么是态势语?为什么要学习态势语?
4. 态势语都有哪些要求?如何培养受训者的态势语技能?
5. 组训者的表情语运用不当的常见表现有哪些?你认为这些表情语可能会对受训者分别产生什么样的影响?

项目三 "会教"——课堂授课技能

【项目目标】

通过本项目的学习,你应该能够:
1. 说出教学设计基本概念;
2. 阐述教学目标分类理论;
3. 叙述教学策略基本内容;
4. 会编写授课教案;
5. 会制作并运用多媒体课件授课;
6. 能够组织教学,具备"会教"的组训能力。

项目导言

> 会教,即根据不同课目的特点,运用灵活多样的教学方法,做到时间短、效果好。会教是"四会"的核心,它要求组训者在教学过程中采用灵活的教学方法,循序渐进,在不走过场、不搞形式主义的前提下,在教得真、教得全与学得实、学得巧结合的基础上提高教学质量,从而实现讲与做的目的。

【项目内容】

君子有三乐,而王天下不与存焉。父母俱存,兄弟无故,一乐也;仰不愧于天,俯不怍于人,二乐也;得天下英才而教育之,三乐也。

——《孟子》

教,上所施下所效也。育,养子使作善也。

——《说文解字》

虽有嘉肴,弗食,不知其旨也;虽有至道,弗学,不知其善也。是故学然后知不足,教然后知困。知不足,然后能自反也;知困,然后能自强也。故曰:教学相长也。

——《学记》

故君子之教喻也,道而弗牵,强而弗抑,开而弗达。道而弗牵则和,强而弗抑则易,开而弗达则思。和易以思,可谓善喻矣。

——《学记》

君子知至学之难易,而知其美恶,然后能博喻。能博喻然后能为师。

——《学记》

读书无疑者,须教有疑;有疑者,却要无疑,到这里方是长进。

——朱熹

课堂教学是一种有目的、有计划、有组织的组训者的教与受训者的学交互作用的共同发展过程。实现课堂教学目标,必须科学设计课堂教学。这种以学习理论、教学理论和传播理论为基础,依据受训者的特点和组训者自己的教学观念、经验和风格,运用系统的观点和方法,分析教学中的问题和需求,确立教学的目标、建立解决问题的方法和步骤、对解决问题的方法和步骤进行试行、评价试行结果并在评价基础上修改,直至获得解决问题的最优方案的过程被称为课堂教学设计。简单地说,就是指组训者为达到一定的教学目标,对教学活动进行的系统规划、安排与决策。也就是对教什么(教学内容)和怎样教(教学形式、教学程序、教学方法、教学手段等)进行的规划、选择和安排。课堂教学设计决定着组训者的课堂教学行为,是教学质量和教学有效性的关键,也是组训者进行组训工作必须掌握的一项基本技能。

根据系统论的观点,按照其研究的范围,教学设计从大到小一般可分为四个层次。

(1) 以教学系统为中心的层次——教学系统设计,如一个新专业的设立或一个新培训项目的出台就需要进行教学系统设计。

(2) 以一门课程为中心的层次——课程教学设计,如某个专业内一门课程的实施就需要进行课程教学设计。

(3) 以一堂课为中心的层次——课堂教学设计,如某门课程内一堂课的处理就需要进行课堂教学设计。

(4) 以教学媒体为中心的层次——教学媒体设计,如课堂教学中使用的多媒体课件的制作就需要进行教学媒体设计。

课堂教学设计是教学设计系统中的一个关键层面,是一个直接作用于组训者和受训者心理和行为的层面。

第一节 课堂教学设计

完整的课堂教学设计需要解决好四个基本问题:现在在哪里;要去哪里;如何去那里;是否到达那里了。这是一个完整的课堂教学设计的四个环节,更是四个相互联系、相互制约的逻辑序列,而且每个序列又由许多要素构成。

第一环节"现在在哪里",即分析教学要素。这是课堂教学设计的起点,是进行课堂教学设计的预备阶段和基础。主要内容是对教学内容、受训者、组训者和教学环境进行分析。

第二环节"要去哪里",即确定教学目标。这是课堂教学设计的关键,是对课堂教学活动所要达到的效果的规划。它对课堂教学的发展起着调节和控制作用,制约着课堂教学设计的方向。

第三环节"如何去那里",即选择教学策略。这是课堂教学设计的核心,包括教学组织形式、教学程序、教学方法、教学媒体等方面的设计。

第四环节"是否到达那里了",即设计教学评价。这是课堂教学设计的保障,主要是了解课堂教学目标是否达到,并为课堂教学设计的修正和完善提供依据。

一、教学要素分析

(一) 教学内容分析

认真学习和研究军事训练与考核大纲及课程标准,理解基本要求。仔细分析该节课的基本内容,找出军事训练与考核大纲及课程标准与具体教学内容的联系。

分析教材,弄清它所包含的要义,分析教学内容范围。分析教学内容的特点、内在逻辑、其在单元或者整套教材中的地位和作用,并最终确定基本的教学重点和难点。

(二) 受训者分析

受训者分析包括以下几个方面的内容。

(1) 受训者的个人情况(入伍时间、政治面貌、籍贯、家庭状况、社会经历、思想基础与现实表现、兴趣爱好、性格气质、身体素质、心理素质、军事素质、专业基础与技术水平、文化程度、自学能力、接受能力、学习兴趣等);

(2) 受训者的整体情况(兵员状况、思想状况、学习态度、学习风气、军事素质、专业基础、团结协作、非正式组织等);

(3) 受训者对组训课目的反馈情况(思想状况、掌握程度、特别要求等);

(4) 调查的方法、途径:个别交谈、召开座谈会(训练准备会),听取受训者的直接领导的意见,听取前任教练员的情况介绍,查阅相关资料(笔记、作业、考核成绩),通过分队集体生活平时相处了解,问卷调查,理论或操作测验(摸底考试)等。

(三) 组训者分析

组训者分析包括组训者的知识技能、组训者的教学风格、组训者的优势不足等方面。

(四) 教学环境分析

教学环境分析包括场地、装备、器材、教学时间安排、受训人数多少。

二、教学目标的设计

教学目标,就是预先确定的通过教学可以达到的,并用现有技术手段能够测度的教学结果,是组训者希望受训者从该学科和每堂课中学到的东西。它具有指导教学策略选择、指导学习活动进行、指导教学考核评价等功能,是设计、组织、评价一堂课的基本出发点和依据,是组训者努力的成果。

教学目标有广泛目标和狭窄目标之分。一般说来,最广泛的目标指整个教育制度的目标;其次是学校培养目标,以及学科、学期等教学目标;最狭窄的目标,即具体课程单元、某一课时的教学目标。

教学目标又有外显目标和内隐目标之别。外显目标是受训者通过学习能产生明显的看得见的行为;内隐目标是隐蔽的、不易或不能直接看出的学习结果。

(一) 教学目标的功能

1. 导向功能

人的行为具有目的性。有了明确的目标,人在活动中就会把注意力集中在与目标有关的事情上。一个好的组训者在教学设计开始时就确定教学目标,引导教学策略和教学评价的设计,在教学开始时就向受训者提出明确的目标,引导受训者在学习过程中的行为。可见,教学目标在教学过程中起着指示方向、引导执行、规定结果的作用。教学活动追求什么,要达到什么结果,都要受到教学目标的指导和制约。因此,确立正确合理的教学目标被认为是教学设计的首要环节。

2. 控制功能

教学目标一经确定,就对教学活动起着控制作用,它可以把组训者、受训者和其他人员各方力量聚在一起,协调一致,共同实现高效的教学结果。教学活动展开的过程就是教学目标一一落实的活动。一切教的活动和学的活动都要紧紧围绕教学目标的实现来进行,一切教学活动都要以教学目标的达成为准则。

3. 激励功能

教学目标的确定本身就反映着受训者的需求,需求产生动机,因此,教学目标确定后,可以激发受训者的学习动机,使受训者产生达到目标的愿望。期望理论认为:激励作用的大小遵循"激励力＝目标效价×目标达成度"这一规律。因此,怎样的教学目标具有最大的激励作用呢? 教学目标过高,效价大,可是很难达成;教学目标过低,容易达成,却效价小。因此,最具激励作用的教学目标是难易适中的教学目标。

4. 测度功能

测度功能也就是评价功能。教学目标作为预先规定的教学结果,具有测度功能,是检查、评价教学成效的尺度和标准。

(二) 教学目标分类

确定教育目标是教学设计的首要环节。20 世纪许多心理学家和教育学家都对教育领域中的目标分类问题进行了深入研究,提出了自己的主张和观点以及分类体系,形成了关于教学目标的若干理论,各具特色,为我们正确认识、设计、实施或进一步研究教学目标提供了理论依据和基础。现行课标的教学目标分类包括认知领域、情感领域、动作技能领域三个方面。

1. 认知领域

认知领域的教学目标共分为知识、领会、运用、分析、综合、评价六个层次。

知识:记住所学材料,包括对具体事实、方法、过程等的回忆。可用描述动词:定义、叙述、背诵等。举例:背诵《春江花月夜》;匹配解放战争三大战役的时间和名称等。

领会:领悟所学材料的意义,但不一定将其与其他事物相联系。可用描述动词:解释、辨别等。举例:概括《老人与海》的情节;通过阅读,辨别现实主义与自然主义的特征等。

运用:将所学概念、规则等运用于情景中的能力。可用描述动词:计算、操作等。举例:演示能量守恒定律在生活中的应用;模拟商店购物等。

分析:将整体材料分解成其构成成分并理解其组织结构;可用描述动词:分解、说明等。举例:让学生将《荷塘月色》的结构分解出来;让学生区分一篇报道中的事实与观点等。

综合:将所学的零碎知识整合为知识体系,强调创造能力,需要产生新的模式或结构;可用描述动词:创造、编写等。举例:让学生设计出科学试验程序给定事实材料;写出一篇报道等。

评价:对材料作价值评判的能力,包括按材料内在标准或外在标准进行评判;可用描述动词:评价、对比等。举例:评价孔乙己的价值观;给定两篇报道,让学生评判哪篇更真实可信。

2. 情感领域

依据价值内化的程度分为接受、反应、价值化、组织、价值体系个性化五级。

接受是对环境中正在发生的事情的低水平觉知,例如不经意的听、对老师的努力做出轻微反应等。

反应是由经验引起的新的行为反应,由学生自己主动参与,例如主动举手回答问题等。

价值化是学生将特殊对象、现象或行为与一定的价值标准相联系,例如欣赏文学作品等。

组织是纳入新的价值观,形成自己的价值系统,例如参加各种俱乐部活动等。

价值体系个性化是表现出与新价值观一致的行为,例如愿意做出牺牲以继续活动等。

3. 动作技能领域

动作技能领域的教学目标指掌握某些运动的技能,能对客体完成某些操作或某些要求神经肌肉协调运动的目标。动作技能实际上有两种成分:一是描述进行动作的规则(即动作的程序);二是因练习与反馈逐渐变得精确和连贯的实际肌肉运动,因此动作技能是一种习得能力,如写字母、做体操、跑步等。

(三) 教学目标的制定

教学目标的表述必须包括 4 个要素,即 ABCD 法则。

1. 对象

对象(audience),即谁,此处应是受训者。教学目标描述的是受训者的行为,而不是组训者的行为,也不是教材内容和教学程序。要紧紧围绕受训者心理结构的完善制定教学目标。要根据受训者的自身情况把每项目标的水平规定得恰如其分。

2. 行为

行为(behavior),即做什么,是要求的目标行为内容。选择最合适的动词描述受训者完成的动作或活动,并在教学中实现该行为。行为动词要明确、具体、可观察、可操作。

3. 条件

条件(conditions),即在什么条件下,是影响学习结果的特定限制或范围,应标明受训者完成规定行为所处的环境。行为条件表述有四种类型：

（1）关于辅助手段的使用，如"允许查阅辞典"；

（2）提供信息或提示，如"能在中国行政区划图中……""根据下列一组图，写出300字的短文"等；

（3）时间的限制，如"在10分钟内，能……""通过两课时的学习能记住……"等；

（4）完成行为时的情景，如"在课堂讨论时，能叙述要点"。

4. 标准

标准(degree)，即做到什么程度，是指受训者通过一段时间的学习后所产生的行为变化的最低表现水准或学习水平，用以评价受训者的学习表现或学习结果所达到的程度。通常从准确度、速度、质量等方面确定。

（四）制定教学目标的原则

教学目标的制定必须遵循5个原则。

1. 全面性原则

教学目标应包括认知、情感、动作技能三个领域的目标，不能只注重知识、技能目标，而忽略情感、态度、价值观及其他素质的培养。

2. 主体性原则

教学目标的制定应充分体现以受训者为主体，以组训者为主导的原则。有的目标描述为"教给受训者……""培养受训者……""使受训者……""让受训者……"这些描述看上去主体好像是受训者，但实质上主语是组训者，受训者成了行为动词的宾语，因此，这些表述都是错误的，规范的目标开头应是"受训者应……"。

3. 可测度原则

教学目标应是可以测度的，这样才能对受训者的学习作出正确恰当的评价，并及时开展有效的施教。制定教学目标时要注意：一是用可观察的行为描述教学目标，二是这个行为应是一定时间内可以完成的，三是尽量能够单独完成。

4. 可操作原则

为了便于教学目标的落实，制定教学目标应遵循可操作原则。因此，在描述时动词不能太笼统，太抽象。比如，对于认知领域，知识水平的动词不能用"了解"，而应该用更为具体、可操作的动词"说出""指出""描述"等。

5. 层次性原则

在制定教学目标时，应考虑教学目标的层次性。人才培养的目标、课程的教学目标不应作为一堂课的教学目标。而对于某一领域的教学目标，在描述时应按照程度的不同，由低到高、由浅入深来确定。比如，知识领域的目标，我们通常分为"知识—理解—应用—分析—综合—评价"六个层次；动作技能领域的目标，我们通常表述为"能模拟—独立完成—灵活运用—举一反三"等不同层次。

三、教学策略设计

教学策略，是指组训者教学时为了优化教学效果、实现教学目标而采取的一系列教学操作指南,解决如何实现教学目标、如何教好的问题。它是在某种操作思想的指导之下,综合考虑教学组织形式、教学实施程序、教学训练方法、教学手段媒体等各个方面形成的。

(一) 教学组织形式

教学组织形式是指为完成特定的教学任务,组训者和受训者按一定要求组合起来进行活动的结构。教学组织形式不是固定不变的,它随着社会政治经济和科学文化的发展及人才培养要求的变化不断发展和改进。在教育史上先后出现的影响较大的教学组织形式有个别教学制、班级授课制、分组教学制、道尔顿制和导生制等。

1. 个别教学制

个别教学制是最早的教学组织形式。组训者向受训者传授知识,布置、检查、批改作业都是个别进行的。其最显著的优点在于组训者根据受训者的特点因材施教,使教学内容、教学进度适合每一个受训者的接受能力。但是,一个组训者能教的受训者数量是有限的,不能适应现代大规模教学的要求。

2. 班级授课制

班级授课制是一种集体教学形式,即把一定数量的学生按年龄和知识程度编成固定的班级,根据周课表和作息时间表安排教师有计划地向全班学生集体进行教学的制度。19世纪中期,班级授课制成为西方学校主要的教学组织形式。我国最早采用班级授课制在1862年创办的京师同文馆中。班级授课制在1904年的癸卯学制中以法令的形式确定下来。

班级授课制显著的优点在于比个别教学的效率高,比较适合受训者身心发展的年龄特点和发挥受训者之间积极影响的作用,有助于提高教学质量。但不便照顾受训者的个别差异和进行个别指导,不利于受训者的个性发展。

3. 分组教学制

分组教学制就是按受训者的能力、特点或意愿等分为不同的组进行教学。优点是它比班级授课制更切合受训者个人的水平和特点,便于因材施教,有利于人才的培养,但合理地分组很重要。

4. 道尔顿制

1920年,在美国马萨诸塞州道尔顿中学创立的一种新的教学组织形式。组训者不再向受训者讲授教材,而只为受训者分别指定参考书、布置作业,由受训者自学和独立完成作业,有疑难时请组训者辅导,定期向组训者汇报学习情况和接受检查。最显著的特点是重视受训者的自学和独立作业,有利于调动受训者学习的积极性,培养他们的学习能力,但往往费时,效果不明显。

5. 导生制

为了解决师资不足的问题,教师上课时先将内容教给一些年龄较大或较优秀的学生,再由这些学生做"导生",把自己刚学的内容教给一组学生,导生相当于教师的助手。陶行知创设的"小先生制"类似这种形式,不同之处在于"小先生制"是由学生将知识教给平民百姓,目的在于扫盲。

总之,教学组织形式是在实践中不断发展的,每一种教学组织形式都有它的优缺点,要根据教学内容、教学条件、教学要求等合理选用教学组织形式,改进教学。

(二)教学实施程序

教学实施程序即教学内容的各个组成部分的排列顺序,决定"先教什么,后教什么"。或者说教学顺序、教学流程,即具体的教学过程。

教学过程即教学活动的展开过程,是组训者根据一定的任务要求和受训者身心发展的特点,借助一定的教学条件,指导受训者通过认识教学内容而认识客观世界,并在此基础上发展自身的过程。

1. 教学过程理论

早在春秋时期,大教育家孔子已经有了较多关于教学过程的论述,后人将其关于教学过程阶段的论述总结为"学、思、习、行"四个方面。荀子认为教学过程是"闻、见、知、行"的过程,"不闻不若闻之,闻之不若见之,见之不若知之,知之不若行之,学至于行之而止矣"。"博学之,审问之,慎思之,明辨之,笃行之"出自《中庸》,代表性地反映了古代教学过程的五个阶段。

西方对于教学过程阶段的研究主要始于17世纪捷克大教育家夸美纽斯,他按照循序渐进的原则,强调尽量以感官去施教,反对死记硬背,注重受训者在理解的基础上牢固掌握知识,他对教学过程的阶段划分是:感觉、记忆、理解、判断。

直到赫尔巴特教学过程阶段说建立,教学过程阶段研究才日臻完善,并且成为教学过程的普遍公式。赫尔巴特的阶段模式是:明了、联想、系统、方法。经过他的学生席勒和莱茵的补充、修改,著名的五阶段教学法最终形成,即"预备、提示、联系、总结、运用"。

现代教育派代表人物杜威从实用主义哲学观出发,提出了"思维五步法"(即教学过程的五个阶段,可概括为"情境、问题、假设、推理、验证")。该理论的核心在于"问题",问题的产生和解决的整个过程就构成了教学过程。杜威的学生克伯屈等新创的设计教学法,将这一思想发扬光大,成为实用主义教学过程的模式,即"创造情境、引起动机、确定目的、制定计划、实行计划、评价成果"。

苏联教学过程阶段的理论极其丰富,对我国教育界产生的影响超过了西方理论。第一本社会主义《教育学》教材的主编凯洛夫对教学过程环节的总体划分基本师承赫尔巴特,为"组织教学、复习旧课、讲授新课、巩固新课、布置作业"。

2. 教学过程的基本阶段

教学过程是以受训者的认识活动为主体,组训者和受训者双边活动的过程。因此,以教学活动中受训者的认识活动为主线,以教学过程中组训者的指导活动为辅线,可以把教学过程划分为三大阶段和八个环节。

(1)准备阶段。

① 启动环节(组训者诱导,受训者启动)。

组训者吸引受训者注意,诱发受训者的学习动机。

② 定向环节(组训者说明,受训者定向)。

组训者详细说明教学目标,使受训者接受组训者的学习目标。

(2) 展开阶段。

① 感知环节(组训者引导,受训者感知)。

组训者通过讲解或引导受训者观察,使受训者形成鲜明印象。

② 理解环节(组训者启发,受训者理解)。

组训者引导受训者在感性认识的基础上,进行思维加工,理解所授内容。

③ 巩固环节(组训者组织,受训者练习)。

组训者组织受训者通过各种形式的复习牢固掌握所学知识。在教学过程中,受训者仅仅理解知识是不够的,还必须在理解的基础上,有效地巩固所理解的知识。

④ 运用环节(组训者布置,受训者运用)。

掌握知识的目的在于运用,组训者引导受训者运用所学知识去解决各种各样的问题,以加深受训者对所学知识的理解和掌握,培养受训者分析问题和解决问题的能力。

(3) 终结阶段。

① 归纳环节(组训者归纳,受训者自查)。

组训者对所教知识和技能进行归纳小结,受训者自查对知识和技能的掌握情况,以便及时发现问题和不足,在后续学习中及时补教。

② 评价环节(组训者评价,受训者自评)。

组训者对受训者的学习情况和自己的教学情况进行分析评价,布置作业和预习内容,引导受训者对自己的学习情况进行自评,并延续到课下的学习,提高教学质量。

(三) 教学训练方法

习近平总书记指出,"要坚持把立德树人作为中心环节,把思想政治工作贯穿教育教学全过程",这为当前和未来教学方法改革提供了发展方向。课程思政本身就意味着教育结构的变化,即实现知识传授、价值塑造和能力培养的多元统一。现实的课程教学中往往由于各种原因而将这三者进行了割裂,课程思政从某种意义上来说正是对这三者重新统一的一种回归。培养什么人、怎样培养人以及为谁培养人是人才培养的根本问题,国外的有益做法可以借鉴,但是从根本上讲必须扎根中国大地办教育,坚持社会主义办学方向。人才培养体系涉及教学体系、教材体系、学科体系、管理体系等,贯通其中的是思想政治工作体系。课程思政正是要立足于描绘这样的育人蓝图,通过深化课程目标、内容、结构、模式等方面的改革,把政治认同、国家意识、文化自信、人格养成等思想政治教育导向与各类课程固有的知识、技能传授有机融合,实现显性与隐性教育的有机结合,促进学生的自由全面发展,充分发挥教书育人的作用。

教学训练方法是组训者和受训者为完成教学训练任务,实现教学目的所采用的工作方式。选择什么样的教学训练方法,是每一个组训者无法回避的教学策略问题,是决定教学训练效率和整个教学训练成败的关键。

迄今为止,在长期的教学训练实践中涌现出的教学训练方法简直令人目眩。这既给教学训练方法的设计提供了较大的自由空间,同时也给教学训练方法的设计增加了难度。作为一名组训者,确定教学训练策略要注意以下几点。

1. 设计教学训练方法的要求

(1) 教学训练方法的设计应符合教学规律和原则。

教学规律是不以人的意志为转移的客观存在。教学原则是教学规律的客观反映,是教学系统诸要素普遍联系的理论概括。教学训练方法的设计必须依据教学规律和教学原则。例如,课后练习的方法要遵循理论与实际相结合的教学原则,要遵循在实践活动中掌握知识和形成能力的教学规律。

(2) 教学训练方法的设计应服从于教学训练目标。

每一节课都有具体的教学目标,不同的目标需要选择与教学目标相适应的、能够实现教学目标的教学方法。譬如,要使受训者掌握新知识,常常选用讲解法、演示法、发现法等;要使受训者掌握技能技巧,就采用练习法;要提高受训者的参与能力,则采用讨论法等。

(3) 教学训练方法的设计应符合教学训练内容的特点。

方法是内容的运用形式,教学内容决定着教学训练方法。每门课具体的教学内容有各自的特点和要求,有的多采用实验法,有的多采用练习法,有的可采用讨论法,必须根据具体内容的特点设计适当的教学训练方法。

(4) 教学训练方法的设计应从受训者的可能性出发。

组训者的教是为了受训者的学,教学训练方法要适应受训者的基础条件和个性特征。如果受训者的抽象思维能力较弱,宜采用直观的方式教学,并逐步以演绎、抽象的方法取代直观模型,不断提高受训者的抽象思维能力。如果受训者的智力发展水平、学习能力、学习习惯、学习动机和知识基础不尽相同,设计教学训练方法应面向大多数,整体水平较高,可采用讲解、发现、谈话、讨论等方法,整体水平较低,则以讲授为主。

(5) 教学训练方法的设计必须考虑组训者自身的主观条件。

任何教学方法都必须通过组训者的具体教学来实施。教学训练方法的选用,只有适应组训者的素养条件,能为组训者所掌握,才能发挥作用。有的教学训练方法虽好,但组训者缺乏必要的素养条件,自己驾驭不了,就不能在教学实践中产生良好的效果。例如,发现法和谈话法需要组训者本身对教学内容的理解有一定的深度,能从不同角度去分析内容,同时还要有较强的应变能力,能随机应变解答问题。又如,组织受训者讨论、探索研究,就要求组训者有较强的组织能力和业务能力。

(6) 教学训练方法的设计必须考虑各种方法的功能与效率。

每个教学训练方法都有其优缺点,设计教学训练方法时要考虑教学组织形式、时间、设备条件等因素,合理组合教学训练方法,使其能相互配合,取长补短,能最大限度地发挥组训者、受训者的潜能,提高组训者和受训者之间配合的效益,达到教学的高效率、高质量。

教学训练方法在教学系统中与其他要素相互联系,相互制约,组训者在教学训练实践中,应从整体的观点出发,在对各种教学训练方法充分掌握的基础上,创造性地设计,实现多种方法的最佳组合。

2. 常用教学训练方法

(1) 讲授法。

讲授法是组训者通过生动明确的口头语言,系统而有重点地向受训者传授知识和技能的一种教学方法,是理论教学应用最普遍的方法。目的是使受训者加深对教学内容的理解,掌握相关的知识和原理。讲授法的特点如下。

① 概括性强。讲授法主要是组训者采取讲述、讲解、解析等形式,通过简明易懂的语言向受训者传授知识技能的方法。此方法往往需要组训者充分准备,归纳提炼教学内容,语言经过推敲,简洁明了。现场传授的大多是精华部分,具有较强的概括性。

② 可控性强。组训者可以根据受训者的课堂反应情况及时调整自己的语调、语速和对问题的表述方法，控制整个课堂教学过程。

③ 应用广泛，受条件限制小，效率高。讲授法是军事教学活动应用最广的基本方法，无论是理论课、操作课和战术作业课，还是室内教学、室外教学都可以应用讲授法。它基本不受环境、教学设施等条件限制，组织实施比较简便，单位时间完成内容较多，效率较高。

④ 讲授内容可灵活掌握。组训者对讲授的范围、深度和速度，可根据教学目的、对象、时间等条件，有针对性地调整。

⑤ 可以充分发挥组训者的主导作用。讲授法主要是组训者传授知识、技能，以组训者的教为主，因而也易导致受训者被动学习的局面。

讲授法的基本要求如下。

① 目的明确。组训者对讲什么、为什么讲、怎样讲、讲到什么程度等，都要有明确的目的。

② 内容正确。组训者要保证所讲内容正确无误，确保传授给受训者的知识信息是正确的。

③ 教书育人。组训者在教会受训者知识的同时，更要注重培养受训者正确的世界观、人生观和价值观。

④ 联系实际。组训者要善于理论联系实际，培养受训者利用知识分析和解决现实问题的能力。

⑤ 前后连贯。组训者在讲授过程中，要做到所讲内容前后连贯、脉络清晰、过渡自然。

⑥ 重点突出。组训者要把握教学重点，要使受训者听得明白、印象深刻、真正领会其实质。

⑦ 讲究方法。组训者要注意多启发、少注入、多激发兴趣、少灌输知识，在教学互动中传授相关知识。

讲授法作为军士组训的基本方法，如果利用得好，可以大大提高教学效率。但缺点是不利于发挥受训者的主动性、独立性和创造性，如果组训者对这种方法利用得不好，极易变为"注入式"的。在实际教学中，讲授法往往要与问答法、演示法等其他教学方法配合使用，以提升受训者的感性认识，促使受训者积极思考，提高课堂的讲授效果。

（2）问答法。

问答法是组训者提出问题，引导受训者在已有知识、技能的基础上积极思考，通过问答对话、归纳分析、得出结论，从而获得新知识的一种教学方法。

问答法的基本要求如下。

① 提问前拟制好要提的问题。组训者在编写教案时就要拟制好提问的问题，一般来说，应在教材的重点、关键性内容上设问，题意要明确，范围不宜太大，数量不宜过多，问题的深浅、难易程度要适当，应由浅入深、按照一定顺序拟题，问题应富有启发性。

② 提出问题后要耐心引导。提问要立足全体受训者。问题提出后，组训者要给受训者充分的时间思考，并允许受训者之间相互交流，鼓励讨论，然后由受训者回答。较深较难的问题可给成绩较好的受训者回答，较浅较易的问题给基础较差的受训者回答。如果受训者不知如何回答，组训者应给予鼓励、启发，引导他们思考。

③ 回答完毕后要总结点评。受训者回答完毕后，组训者要对他的回答进行总结、评价。如果回答正确，要把正确答案用精练、准确的语言重述一遍；如果回答不全面，要进行追问，或补充完整；如果回答错误可重新请学员回答，或自己说出答案。最后还要了解所有学员的掌握情况。

（3）演示法。

演示法是指组训者通过展示实物、教具或运用现代化教学手段，在增加受训者感性认识材料的基础上，使受训者获得知识的一种教学方法。演示法与讲授法结合使用，在帮助受训者理解概念、培养受训者的观察能力和思维能力、提高受训者学习兴趣、降低学习难度等方面有重要作用。随着现代化教学手段的发展，演示的内容大大扩充和丰富。演示法不仅是受训者获得感性知识、理解书本知识的一种手段，也是组训者获得知识、信息的重要来源。依据演示材料的不同，演示法可分为实物演示、模型演示、图表演示、实验演示、电教手段演示、模拟手段演示等六种基本方式。

演示法的基本要求如下。

① 做好演示准备。充分做好演示准备，是保证演示正确、规范的重要一环。演示准备，首先要搞好演示设计，主要体现在确定演示的类型，选择演示的教具、器材和熟练掌握演示方法方面。其次要规范演示动作。组训者在钻研理论的基础上，应反复熟悉演示过程，使动作标准、熟练，真正起到样板的作用，当需要示范人员配合时，要事先组织培训、演练，保证演示能够顺利进行。

② 注重演示效果。演示要符合受训者的认识规律，要从教学实际需要出发，不能单纯地为了直观而演示，更不能把简单的问题复杂化。要尽可能使受调者看到演示对象的全貌和发展变化活动的过程，获得深刻的感性认识。在实际教学中，演示是帮助受训者理解训练问题的，不能因为演示而分散注意力。

③ 与讲授和提问相结合。演示的目的不仅是使受训者感知演示的内容，更重要的是通过感知，认识其特点和规律。因此，在演示过程中，要适时运用讲授和提问引导受训者细心观察演示对象的主要特征和重要方面，更深刻地感知演示对象，使感知与理解有机结合起来，从而得出正确的结论，达到演示的目的。

④ 要注意演示的安全。演示大多是一些实际操作或实装维修等，程序复杂，不安全因素多，因此，组训者必须增强安全意识。使用武器装备、器材，特别是爆炸性、危险性器材时，必须严格按照规程操作，严防武器装备等器材损坏和各种事故发生。

（4）示范法。

示范法是组训者在教学过程中，以自己准确、熟练、规范的动作和口令，为受训者的操作作出典范的一种教学方法。

示范法的基本要求如下。

① 组训者要做好充分准备，应明确训练科目的目的、要求和内容，熟悉有关的操作条令、条例和规程，必要时要进行预先演练，使示范动作切实符合制式化、规范化的要求。

② 示范动作的演练过程要符合受训者的认识规律和接受水平。教学示范不同于单纯演练，不仅要操作规范，符合标准，而且动作要领要为受训者所接受和掌握。因此，示范操作通常不是一次完成的，而是经过多次反复来完成的。一般可采用先完整地示范，然后分解示范，最后再综合示范的方法。通过先合、后分、再合的反复演练，以加深受训者的印象。

③ 动作示范要同讲解相结合。运用示范法，不仅要让受训者体验具体的动作，而且要使受训者了解动作的要领和原理。因此，在动作示范过程中，组训者要进行必要的讲解，使受训者认识动作的特点和规律，更好地掌握动作的要领。

（5）操练法。

操练法是受训者在组训者的指导下，经过反复练习熟练掌握动作和活动方式，借以形成技能、技巧或行为习惯的一种教学方法。它是提高实际操作能力、掌握军事动作、形成技能技巧的重要手段，被广泛应用于武器装备技术操作上。

操练法是军士组训的重要方法，是培养受训者的能力、提高受训者军事素质和身心素质的重要渠道。现代心理学认为，熟练的动作技能是在正确的练习动机指导下，通过必要的动作技能强化训练而形成的，只有加强操练，才能固化相关动作，使受训者形成相关的技能、技巧或行为习惯，进而达到动作熟练的程度。操练法正是这一心理规律在教学中的具体运用。

操练法的基本要求如下。

① 操练目的要明确。操练虽是多次重复完成某种活动，但不是简单的机械重复，而是有目的、有步骤、有标准、有指导地培养和提高受训者技能、技巧、反应速度和准确完成能力的过程。对受训者的每一次操练都要有新的目标和要求，都要使受训者有新的体会和收获。组训者要教育受训者充分认识这一点，使其明确每次操练的目的和具体要求，并自觉地完成操练任务。

② 操练题材要精确。操练题材精确与否，不但影响着教学效果，而且直接影响到操练的效率。操练题材的选择受制于操练目的、受训者原有的操练水平和部队岗位任职的实际需要。因此，在选择操练题材时要认真分析和深入研究上述因素，注重加强受训者基本技能的训练，采取典型操练、变式操练和创作操练相结合的方法，促进受训者技能的积极迁移，使受训者能举一反三、触类旁通，有效地发展他们的实际操作能力和操作创新意识，培养和提高受训者动作协调能力。

③ 操练方法要正确。操练的方法是多种多样的，但不管采取何种方法都要按确定的步骤进行，不管何种操练都要使受训者处于积极的思维状态。有的操练可采用连贯操练法，有的操练则可采用分段操练法（即把某种复杂的操练活动分解成几部分，先部分操练，再综合操练）。操练开始时，组训者一般应先讲解和示范，使受训者获得有关操练的方法和实际动作的清晰印象，然后受训者试着操练，组训者巡回指导，先求正确，后求熟练。必要时可采取让受训者边操练边讲解的方式，以便提高其动作的准确性和记忆的长久性。

④ 时间分配要科学。受训者技能、技巧或动作习惯的培养与形成，需要一定的时间来保障，但是并非每次操练的时间越长效果就越好，而是要根据学科专业的性质、操练的题材及受训者的素质基础来确定。一般来说，对操作起点低者，分散操练比过度集中长时间操练效果好；开始阶段，操练的次数要多，每次操练的时间短一些，然后可逐渐延长操练时距，每次操练的时间可略有增加，以利于受训者回味、总结操练技巧，巩固、提高操练技能，进而形成熟练的操作动作习惯。

⑤ 操练效果反馈要及时。每次操练之后，组训者都要及时掌握操练效果，认真检查和总结通过训练受训者哪些方面有成效、哪些方面还存在缺点或错误，必要时可组织一次校正性操练。当受训者进入"高原状态"时，组训者要及时分析原因，改进操练方式，并帮助受训者增强信心，使其克服训练障碍，达到操作要求，实现操练目标。

（6）综合演练法。

综合演练法，是指组训者通过解释基础理论知识、传授基本技能，并指导受训者进行练习巩固和应用训练来打牢基础，提高实际操作能力的一种教学方法。

综合演练法的显著特点是能够使受训者在认真观察、学习和分析的同时，积极主动地参与到实践教学中，从而有效地巩固知识、发展技能，增强想象力和创造力，为培养独立工作能力创造条件。因此，该方法通常运用于理论与实际操作结合的教学活动中，如武器装备的操作教练。综合演练法教学有助于发展受训者的认识能力，增强他们的胆识、魄力和意志，培养认真工作、严守纪律、坚韧不拔、不怕困难的优良品质，能锻炼压倒一切敌人、英勇顽强的军人气质。尤其是在现代化技术装备不断发展更新和未来作战环境更加严峻复杂的情况下，培养具有熟练战斗技能、作风顽强的军人，将成为军事教育中一个重要的课题。而灵活运用综合演练法施教，正是达到该目标的有效途径。

综合演练法施教过程实质上是"示教教学"和"巩固合练"两个内容的有机结合。

示教教学是组训者或其他专门的示范分队，通过标准的示范动作和及时讲授，给受训者提供一个观摩、仿效的样板，以提高受训者的组织施训能力，达到统一教学内容、思想和方法，明确教学重点，增强实际操作技能的目的。示教教学可以按照训练大纲逐条逐项进行，也可以重点集中演练其中一两个问题。实施的具体方法应根据授课内容的难易程度及受训者对基本理论知识掌握的实际程度和接受能力而定，基本程序应当达到"讲、做、演、练"的有机结合，突出教学方法的研究与传授，着力提高受训者会讲、会做、会教和会解决实际问题的能力。

巩固合练一般是在示教教学完成后进行的，根据需要既可以合练训练方法为主，也可以动作内容的训练为主。在实施的过程中，应依据训练课题的性质、内容、难度，受训人员的数量和素质进行合理编组。任何合练都要遵循由浅入深、由简到繁、由易到难，由单一练习到综合性演练，由分组练习到集体合练，由模仿性练习到创造性练习的教学模式，同时组训者还要及时提醒受训者随时把学到的新技能同过去的知识有机地联系起来，构成一个完整的知识体系。

综合演练法的基本要求如下。

① 演练的全程应实施监控。组训者首先阐明演练的教学目的、任务和要求，交代演练的方法，说明演练的基本原则和程序；在实施过程中，组训者对发现的问题要及时做出正确合理的判断，并适时进行指导释疑工作，排除故障、解决困难；演练结束后，要适时进行总结讲评，分析问题，解决问题，找出答案，提出改进要求。

② 演练的程式应科学合理。组训者对演练的程式、内容、时间分配等方面，事先都应有统筹安排和预定计划，要根据训练大纲的具体要求、受训者的综合素质等进行全面考虑，同时对可能出现的各种演练情况要做出一定的预测，设置出多种预案计划，以增强演练的灵活性和针对性。

③ 实施的过程应演练结合。演是练的基础和前提，但演要精演，时间不宜过长。如果时间长了，不仅会影响到练的正常进行，而且还会降低受训者的注意力和积极性。反过来讲，如果仅仅是简单地演，受训者没有直观的印象和扎实的理论指导，一味苦练，同样不能取得理想的效果。正确的方法应该是精讲多练，抓住重难点问题，用准确精练的语言和示范动作，将实质内容表达清楚，演示明白要领，反复练习，加深记忆，掌握要领，

熟练技能。

上述几种组训常用教学方法，是组训者实施教学、组织训练过程中常用的基本教学方法。但是，任何方法都不是万能的和孤立的，因此，在实际施教的过程中，必须从实际出发，根据不同的教学内容和对象，灵活地将各种方法有机地结合运用，开辟更多能培养受训者实际能力的教学渠道，加强实践性教学环节，提升受训者的自学能力和独立钻研能力；加强多媒体教学器材、教材的建设和使用，坚持教与学、演与练、理论与实践的统一，才能最终收到最佳效果，完成训练大纲规定的各项教学和训练任务，培养出高素质军事人才。

（四）教学训练手段

教学训练手段是指为达到教学训练的目的采取的以物质为载体的教学训练方法。传统教学训练手段是以教学板书和言传身教为代表的，现代教学训练手段是以计算机为核心，结合声、光、电、自动化、集成化技术，以模拟、网络和虚拟现实技术为基础的一种教学训练手段。在现代条件下，传统手段与现代手段都在大量地使用。

教学媒体则是指教学活动中所涉及、所需要的各种工具。教学媒体的发展经历了语言媒体、文字和印刷媒体、电子媒体三个主要阶段。传统教学媒体主要有黑板、挂图、实物、标本、模型、教科书等；现代化教学媒体有幻灯片、录音、录像、计算机程序、模拟训练器等。

1. 直观教学手段

直观教学手段是运用直观教具进行施教的一种教学手段。直观教具是指在施教的过程中为受训者提供感性材料的实物、模型、图表、演示教具等。虽然随着现代科学技术引入教学领域，现代化教学手段得到广泛运用，但人们仍然习惯于接受直观教具教学所带来的直观印象，并且直观教具自身的作用也随着教具制作工艺水平的提高越来越明显。所以直观教学手段仍然是一种较为普遍的教学手段。

实物就是把与教学有关的客观事物直接呈现在受训者面前，供观察、尝试等，以获得直接感受。优点是实物的真实性，特别是武器装备的拆装、维修课程离开了实物就难以进行。缺点是它不是根据施教的需要而制作的，不能够按照施教的需要突出它的主要结构和本质要素，受时间、空间和感官特性的限制较大。例如，观察武器装备的内部结构就比较困难。

模型是指根据施教需要制作的模拟实物教具。模型教具的优点在于它能与施教内容紧密配合，不仅能呈现出事物的外部结构，而且还可以演示事物的内部结构和变化过程。模型教具还可以根据教学需要，按比例放大、缩小、分解、结合，以便受训者观察等。

图表是指根据施教需要而描绘事物形象的各种图画和表格等。图表也能起到表达事物外部形象和内部结构的作用，并且简单易制、价格低廉、经济实惠，因此能用图表教学尽量不用模型。

演示教具是指配合课堂教学进行演示用的直观教具。课堂演示的目的在于加深受训者对抽象要领和理论的理解。课堂演示一定要同讲授内容相配合，边讲授边演示。演示过程中，组训者要随时提醒受训者注意关键部分的变化。演示结束后，组训者要进行小结归纳，保证演示的理论性。

2. 多媒体教学手段

多媒体教学手段是指运用电化媒体技术进行施教活动的方式和方法。多媒体施教媒体主要有幻灯片、电影、电视片、录音、录像、计算机程序等。多媒体教学具有生功的形象性、广泛的适用性、多学科的综合性等特点,可以提升教学效果,提高教学质量。

多媒体教学具有一定的特殊性,要在遵守一般教学原则的基础上,充分发挥现代教育技术的优势,努力提高教学质量。基本要求如下。

(1) 做好课前准备。

使用现代教育技术配合教学,一般需要两方面人员做好准备:

① 组训者要确定使用何种现代教育技术,通知电教中心列入播放计划;熟悉教育技术教材,必要时可提前试播。

② 电教中心工作人员要根据播放计划,做好演播前的准备工作。

(2) 注重演播效果。

课堂教学的演播过程,要力求做到画面清晰明亮,音响适度,使全体受训者都能看得清、听得清。根据教学需要,演播应可以停止、倒转或重放,使受训者有观察和思考的时间。演播过程要避免和克服各种干扰因素,使受训者聚精会神,以提高演播效果。

(3) 指导受训者视听。

演播前,组训者可以简单介绍内容,提出重点和要求;演播中,对不易显示或显示不清的重要内容进行适当的讲解、提示或补充;演播结束后,要做简要的分析、小结或提问。

3. 模拟训练手段

模拟训练手段是指运用各种高科技手段进行技术性模拟或战术性模拟的训练方法。在现代科学技术高速发展的今天,模拟训练手段主要运用声、光、电、遥控、红外、激光、感应、电子计算机等方面的技术设备和模拟器材。模拟训练手段在部队教学训练中的运用,是从20世纪80年代开始的,现在已逐渐普及成为重要的教学训练手段之一。

模拟训练手段的运用可以节省训练时间,提升教学效果;调整训练难度,提高教学质量;排除外部干扰,随时进行训练;减少装备磨损,节省经费开支。因此,模拟训练手段占有重要的地位。

4. 教学训练手段要求

以上三类教学训练手段,都有其独特的优长,也各有一定的局限性,在训练中必须从训练目的、内容和效果出发,综合运用各种教学手段,扬长避短,相互补充,才能适应训练的需要。在选择和运用各种教学训练手段时,要处理好以下三对关系。

(1) 手段与内容的关系。

教学训练手段的选择和运用必须服从训练内容的需要,使教学训练手段更好地为训练内容服务,不单纯地追求形式上手段的多少。应能有效地阐明训练内容的科学性、系统性,挖掘教材的思想性,这有利于受训者基础知识和基本技能的掌握,有利于理论联系实际,将受训者获得间接经验的途径和获得直接经验的途径有机地结合起来,从而使其获得较系统、完整的专业知识和技能。

(2) 手段与效果的关系。

各种教学训练手段的运用都是为了提高训练效果,并不是图形式、图花样、图好看。因此,各种教学训练手段的选择和运用,必须以提高训练效率和效果为根本目的,教学训练手段应为训练效率和效果服务。

（3）手段与方法的关系。

教学训练手段与教学训练方法是相互依赖、相互制约的关系,只有教学训练手段与教学训练方法有机结合,才能达到提高训练效果的目的;反之,则可能事倍功半。因此,教学训练手段和训练方法必须灵活运用,使教学训练手段更好地为教学训练方法服务,教学训练方法更好地适应教学训练手段的要求。比如进行理论教学时应将讲授法与教育技术手段有机地结合起来,利用教育技术手段弥补讲授的不足,使讲授与教育技术手段融为一体,取得最佳的教学效果。

四、教学评价设计

教学效果评价是教学过程的重要环节,是检验和提高教学质量的一种必不可少的重要方法和手段。在教学设计中进行教学评价设计,可以从教学评价的原则、形式、内容入手,制定教学过程各个环节的标准,以便全面评价组训者的教学和受训者的学习。

（一）课堂教学评价的概念

课堂教学评价,亦称课堂教学评估,是指依据一定的教学目标与教学规范标准,运用一定的有效评价技术手段,对教学活动的过程与结果进行检查、测量、分析、比较,进行价值性判断,并运用评价结果引导改进优化教学活动的过程。

教学是有目的、有计划的实践性活动,它要求组训者必须经常地对教学实际情况及其变化进行检查与评价,以验证教学目标的实现程度,指导和改进教学工作。而教学评价正是以此为目的,能够满足这一要求的有效方法。

（二）课堂教学评价的功能

教学评价的功能是多方面的,包括测定、诊断、导向、激励、反馈与调控等。

1. 测定功能

任何教学评价都是依据教育测定的结果进行科学分析、综合统计得出来的。测定功能是教学评价其他功能的基础。只有采取测量、考试、作业、操作、观察、调查等多种方式进行准确的测定,才能为制定教学计划、选择教学内容、评定教学效果提供客观依据。

2. 诊断功能

教学评价不是为评价而评价,必然要对被评价对象学习结果优劣作出区分和判断。根据教育测定的结果,组训者分析判断教学过程中的优点、缺点、矛盾、问题,有针对性地及时改进。评价结果可以考察和鉴别受训者的学习状况、素质水平及可能的发展潜力,为受训者升级、毕业提供依据,为部队选拔、分配、使用人才提供参考;评价结果可以反映组训者的素质和水平、工作态度及任教能力,为组训者的培养、使用、晋升提供参考。

3. 导向功能

科学的评价将给教学活动以正确的方向,调整教学双方努力的方向、教与学的重点和教与学力量的分配。教学实践表明,受训者在学习时间和学习力量上的分配,常常与考试中的题目成正比,测验内容、评价标准往往会成为教学的内容和标准。如果评价的标准、测验的内容能有效地反映课程标准对教学的要求,那么,教学评价就会引导教学双方向预定的教学目标迈进。

4. 激励功能

教学评价对组训者的教学质量和受训者的学习成果进行鉴定,使表现好的组训者、受训者得到精神上的鼓励、心理上的满足、领导和同志们的承认,从而激发他们的积极性、主动性和上进心。让表现不佳的组训者、受训者产生焦虑,而适度的焦虑则可成为促其奋进的动因。

5. 反馈与调控功能

教学评价可为组训者提供反馈信息帮助他们了解教学活动的真实情况,了解教学进程与教学目标的差距,对教学进行适时的控制调整,从而使管理与决策建立在系统进行教学评价的可靠基础上,减少盲目性,增强自觉性。组训者和受训者可以从教学评价中获得切身的体验,从而促使他们总结经验教训,扬长避短,改进方法,调节教学过程。

(三) 课堂教学评价的原则

1. 客观性与目的性相结合的原则

客观性是指在进行评价的过程中,组训者必须采取实事求是的态度,不主观臆断,不掺杂个人情感,完全按评价标准办事。保证公正客观,是进行教学评价必须遵循的最基本的原则。

教学评价需要根据评价标准和客观的评价方法来进行。评价标准要符合课程标准的要求,适合于评价对象。评价标准一旦确定,就不能任意改动,并要采取措施使组训者都认可评价标准,以尽可能地避免人为因素造成的主观随意评价。

目的性是指每次评价必须有明确的目的,不能笼统含糊。教学评价的总目的是改进教学,判定教学效果,提高教学质量。这个总目的必须通过具体的一次次评价来实现,而每次评价都必须有具体的明确的目的。否则,评价目的笼统不清,想评什么就评什么,评出什么就算什么,会影响评价效果。

2. 多渠道性与综合性相结合的原则

多渠道性是指在评价过程中,组训者要收集各方面的意见和信息,采取组训者与受训者结合的方式进行评价。综合性是指对组训者的评价,既要看上课情况,又要看备课、课外辅导,着眼于从总体上考察组训者的教学效果。对受训者的评价除对其训练进行考试外,还应考察其思想表现、作风、纪律及素质全面发展情况,进行综合分析,求得客观的评价。评价方式也应是综合的,通过课堂或现场观察、课后座谈与调查、作业与考试成绩的分析等方法综合评估。

3. 定性分析与定量分析相结合的原则

定性分析是指在评价中,侧重对教学活动及其效果进行质的分析,尤其对一些难以量化的因素,如动机、态度、品德等进行评价时较为有效。定量分析是指在评价时,侧重对教学及其效果的量进行分析,从而更加准确地反映教学质量的情况。在实际评价中,要坚持定性分析与定量分析相结合,才能使评价结果准确可靠。切忌只从质或量的方面进行分析,降低评价的可靠性。

4. 静态评价和动态评价相结合的原则

静态评价是指重点考评受训者在特定时间和空间中的现实状态,特点是对受训者已经达到的水平进行评价。动态评价的重点是考察受训者的发展状态,特点是偏重于历史情况的比较。静态评价有利于横向比较,但难以考察受训者的历史发展情况和今后的发展趋势;动态评价便于纵向比较,但难以考察受训者在现实状态下与其他受训者的比较情况。所以,必须把静态评价与动态评价结合起来才能较为客观地反映教学质量状况。

5. 评价与指导相结合的原则

评价不仅限于对受训者作出肯定或否定的判断,而应使其明确是否实现了自己的价值,而且要参考教学的主客观条件,要对评价结果进行科学分析,从而引导组训者和受训者明确今后改进的方向。教学评价必须伴随指导,使评价与指导统一于评价工作之中。这个指导是以评价结论为依据,根据诊断出来的问题和被评受训者的现有条件,在肯定成绩的基础上,提出具体的改进意见。因此,指导是评价的继续和深化,它比评价本身更为重要。

(四) 课堂教学评价的形式

教学评价的工具、手段和方法种类繁多,它们与评价内容所构成的具体评价形式更是多种多样,按其功用可分为诊断性评价、形成性评价和总结性评价;按其标准可分为相对评价、绝对评价和个体内差异评价。

1. 诊断性评价

在教学过程开始的,以诊断了解现状为目的而进行的评价称为诊断性评价。评价理论告诉我们,评价不只是在事后的检查与反思上才有用。在教学的开始进行恰当的评价,对于增强教学的针对性具有十分重要的意义。

2. 形成性评价

在教学过程中,以确认教学计划、实施方案是否合理并及时改进为目的所进行的评价称为形成性评价。它是教学过程的评价,又称中途评价。评价的间隔越小,对教学活动的调整修正就越及时,评价的积极效果也就越明显。

3. 总结性评价

总站性评价又称事后评价,在教学过程完成时对某一过程的教学工作所进行的评价称为总结性评价。它的主要用途是检查教学效果,对受训者作出鉴定,预测未来发展的可能性。

4. 相对评价

相对评价是对某个人在某一集体中的相对位置的评价。它以弄清个人之间存在的差异为前提。这一评价方法有两个要点:① 评价的基准点;相对评价的基准一般取用某次测验的集体平均分数,然后把各个受训者与此基准进行比较,依次排定与基准分数相比的位次;② 集体的范围,对相对评价来说,集体范围的界定极其重要。例如,第一名是全团第一还是全军第一;中等水平是全团中等水平还是全军中等水平。只有明确界定范围后,才能表述清楚它的确切结果。

5. 绝对评价

绝对评价是对个人在某一具体目标水准的绝对位置的评价,是对受训者"目标达到程度"的评价。绝对评价与相对评价的区别在于,目的不是区分个人之间的差异、比较个人在集体中的位置,绝对评价自始至终都是以判断教学目标是否达到、达到何种程度为目的。例如,以课程标准为依据进行的课程考试就是一种绝对评价,它所关心的是课程标准是否完成了和完成得如何。在实际应用中,绝对评价一般有两种表述形式:"达到之有无"——合格还是不合格;"达到的程度"——优、良、一般。

6. 个体内差异评价

个体内差异评价是将个人现在的情况与过去的情况相对照加以解释的评价方法。这一评价是以"个人本身具有评价标准"为特征,没有什么统一标准,它既不与客观的标准相比较,也不与集体内的其他成员相对比,只是把个人现在的成绩与初始时的成绩进行合理对比。它的主要用途是评价个体的进步幅度,了解其本身的优势和弱点。

(五) 课堂教学评价的内容

教学评价的内容究竟如何界定,至今没有统一的观点。有人认为教学评价就是对受训者训练成绩的评价;有人认为教学评价既包括评价受训者的学习结果,又要评价组训者的教学质量;有的认为教学评价是对整个教学过程的评价,还应包括教学内容。由于教学是"教"与"学"的双边活动,教学评价既要评学的效果,又要评教的过程。从军士教学训练的实际出发,教学评价的内容包括两个方面:一是以受训者能力变化为对象的学习效果评价;二是以组训者教学行为为对象的教学过程评价。

1. 学习效果评价

有目的、有计划地对受训者的学习效果进行检查和评价,是教学评价的核心内容。通过对受训者学习效果的评价,可以了解受训者掌握知识的数量与质量,技能的准确与熟练程度,以及能力、智力的发展水平;可以衡量组训者的教学方法、教学质量、教学效果,取得改善教学工作的反馈信息。

学习效果评价的途径和形式,包括课堂复习提问、作业的检查评改、小测验以及日常观察等方式。

(1) 课堂复习提问。课堂复习提问是考查受训者掌握知识情况最简便、最直接的方式,应用比较普遍和频繁。组训者和受训者直接对话,带有面试性质。通过受训者的回答,组训者可以了解其对知识的理解程度,通过纠正、补充受训者的回答可以达到巩固、深化受训者知识的目的。这种方式的应用范围比较广泛,可以在讲新课前复习旧课,可以在一个单元结束后进行小结性提问,也可在任何一节课前、课中进行复习性、启发性提问。

(2) 作业的检查评改。作业的检查评改是平时考查的重要方式。组训者亲自检查评改作业,可以及时了解受训者的学习态度,了解受训者对每堂课的掌握程度,从而确认教学方法是否恰当、教学设计是否合理。

(3) 小测验。小测验是由组训者根据一定教学内容和考查目的,自拟题目在课堂上进行的笔试。小测验一般题量较小,难度低,多是单项练习性质,主要用于检查受训者对已学过或正在学的知识的掌握程度。小测验次数不宜过多,每次的时间不宜太长,难度不宜太大,以免加重受训者的负担,违背初衷。

(4) 日常观察。日常观察是指针对受训者学习态度、作业是否独立完成、课后是否复习进行的有计划、有目的的观察,根据受训者上课是否专心、理解是否正确、是否进行预习、学习是否有困难等进行客观评价。

2. 教学过程评价

教学过程评价是指对一堂课或一个单元是否实现了最优设计、最优实施、获得最佳效果进行分析判断的过程。教学过程可划分为教学准备、教学实施和教学评价三大阶段。教学实施与教学目标、教学内容、教学方法、教学组织密切相关。支撑组训者搞好教学准备和教学实施的动力是教学态度,教学过程的结果表现为教学效果。对组训者课堂教学过程的评价,应从教学准备、教学态度、教学目的、教学内容、教学方法、教学组织、教学效果等7个方面确定评价范围和标准。

(1) 教学准备标准,主要是评价教学总体设计是否合理,主题是否明确,对受训者学习情况了解是否清楚,对教学内容是否进行了再创造。

(2) 教学态度标准,主要是评价组训者在教学过程是否言传身教、教书育人、治学严谨。

(3) 教学目的标准,主要是评价教学目的是否符合《人才培养方案》和《课程标准》的要求,适应受训者情况,明确、具体。

(4) 教学内容标准,主要是评价教学内容的难度、深度、广度是否适宜,重点是否突出,是否反映前沿知识理论、联系实际,是否具有科学性、先进性、思想性和实用性。

(5) 教学方法标准,主要是评价教学方法是否利于启发、激活受训者思维,讲授思路是否清晰,多种方法运用是否灵活。

(6) 教学组织标准,主要是评价教学节奏是否紧凑,课内时间利用率高不高,是否充分体现了教学双方的相互作用,课堂气氛是否足够活跃。

(7) 教学效果标准,主要是评价受训者知识掌握的数量和水平是否达到教学目标,受训者智力的培养和学习兴趣、热情的调动是否满足教学需求。

第二节 课堂教学技能

课堂教学是教学全过程的主要活动,也是教学活动的基本形式。课堂教学过程一般包括导入、讲授、板书、提问、小结等环节,以及为提高课堂教学效果而实施的课堂教学组织管理和受训者学习方法的指导。在课堂教学中,每一个环节都有自己特有的地位和作用,各自发挥着自己特有的功能,不能相互替代。因此,要落实好课堂教学,必须认真研究每个教学环节在课堂教学中的地位和作用,明确其任务和组织实施的措施,掌握各环节的教学艺术,使之更好地发挥传授知识和培养能力的作用。

一、课堂导入技能

导入是组训者在一项教学内容或活动开始前,引导受训者进入学习的行为方式。它要求组训者能够运用一定的方式,通过简短的言语或行为,迅速营造一种融洽的教学情境和课堂氛围,把受训者带进一个与教学任务和教学内容相适应的理想境界。

常言道:"良好的开端是成功的一半。"一出戏要有紧锣密鼓的开场,一堂课要有扣人心弦、引人入胜的导语。"导入通常有两项任务:一是建立起组训者与受训者的同感,引发受训者浓厚的听课兴趣;二是打开场面,引入正题,为整堂课的讲授打好基础。

(一) 课堂导入的作用

精彩的导入无疑会如同磁铁,紧紧吸引着受训者的注意力;如同火石,激发受训者思维的火花,点燃受训者求知的热情;如同路标,引导着受训者的思维方向;如同序幕,预示着后面的高潮和结局;如同桥梁,联系着旧课新知与师生情感;同时为课堂教学的进行奠定良好的基础。因此,其作用主要表现在以下几个方面:

1. 集中注意

对受训者来说,每一堂课都是一个新开始,其内容也各不相同。而受训者在课前可能刚刚参与过其他活动,其兴奋点也可能还沉浸在刚才的活动中,那么怎样才能使受训者实现兴奋中心的转移呢?关键在于导入,只要导入得法,就能使受训者集中自己的注意力,把兴趣点转到课堂上来。

2. 激发兴趣

精彩的导入会使受训者如沐春风,如饮甘露,进入一种美妙的境界。教学成功的艺术就在于使受训者对你所教的东西感到有趣。巧妙的开场,会使受训者产生浓厚的兴趣,并怀着一种期待、迫切的心情渴望新课的到来。

3. 明确目的

目的性是人类实践活动的根本特性之一,很多组训者在导入新课时常直接或间接地让受训者预先明确学习目的,从而激发其内在动机,使其有意识地调节自己的学习。

4. 联结知识

人类的学习以一定经验和知识为前提,在联想的基础上,可以更好地理解和掌握新知识。因此,新课的导入总是在联系旧知识的基础之上,以旧引新,温故知新,促进受训者知识的系统化。

5. 沟通感情

导入既是传授知识的开始,又是沟通组训者与受训者情感的过程,组训者与受训者的情感会在导课的过程中得到交流和升华。组训者的一举一动都影响着受训者的情感,牵动着受训者的心弦。因此,组训者在导入新课时必须注意激发受训者的情感,注意与受训者的情感交流,只有在和谐愉快的气氛中,受训者才能畅饮知识的琼浆,实现个性的发展。

(二) 课堂导入的方法

教学有法,但无定法,新课的导入亦是如此。教学内容不同,组训者的素质和个性不同,导入的技法也就各异,一般有下述几种较为常见的方法:

1. 直接导入法

直接导入法是直接阐明学习目标、要求、教学内容及教学程序等的导入方法。这种方法在一开始就直接进入教学内容,而不通过其他方式进行教学过渡。直接导入法具有直接、简洁、针对性强等特点,但有时过于笼统、概括,也过于刻板、枯燥,缺乏强烈的感染力,不易激起受训者的学习兴趣。

2. 衔接导入法

这是一种最常见的导入方法。它主要是根据知识之间的逻辑联系,找准新旧知识的连接以旧引新或温故知新。运用此法要注意以下三点。

(1) 找准新旧知识的连接点,而连接点的确定建立在对教材认真分析和对受训者深入了解的基础之上。

(2) 搭桥铺路,巧设契机。复习、练习、提问等都只是手段,一方面要通过有针对性的复习为学习新知识做好铺垫;另一方面在复习的过程中又要通过各种巧妙的方式设置难点和疑问,使受训者思维暂时出现困惑或受到阻碍,从而激发受训者思维的积极性,制造传授新知的契机。

(3) 因材施教,方式多样。学科不同,内容不同,衔接的方式也应有所变化。实训课主要采用练习、演示的方式,先让受训者练习一下,看其是否掌握,再进行纠正和指导,然后传授新的内容。理论课则常借助提问、讲述、引证前面所学的知识,展示新的矛盾和问题,让受训者思考。

3. 复习导入法

在每堂课开始时,以复习上一次课的内容导入新课的方法为复习导入法。这种方法便于受训者巩固已学知识,便于将新旧知识联系起来,便于循序渐进地开展教学,使受训者在温故的基础上"入题""知新"。

4. 悬念导入法

悬念一般是指对那些悬而未决的问题和现象的关切心情。在教学中,精心构思,巧设悬念,也是有效导入新课的方法。利用悬念激人好奇,催人思索,往往能收到事半功倍的效果。制造悬念的目的主要有两点:激发兴趣和启动思维。悬念出乎人们意料,或展示矛盾,或让人迷惑不解,常能造成受训者心理上的焦虑、渴望和兴奋,只想打破砂锅问到底,尽快一探究竟,而这种心态正是教学所需要的"愤"和"悱"的状态。但须注意,悬念的设置要从受训者的"最近发展区"出发,恰当适度。不悬,难以引发受训者的兴趣;太悬,受训者百思不得其解,都会降低受训者的积极性。只有"不思不解,思而可解"才能使受训者兴趣高涨,自始至终扣人心弦,收到引人入胜的效果。

5. 情境法

情境法就是利用语言、设备、环境、绘画等各种手段,营造一种符合教学需要的情境,以激发受训者兴趣,诱发思维,使受训者处于积极学习状态的方法。情境法如运用得当,则会使受训者身临其境,感同身受,意识不到是在上课,而是在潜移默化中受到教育,获得知识。用此法应注意两点:

(1) 善于创设情境。组训者虽然可以利用现有的环境、条件,通过引喻、阐述导入新课,但是,现成的情境毕竟很少,因此,组训者必须从教学内容出发,精心组织、巧妙构思,创设良好的符合教学的情境。

(2) 加强诱导,激发思维。组训者设置情境应有明确的目的,或以此激发受训者的情感,或因之引发受训者的思维,或借此陶冶受训者的情操等。创设情境不能单纯为激发兴趣，一般来说，应以激发思维为主。但是，情境本身有时并不能启人深思或内涵比较隐蔽，这时就需要组训者的启发和诱导。

6. 激疑导入法

常言道："学起于思，思源于疑。"疑是学习的起点，有疑才有思、才有所得，利用问题产生疑问，激发思维也是组训者常用的方法。运用此法要做到以下两点。

(1) 巧妙设疑。要针对教学内容的重点和难点巧妙设疑，疑点要有一定难度。

(2) 以疑激思。通过设疑，激发受训者的思维，使受训者的思维尽快启动并活跃起来。

(三) 课堂导入的要求

1. 目标明确

教学目标既是教学的出发点，又是教学的归宿，它贯穿于教学过程的始终。课堂教学，一定要根据既定的教学目标精心设计导语，与教学目标无关的不要硬加上去，不要使导语游离于教学内容之外。教学伊始的导语，一定是完成教学任务的一个必要而有机的部分，通常要能起到集中受训者注意力、引入讲课的主题、明确教学重难点和教学目标的作用。

2. 合情入理

合情即符合受训者的实情，这包括学习的实情和心理状态的实情。受训者是教学的主体，教学内容的好坏，要通过受训者的学习来体现。导入的设计必须符合受训者的年龄、知识水平和接受能力，即要结合受训者实际，切忌过深、过难，以免影响受训者对新知识的接受。

入理即合乎教学的原理，要遵循教学的直观性、形象性、启发性和新颖性等教学基本原则。因此，课堂导入应尽可能地做到内容生动有趣、语言通俗易懂、方式新颖独特、气氛轻松热烈，能吸引受训者的注意，激发受训者的兴趣，启发受训者的思维。

3. 因课制宜

导语的设计要因授课类型和教学内容的不同而不同。讲授操作课要注意温故知新、架桥铺路；讲授理论课要注意前后照应、承上启下；复习课要注意分析比较、归纳总结。不能用新课的导语去讲复习课，也不能用理论课的导语去应对操作课，否则就起不到导语应有的作用。

不同教学内容的课也要采取不同的导入类型。教学在很大程度上要与教学内容相匹配。选取的材料，应该与教学内容密切联系，应该是受训者已有的知识或熟悉的内容。要抓住材料与讲授内容的内在联系，把握新旧知识的连接点，顺利实现过渡。如果抓不住内在联系，生拉硬套地把相关的材料或内容放在一起，就显得不伦不类，不仅不利于受训者学习，反而可能会使受训者的思维混乱。

4. 简洁明快

导入仅是一个"引子"，而不是教学内容的展开，因此，要做到简洁明快，三言两语，直截了当。导入的时间不应太长，如果太长则有喧宾夺主之嫌，不利于教学任务的完成，一般三五分钟就要转入正题。

5. 灵活多变

导入的方式方法应多种多样，设计导语时要注意配合交叉运用。不能每一堂课都用一种模式的导语，否则就起不到激发受训者兴趣、引人入胜的作用。

二、课堂提问技能

(一) 课堂提问的作用

课堂提问是指在课堂教学中,组训者试图引出受训者言语反应的任何信号。引起受训者言语反应的信号不能仅是语言刺激,还包括其他发问信号,如面部表情,手势语言等。

教学过程是一种有组织的过程。"提问"便贯穿了这个过程的始终,是组训者和受训者面对面开展教和学的一种双边活动,其功能主要表现在启发受训者思维、反馈教学信息、检查教学效果和培养受训者的表达(口语、书面)能力等方面。

1. 集中注意、启发思维

提问会使受训者的注意力高度集中。当受训者的思维还没有启动或注意力涣散的时候,组训者精心设计的问题会唤醒受训者的心智,激发认知冲突,使受训者在好奇心的支配下,很快把注意力集中在教学内容上,以激发受训者的学习兴趣和求知欲望,引发受训者进一步探索的动机,帮助受训者打开思路,把思维引向深入。

例如在讲授新课中穿插提问,能调动受训者思维的积极性,这种方式远远超出了一般的讲解。组训者运用受训者已学过的知识或结合他们的社会、生活实践体验,设问启发受训者,使教学内容与受训者已有的知识关联起来,使新旧知识相互作用,从而形成新的概念。总之,组训者围绕启发受训者的思维提问,能激起受训者的兴趣,引导受训者注意已知与未知的矛盾,促使受训者思考问题、研究问题和解决问题,通过自己的思维活动和实际操作来自觉获取知识。

2. 复习巩固、反馈信息

组训者可以通过提问,进一步巩固受训者已学过的知识,同时检查受训者对所教内容掌握的程度,以及产生哪些错误,从而根据这些反馈信息,灵活地调整后续的教学活动。同时,受训者也可以通过答问,从组训者那里了解自己学习状况的反馈信息,在学习中不断审视自己,调整自己的学习态度、方法和习惯等,使自己后续的学习活动更有成效。

例如,在讲新课之前对上节课已经学过的内容进行复习提问,或在讲授新课之后检查提问或练习,了解受训者对教学内容的理解、掌握和应用的情况,并根据获得的信息,对上节课的学习内容进行回顾、复习,对本节课的教学内容进行补充或强调,把已经学过的和将要学的知识联系起来,融会贯通。通过评价回答结果肯定掌握较好的受训者优在何处,指出没有答出正确结果的受训者问题所在,激励受训者上进,扩大知识视野。

3. 培养能力、活跃气氛

不管是组训者向受训者提问还是受训者回答问题或质疑,都可以培养受训者的思维能力、口头表达能力、书面表达能力以及自信心、勇气等心理素质。教育心理学的研究表明,受训者领会知识和用语言把知识复述出来是两个不同层次的理解水平。受训者将学习的书本知识转换成口语表达出来,实际上是一个理解书面语和重新组织口语的过程。

4. 沟通感情、教学相长

教学过程中的教和学是辩证统一的:受训者既是教育对象,又是探索知识的主人,是学的主体;组训者闻道在先,是知识的先行者,是教的主体。教学活动是组训者和受训者共同参与的双边活动,不仅有信息的交流,还有情感的交流,这种交流、互动常用而有效的方法就是课堂提问。提问就像一条纽带将组训者和受训者的认识和感情紧密联系起来。通过提问和回答,受训者开阔思维、获取知识,组训者也能得到反馈和启发,做到教学相长。

(二) 课堂提问的方法

受训者的学习过程,实际上是一个不断地提出问题和解决问题的过程。缺少科学性的提问是无益于启发受训者思维的。如果提问太简单、太零碎,会使受训者养成不动脑筋的习惯;提问太深奥,太空泛,又会使受训者不知从何说起和怎么回答,这些都无助于受训者思维的发展。

课堂提问首先应注意从受训者的实际出发,了解每个受训者不同的个性、不同的水平,正确估计受训者的能力,有针对性地对不同水平的受训者提出不同深度的问题。对水平较低的受训者提较易的问题,回答正确予以鼓励,有利于调动其积极性;对水平高的受训者提较难的问题,回答正确,不仅对他本人有促进作用,对全体受训者也有启发和带头作用。为了使课堂提问更有针对性,组训者对提问对象的选择应心中有数,这一节课该提问谁,下一节课该提问谁,这个问题该问谁,那个问题该问谁,谁该问得详,谁该问得略,复习知识问谁,学习新知识问谁等,都必须十分明确。

科学的课堂提问,通常有如下方法与技巧。

1. 铺垫式

解决某一颇有难度的问题时,应先提问与其相关联的已有知识,让受训者沿着已知与未知的联系去思考答案。这种提问既强化了已知知识,又降低了未知的难度,加强了新知识和原有知识的内在联系,使受训者的思维有明显的倾向性。

2. 阶梯式

几个问题有机连成一个整体,每个问题是一级台阶,或者前面的问题是后面的问题的准备,后面的问题是前面的问题的发展;或者前面是一般性问题,后面是一般性问题的演绎或应用;或者前面的材料是引起问题的原因,后面的问题是前面材料的结果。这种提问,充分考虑到受训者思维的程序性,对于培养受训者前后联系思考问题的习惯,使之沿着某个方向深入探讨,以获得某个问题本质的理解和掌握很有好处。例如这是什么?由哪些部分组成?各部分作用是什么?性能如何?应用在什么场合?……

3. 对比式

所提问题在内容上是可以互相比较的,问题的提出,给受训者显示了可比要求,内容上的客观可比因素与可比要求相结合,这种提问才可以顺利进行。这种提问有利于启发受训者通过分析对比,找出不同对象的相同点和不同点。

4. 引路式

求取真知,不是一蹴而就的,何况受训者还"知之不多",对知识的理解,有些还会陷入误区。组训者应做到循循善诱,引导受训人员回答问题,尽可能从一个角度去问,缩小答案所涉及的范围,有利于受训者思维定向。有时还可以具体明确地把一个大问题分解为若干小问题,引导受训人员逐步回答,层层递进。因此,进行启发式教学,实现教与学双向交流,求取更佳教学效果,讲究科学的课堂提问是十分重要的。

5. 联系式

知识在于积累。受训者有一定的知识基础,又有求取新知的欲望,组训者要善于引导受训者"温故知新",联系已学过的知识,引导受训者到知识的海洋去遨游,加深对新知识的理解。

6. 自疑式

简单地说,自疑式就是让受训者自己生疑。组训者讲授到关键问题,引而不发,让受训者自己生疑解疑,这是自疑式提问的绝妙之处。受训者提问,组训者不正面回答,而是根据受训者疑问所在,反问受训者,实际上是暗示受训者"问题可以自行解决"。这样做,有助于受训者把注意力中心由组训者转向自己,从等待接收信息的相对静止状态转向寻求答案的动态思维,有助于培养受训者思维的独立性。

(三) 课堂提问的过程

提问过程是指组训者提出问题,并指导受训者回答问题以掌握知识,发展能力的过程。大致可以分为如下几个方面。

1. 设问阶段

设问就是设计问题,是为提问而做的准备工作,它是提问成功的重要条件之一,组训者要在教学设计过程中精心设计问题,而不是随心所欲提问题。

2. 发问阶段

将设计好的问题向受训者提出来,就是发问。发问可分为两步:引入和列题。引入即组训者用不同的语言和方式来表示即将提问,使受训者对提问做好心理准备。如"请大家思考这样一个问题……""下面这个问题,看有谁能够作答……"列题即陈述所提问题并做好必要的说明,表述问题应清晰准确。组训者还可提醒受训者相关答案的组织结构,以时间、空间、过程等顺序作为回答的组织依据,如"请注意,在回答问题时应注意以下几点……""请注意回答问题的逻辑性"等。

3. 待答阶段

待答也就是提问后等待受训者回答的阶段。这一阶段不是让组训者稍作休息,而是要等待、观察、倾听、引导。

(1) 等待。

等待就是要控制好提问的时间和节奏,留有足够的时间思考。教育研究者认为,在课堂提问中,教师应有两个重要的停顿时间,第一个重要的停顿时间是指组训者提出问题之后,要等待足够时间,不能马上指定受训者回答。"第二个重要的停顿时间"即受训者回答问题之后,也要等待足够时间,才能评价受训者的答案或提出另一个问题。

(2) 观察。

组训者提出问题后,并不是单纯地等待,还要善于在等待中观察。要从受训者的神情姿态做出分析判断,看出哪些受训者在认真思考、哪些受训者会回答、哪些受训者愿意回答等等。

(3) 倾听。

在受训者回答问题时,组训者要善于倾听。倾听既是组训者准确捕捉教学信息的重要手段,又是鼓励和帮助受训者的重要方式。倾听首先要耐心听,要让受训者充分发表意见,不要急于插话,也不要急于给出答案,更不能态度冷淡、厌烦甚至斥责,挫伤受训者学习的积极性;其次要认真听,要听受训者的回答是否符合提问的要求,是否准确、全面、有创新;最后要有回应,倾听时应有一定的回应,不能漠不关心,而应点头或用"嗯""哦"鼓励受训者继续说下去。

(4) 引导。

在受训者不能作答或回答不完全时,组训者要以不同的方式鼓励、引导受训者。引导主要考虑以下四个方面:检查,核对查问受训者是否听清听懂了所提问题;催促,力求使受训者快速做出反应或完成教学指示;提示,给受训者设立适当台阶,使其能答、答准;重述,受训者对题意不理解时,用相同或不同词句重述问题。

4. 结问阶段

组训者对受训者的作答进行总结评价。方式主要有以下七种。

重述:组训者以相同或不同的词句,重复其答案;

追述:根据受训者回答的不足,组训者追问其中要点;

补充:根据受训者回答的不足,组训者和其他受训者予以补充;

更正:组训者或受训者纠正错误的回答,给出正确的答案;

评价:组训者对受训者的回答予以评价;

延伸:组训者依据受训者的答案加入新的材料或见解,引导受训者思考另一新的问题或进行新的内容学习;

检查:检查其他受训者是否理解该受训者的答案或反应。

(四) 课堂提问的要求

1. 设问精当

精当的设问具有如下特征。

(1) 趣味性。提问最为重要的是要激发受训者的兴趣,调动受训者的积极性,把受训者的兴趣激发出来。因此,问题必须要有意义,受训者愿意回答。

(2) 目的性。组训者设计问题时,应服从教学的目标,考虑使受训者学到什么、思考什么、培养何种能力和形成何种品质。不能只是注重问答的形式而不注重提问的价值和作用。表面上看有问有答、热闹非凡,但所提问题没有多大价值,不能引发受训者的深入思考。

(3) 科学性。提问不能有知识性错误,要符合逻辑。为保证课堂提问的科学性,提问要做到:直截了当不绕圈子,干脆利落;条理清楚,主次分明;围绕问题,范围适中;语言规范,概念准确;用词简洁,多用短句。

(4) 启发性。受训者回答问题不仅需要记忆力,还需要分析、对比、归纳、综合的能力,通过回答问题促进受训者这些能力的提升。不要提一些不需要思考的问题。

(5) 针对性。即从受训者的实际情况出发,注重受训者年龄特征、知识水平和接受能力。问题的难易要适度,如果脱离受训者实际要求,过高或过低都不能激发受训者的思考;提问要面向全体受训者,按班级中上等水平设计问题,让多数受训者参与回答;适当兼顾"两头"和某些特殊受训者的个性特点。

(6) 顺序性。即按教材和受训者认识发展的顺序,由浅入深,由易到难,由近及远,由简到繁地设计问题,先提认知理解性问题,再提分析综合性问题,最后提创造评价性问题。

2. 发问巧妙

(1) 发问时机。在整个教学过程中,组训者随时都可以发问,但只有在最佳时机的发问效果最好。那么什么时候才是最佳发问时机呢?就是当受训者处于古人所讲的"心求通而未得,口欲言而未能"的"愤悱"状态的时候。此时受训者注意集中、思维活跃,对组训者的发问往往能入耳入脑、取得良效。最佳发问时机既要组训者敏于捕捉、准于把握,也要组训者巧于引发、善于创设。有机不发或无机而发,都会给教学带来不利影响。

(2) 对象明确。提问的效果,最好是能启发多数受训者的思维。有时组训者先叫名字,然后再提出问题,这样其他受训者就会觉得"反正和我不相干",不去思考,对被叫者也是"突然袭击",容易"卡壳"。又如有些组训者往往依照受训者的座次依次发问,或者依照点名册上的顺序发问,这种机械的发问方法,虽然可以使发问的机会平均分配到全体受训者,但其缺点与先指名后发问的情形相同。再如,有些组训者喜欢叫成绩好的受训者,对答如流,省时省心,但总叫那么几个人,时间长了,其他(中等、差的)受训人员知道应答无份处于消极状态,亦不利于调动多数受训者的积极性。另一种提问思路是专叫成绩不佳的学员回答,目的是集中受训者的注意力,让他们跟上来,但往往会费去很多课堂时间,使教学节奏松弛,当组训者跟这些受训者周旋时,其他受训者成了"观众",对授课失去兴趣。

所以提问的策略是:提问时要求所有受训者都要动脑筋。一般情况下,先叫中等生答个八九不离十,或答出五六成,再请成绩稍好的受训者补充;上等水平的受训者在提问"卡壳"需要解除"危机"时再用;偶尔也叫"差生"来试试。

(3) 发问顺序。组训者发问在内容的难度上应由浅入深、由易到难、循序渐进。如《学记》中所说:"善问者如攻坚木,先其易者,后其节目,及其久也,相说以解。不善问者反此。"但在形式上,组训者又切忌按座次顺序点名提问,而应打破次序,有目的地"随机"提问。

(4) 表述清晰。发问语言应简明易懂,问题尽量一遍清晰到位,不复述,以免养成受训者不注意听组训者发问的习惯。若某个受训者没有听到组训者所提问题,可以另行指定一个受训者回答。如受训者不明了问题的意义,而要求组训者解释,可用更明白的词句把问题再说一遍。

(5) 态度自然。要表示相信受训者能够回答,若发问态度严肃,受训者就无法安静地思考,不能畅所欲言。

(6) 适当停顿。组训者发问后,要给全体受训者思考时间,不宜匆匆指定受训者回答。若某一受训者回答不出来,不必等他回答,可另行指定,而让其旁听。

3. 启发诱导

《学记》中"君子之教喻也,道而弗牵,强而弗抑,开而弗达"一句就是强调教学重在启发诱导。

(1) 启发引导的时机。

当受训者的思想在一个小天地无法"突围"时;当受训者疑惑不解,厌倦困顿时;当受训者各执己见,莫衷一是时;当受训者受旧知识影响无法顺利实现知识迁移时,组训者应进行启发引导。心理学研究表明:只有牢固和清晰的知识才能迁移。因此,组训者应特别注意新课前的提问,在复习旧知识的基础上讲授新知识,引导受训者由已知向未知过渡。

(2) 启发诱导的方式。

启发诱导的方式主要有从联系旧知识入手进行启发;增设同类,对比启发;指导读书式启发。受训者答问"卡壳"常常是因为没有认真研读教材,没有深入思考,因此,要指导受训者读书思考,理清思路,抓住关键。

(3) 启发诱导的态度。

组训者在提问和待答时要经常保持和善谦逊,应以与受训者共同思考的心情提问,不用强制回答的语气和态度提问,要注意提问时的面部表情、体态以及人际距离、在教室内的位置等,以消除受训者的紧张心理,使受训者感到信赖和鼓舞,积极参与回答问题、大胆发言。组训者绝不能表现出不耐烦的情绪,对受训者训斥和责难,不然会使受训者产生回避、抵触的情绪,阻碍作答。

组训者要耐心地倾听受训者的回答。对一时答不上问题的受训者可适当等待,启发鼓励;对回答错的受训者不要训斥;对不作回答的受训者可采用适当的惩罚,待问题讲解清楚,再次询问后再做处理。

正确对待提问的意外。有些问题,受训者回答出乎意料,组训者对答案是否正确没有把握做出判断时,切不可妄作评判,而应实事求是地向受训者说明,待求证后再告诉受训者。当受训者对组训者的错误回答做出纠正时,组训者应该态度诚恳,虚心接受,与受训者相互学习、共同探讨。

4. 归纳总结

受训者回答问题后,组训者应对其发言予以分析评价,使问题有明确的结论。归纳总结对知识的组合、认识的深化、问题的解决以及受训者良好思维品质与表达习惯的形成均起着十分重要的作用。

教学中常存在组训者注重提问不注意总结的情况。有的组训者不重视对受训者答问的评价。受训者答后不说对也不说错,马上又提出第二个问题让受训者回答;或者评价含糊其词,使受训者如坠云雾,摸不着头脑;或者只说缺点,不说优点,挫伤受训者积极性;或者过早地把正确答案告诉受训者,代替受训者的思考;等等。这些都是不重视反馈和总结的表现。

三、课堂小结技能

课堂小结是一堂课教授新知识之后的工作。成功的课堂小结,不仅可以对教学内容起到梳理概括、画龙点睛和提炼升华的作用,而且能延伸拓展课堂教学内容,使受训者保持旺盛的求知欲望和浓厚的学习兴趣,从而取得"课虽尽而趣无穷、思未尽"的效果。如果仅有精彩的开端,缺少结束语,也算不上一堂好课。

(一) 课堂小结的作用

课堂教学不仅需要一个良好的开端,也需要一个完美的结局。不良的开端会给受训者留下不好的印象从而影响整堂课的教学,不好的结尾同样会败坏前面的所有努力,教学应善始善终。从某种意义上来说,课堂小结比课堂引入更重要,因为引入差一些后面还有挽救和弥补的机会,小结失败的话,则很难挽救和弥补了。课堂小结的作用主要表现在:

1. 总结巩固

堂课的教学不可能使每位受训者都掌握全部内容,也不可能使每一位受训者都把教学内容完全学通弄懂,因而授课的结尾应抓住关键,进行有针对性的巩固,强化所学知识,突出教学重点、难点。

教育心理学的研究表明,课堂及时回忆要比 6 小时以后回忆的效率高出 4 倍。因此要及时对课堂内容进行简明、扼要、有条理的归纳总结,帮助受训者理清知识脉络、理清纷乱的思绪,促进受训者对知识的理解和记忆。

2. 激发学习

明代戏曲理论家王骥德在《曲律》中说:"尾声以结束一篇之曲,须是愈着精神,末句更得一极俊语收之,方妙。"戏曲创作如此,教学结课也应如此。演戏要把好戏放在后面压轴,高明的组训者也常把最重要的、最有趣的东西放在"末场"。

如果一堂课仅有引人入胜的开头和环环相扣的中间部分,而缺少耐人寻味的收尾,将直接影响教学效果,就算不上一堂好课。好的课堂小结,会使教学更有深度,更有启发性和感染力;可以给受训者以启发引导,让他们的思维进入积极状态,主动地求索知识的真谛。

3. 承上启下

课堂小结应该既对该堂课有一个完美的结束,同时又对后面的课有个交代或对后续的学习有所指导。课堂小结应注意课程的前后延续,起到承上启下的作用。

（二）课堂小结的方法

课堂小结的方法与技巧很多,概括起来有以下几种。

1. 梳理内容式

讲课结束时,组训者把一堂课所讲内容作一番梳理,理清知识结构与脉络,将重点、难点再强调一下。例如,在课堂教学结束时可通过引导让受训者思考总结:我们这节课学了哪些知识?哪些是重要、关键的?还有哪些疑难问题需要提出来?等等。这是一种切实可行的方法。

2. 归纳总结式

这种方式与梳理内容式方法有联系也有区别,其侧重点主要是引导受训者用准确简练的语言,对课堂所讲知识进行总结,以归纳出一般的知识结构、规律和方法等。这种归纳可以针对本堂课,也可以针对有联系的几堂课。

3. 首尾呼应式

组训者在开始教学时提出问题引起受训者思考,课堂教学结束时呼应开头提出的问题,以便给受训者一个清晰、明确的答案。

4. 画龙点睛式

在讲完课堂内容的基础上,结束时用几句话点明本节课的精华所在,或指明规律,或概括中心,或提炼升华,总之一语中的,使受训者对关键问题豁然开朗。

5. 启发暗示式

课堂教学结束时,组训者不把问题的现成答案告诉受训者,而是在启发受训者之后让受训者课后去思考。把所讲知识延伸到课外,以便打通课内课外的联系,为开展课外学科活动创造条件。

6. 激发感情式

课堂教学结束时,组训者用饱满热情的话语激发受训者的感情,使受训者从思想上受到启发鼓舞,进而激发其探究学习新知识的动力。

(三) 课堂小结应用须知

1. 虎头蛇尾

有的组训者比较重视每堂课的开端,但到下课时往往显得懈怠,使整个课堂教学过程"虎头蛇尾",不能善始善终,致使不少受训者对这堂课应该掌握的教学内容"胸中无数"。

2. 画蛇添足

与"虎头蛇尾"式收尾相反,有些组训者在收尾时小题大做,甚至故弄玄虚。本应该自然结束的课程却无话找话,使受训者产生厌烦情绪。

3. 平淡无奇

有的组训者备课时对如何小结未加思考,未作精心设计,因而收尾显得平淡无奇。这样的小结不能起到课堂小结的作用。

4. 前后矛盾

由于个别组训者考虑不周,小结与前面的讲课内容不一致,所表达的观点与教材的观点自相矛盾,影响了受训者对教学内容的正确理解。

四、板书设计技能

教学板书是组训者在课堂上普遍使用的一种交流信息的教学手段,是教学思路和教学内容的浓缩,也是课堂教学的重要组成环节,直接影响着教学的效果。板书既可作名词用,也可作动词用。作名词用,板书可理解为"板上所书",指组训者在黑板或其他教学载体上所写的文字或数理化公式符号以及所画的图标等教学要点。作动词用,板书可理解为"在板上书"或"书于板上",即指组训者把设计好的教学要点书写或呈现于黑板或其他教学载体上的行为。

组训者的板书是随着时间展开、感知于视觉、存在于黑板上的一种艺术。板书设计一般包括板书、板演、板画三种形式。板书是指组训者写在黑板上的文字,它是课堂教学经常用到的方式。板演是组训者在黑板上推导公式,演算例题等,是自然科学教学中常用的一种板书形式。板画是组训者在黑板上描画的各种图形、符号、表格等。板书的这三种形式在具体运用中可以综合使用,依学科性质、教学内容、教学任务不同而有所不同。

(一) 教学板书的作用

1. 辅助教学,提高效率

教学板书是组训者教学的得力助手。板书是课堂教学语言表达的主要辅助工具,可以弥补教学语言表达上的不足。教学板书可以解决一些口语表达不易讲解清楚的内容,可以浓缩教学信息,简洁明了地呈现复杂的教学内容。有时简洁的板书可以代替组训者费事劳力的讲解。好的教学板书可以直接体现教学意图,揭示教材结构,理清教学思路,突出教学重点、关键,解决教学难点。简洁明了的板书,可以在很大程度上代替烦冗的语言说明,简化教学过程,节省教学时间,提高课堂教学的效率和质量。

2. 激发兴趣,启发思考

由于教学板书是通过受训者的视觉器官来传递信息的,比语言更直观,同时它本身又力图以简洁概括的文字或符号把抽象的概念具体化、形象化、简约化,因此容易引起受训者进行一系列积极思考。板书可以激发受训者学习兴趣,进而集中受训者的注意力。生动形象、富有创意、变化多样的板书可以活跃受训者思维,启发受训者积极思考。教学板书的过程也是需要受训者积极思考、积极投入的过程。它需要受训者理解能力、概括能力、运用能力等的积极参与。教学板书不仅向受训者传递信息,也启发受训者积极思考,动眼更动脑。教学板书使受训者有兴趣也有思考,有情感也有认知。

3. 强化记忆,减轻负担

课堂讲解所传递的信息转瞬即逝,仅凭听觉记忆进行学习难度较大。有了板书,受训者不仅听讲而且用眼看。心理学研究表明,大脑能记住的信息,85%来自视觉,10%来自听觉,5%来自嗅觉和触觉。黑板则是课堂教学中提供视觉信息的最简单、最重要的信息源。板书是高度概括和提纲挈领的教学内容与教学过程的浓缩,它把最核心、最主要的信息呈现在受训者面前,可以为受训者提供记忆的抓手与凭借,帮助受训者进行记忆。好的板书是对知识高度概括之后,条理化地反映出来的书面语言,能够清晰地揭示所讲内容的内在逻辑和内在关系。它可以使受训者对教学内容一目了然,能够形成整体性印象,便于记忆。心理学研究表明,散乱的知识不仅不便于迁移,而且不便于记忆;条理化的知识既便于迁移又便于记忆;理解了的知识才能记得快、记得牢。条理化的、揭示知识内在关系的板书有助于受训者的理解,进而促进受训者的记忆,减轻受训者的记忆负担。

总体而言,好的板书不仅可以吸引受训者的注意、便于受训者理解和记忆知识、发展受训者的思维、给受训者以美的熏陶、影响受训者的学习品质,而且通过教学板书可以看到一个组训者的治学态度、教学作风,可以看出他对教学内容理解的广度和深度。

(二) 板书设计技能

板书设计技能主要是指上课前组训者根据教学内容设计板书的技能。组训者在上课前应精心设计板书,使之既能精练地表现教学内容,又能美观地吸引受训者。

1. 板书的形式

优秀的板书是内容与形式的完美统一。教学内容的精确概括还需要以恰当的形式表现出来。设计板书时要根据授课内容、受训者情况、组训者自身情况等选择适当的形式来呈现板书内容。根据不同分类标准也可划分出不同的板书形式。

(1) 内容脉络式。

内容脉络式板书是运用简洁明了的语言把主要内容概括成提纲要目呈现出来的板书方式。

(2) 概括点拨式。

在板书设计中除了提炼关键词语作为板书内容的主体外,有时也可加上一些组训者编拟的提示语。这些提示语十分必要,能起到画龙点睛的作用。

(3) 符号沟通式。

符号,因其一目了然的通用性和代替语言表述的经济性,在板书设计中也发挥着重要作用。板书设计中常用的符号有箭头、几何图形和各种标点。

(4) 图表式。

有些讲授内容经过概括可以列成图表,这样就可以把授课内容的条理一清二楚地展示在受训者面前,使受训者对所讲内容有一个全面清晰的了解。

(5) 线条连接式。

线条连接式即在板书设计中借助于各种线条的连接,表示各部分之间的关系。借助于各种线条来表示连接、跳跃、比较、总结、强调等各种含义,不仅可以精减文字,也可以让板书美观整洁,让人一目了然。

2. 板书设计要求

板书设计技能训练要把握如下要点。

(1) 内容的概括性。

板书是教学内容的简要提纲,因此,内容要高度概括,重点突出,文字要反复推敲,准确精练。板书一般要写上章节、目录、定义、公式、要点等内容。必要的工作过程和原理要高度概括后再板书。要充分利用字母和符号代替文字。

(2) 布局的合理性。

板书要有计划地去安排。注意书写位置、字体大小、颜色变化,突出重点。最好做到一堂课不擦黑板,给受训者以完整的版面,也便于组训者总结。需要擦时,应保留前面讲课中用到的概念、公式、图形等。要充分利用多媒体教学手段突出授课内容的重点。

(3) 划分主副板书。

板书根据内容的重要性可分为主板书和副板书。

主板书也叫基本板书、中心板书、要目板书,是教学板书的主体内容,体现教学内容的重点、难点、关键和主体结构,通常保留到教学结束。

副板书也叫附属板书、辅助板书,是对主板书起辅助作用的板书或与主板书内容无关但又必须板书出来的其他辅助内容。副板书往往根据课堂教学需要和受训者反馈情况随机出现,其内容一般比较零散,一般随着教学进程而书写,根据教学需要,副板书在教学过程中可以随时擦去,也可根据需要保留到教学结束。

组训者应设计好主板书和副板书的位置。一般而言,主板书在空间上占据黑板的中央位置,占据大部分的空间;副板书在主板书的左侧或者右侧,占少部分的空间,不可让副板书与主板书平分秋色,喧宾夺主。可将黑板分为左、中、右三部分,左右两边是副板书部分,中间是主板书部分。或者左、中是主板书部分,右边是副板书部分。内容较少时,还可将黑板划分成两个部分,左侧是主板书,右侧是副板书。而无论是主板书还是副板书都必须让全体受训者看得清楚。

(三) 板书书写技能

板书,特别是组训者手写板书,需要组训者掌握粉笔字的书写,能够写得工整规范、美观大方,有一定的书写速度,做到板书时既快又好。

粉笔的质地、构造、材料等与钢笔、铅笔、毛笔等不同,因此,在使用时也略有不同。粉笔比较短小、易断,笔锋随着笔身的磨损而不断变化。组训者应掌握粉笔的这些特点灵活使用。使用粉笔时,手指要捏紧粉笔,手臂移动要平稳,用力要均衡。书写时经常在手指间转动笔身可以保证所书写的字宽度均匀,而且可以使书写流畅自然。在板书中常用的运笔方式是倾斜运笔书写。除此之外,还可以根据需要使用垂直运笔(如画直线、曲线和点等)和平放拖拉运笔(如板画中的面状处理)等笔法。

板书的书写有一定的要求。一是必须书写规范。板书的书写要遵循汉字的书写规律,把握汉字的基本笔画和笔顺规则,做到书写规范。二是书写正确。不插笔不倒笔,不写错字、白字、倒笔字、自造简化字。三是书写要清晰。要一笔一画地写,做到横平竖直,间架结构合理,单个汉字要书写工整,整体书写要做到字距均匀、行距平行。四是书写态度要认真。五是要美观,整体布局整齐而有条理,清朗爽目,给人以美感。

板书要求有一定的书写速度。如果书写太慢,会占用较多的课堂教学时间,影响课堂教学效率;板书太慢也会使受训者等待太久,容易涣散注意力。板书又快又好,才能更有效地提高课堂授课效率。

(四) 板书应用须知

1. 板书忌烦琐冗长

一些组训者误认为板书越多越好,板书越详尽信息量越大,恨不得将讲述内容全部搬上黑板,而不善于利用简洁多变的句式和形式各异的图示概括复杂的内容,结果事倍功半,浪费了教学时间又降低了教学效率。如果黑板上板书密密麻麻,形如蛛网,则可能会给受训者留下模糊一片的感觉,最后什么也记不住。

2. 板书忌讲写脱节

教学板书应讲写结合,组训者应处理好讲解与板书的关系。如果讲写脱节,无论板书设计多么精美巧妙,都难免有讲解与板书两张皮的感觉。即便是精心设计的板书,如果与讲解步调不一致,而且组训者长时间背对受训者书写,与受训者缺少交流,整个课堂气氛容易沉闷。因此,板书一定要处理好讲写关系,及时、适时呈现。

3. 板书忌乱写乱画

教学板书以整齐美观为好。有些组训者在板书时没有规划,不遵循教学板书的规律,而是随着自己的兴趣授课,在黑板上即兴地随时书写,板书内容散乱无章。这样的板书无助于受训者对教学内容的整体理解与消化。组训者书写不能前紧后松,开始几个字或几行字写得清晰工整,中间逐渐潦草,最后龙飞凤舞,模糊难辨。组训者板书时字迹潦草可能造成受训者辨认困难,最终影响听课。

4. 板书忌只讲不写

与"烦琐冗长"和"乱写乱画"不同,有的组训者在教学中只是"动口不动手",只书写标题,至于教学内容全凭口授来完成。讲解完便没有痕迹,由于没有板书,下课后受训者的复习巩固会增加许多困难。板书太繁杂是不应该的,不板书更是不对,组训者该板书时就要板书。

5. 板书忌乱写乱擦

有些组训者板书很多,或者板书内容虽然不多,但始终喜欢在黑板的同一位置写板书,于是只好写了擦、擦了再写,下课时黑板上只有一小片内容。严格地讲,这种教学过程缺少整体性和计划性。教学板书应该有计划,哪些该保留,保留多长时间;哪些该擦除,何时擦除,组训者都应做到心中有数。只要做到去留有数,主次也就分明了。

第三节 编写教学方案

教案是教学所采取的具体方案,是组训者以课题或课时为基本单位编写的教学实施方案。教案既是组训者组织实施教学的直接依据,又是教学准备工作质量的体现。编写前,组训者应根据本课题的教学任务,教学内容的重点、难点,教学对象的特点,训练场地和器材保障情况,确定教学的形式和方法,精心设计和安排课堂的结构,合理划分教学过程的具体步骤,使编写的教案符合教学实际,针对性强,可操作性好。

一、教案的形式

针对不同教学内容,教案可以采用不同的形式。教案概括起来可分为文字记述式、表格式、图片注记式和卡片提示式四大类。

(一) 文字记述式

文字记述式教案即以文字记述形式表达的教案,是教案的基本形式。它是按照教学内容的先后顺序,把讲授的内容、方法及时间分配,详细记录下来的一种教案形式。具体编写中有两种方式:一是讲稿式的详细教案,二是提纲式的简略教案。详细教案是把教学过程中的教学内容、教学步骤和教学方法都详细写出来,类似讲稿;简略教案是只写教学内容的要点、主要教学步骤和教学方法,类似讲课提纲。

文字记述式教案的特点是:内容完整,步骤清楚。讲解要点明确,基本能反映组训者的全部教学活动,适用于理论讲授课或教学内容较复杂的课题教学。

(二) 表格式

表格式教案即以表格形式表达的教案,是文字记述式教案的简化形式。其特点是:编排有序、层次分明、文字精练。但由于表格形式的限制,它不能反映组训者的全部教学活动,适合于教学经验丰富的组训者使用,主要用于技术、技能和教学法的教学。

(三) 图片注记式

图片注记式教案即以图片表示内容,以文字注记加以补充说明的一种提纲式教案。其特点是:图文结合,形象直观,一目了然,使用便捷,是编写现场教学教案的常用形式,适用于野外现场教学。

(四) 卡片提示式

卡片提示式教案将教案的纲要、重点、难点和易忘记的内容以及需要补充的材料写在卡片上,以便在课堂教学中提示组训者。卡片提示式教案有两种形式:一种是教案纲要提示;另一种是教学内容提示和材料补充。其特点是:形式灵活、方便,便于教案内容的经常修改和补充。

二、教案的结构

教案的结构分为外在结构和内在结构。

1. 教案的外在结构

教案的外在结构即教案的基本格式。各个单位的具体要求有所不同,教案格式会有不同,但大体的结构是一致的。

部队的教案通常比较简洁明确,一般分为提要部分和进程部分。提要部分,也称纲要部分,主要反映课题的教学规定和总体安排。理论讲授课的提要部分称为授课提要,实际操作课和战术作业课的提要部分称为作业提要,主要包括:课目、目的、内容、时间、地点、方法、要求、教学保障等。进程部分是教案的核心,主要包括:教学实施的步骤、教学手段和方法的具体运用、教学时间的分配等。理论讲授课的进程部分称为授课进程,实际操作课和战术作业课的进程部分称为作业进程。授课(作业)进程通常分为三个阶段:授课(作业)准备、授课(作业)实施、课终(作业)讲评。

院校的教案通常比较详细,一般包括封面提要、教案正文和板书预案。封面提要主要用表格的形式把授课课目、教学目标、教学内容或环节、时间分配、教学方法手段、教学保障等内容表述出来,以便于组训者对整堂课的大体安排有清楚认识,相当于部队教案的提要部分。教案正文是教案的核心内容,通常包括教学重点、教学难点、新课导入、讲授内容、练习内容、课堂小结、思考巩固、预习内容、教学后记等部分环节。为了提高板书的质量,还应该有一个板书预案。板书预案是对板书的设计,通常分为主板书预案和副板书预案。

2. 教案的内在结构

教案的内在结构是指教案在教学内容上的结构安排。结构安排得是否巧妙、有艺术性,直接影响着教学效果。教案的内在结构可用"三大思路""四个环节"来概括。三大思路是"要有吸引人的开头""要有坚实的中部""要有留有余味的结尾"。"四个环节"可用"起、承、转、合"四个字来概括。起即点题,引出问题,体现吸引人的开头;承即承上启下,讲清是什么;转即过渡,进而讲清为什么;合即归纳小结。

以下分别讨论:"起"就是讲课的开头,就是要有一个吸引人的开头,常体现在"引题""点题"上。我们常说"好的开头是成功的一半"。所以,好的开头对受训者的学习情绪影响很大。开头是全课的先导,大凡成功之课,总是一开头就能迷住听者,像磁石吸铁那样,紧紧扣住他们的心弦,产生受训者急于听的感染力。这也是强化教学效果所需要的。因为生理学认为,凡是能引起人们浓厚兴趣和强烈感情的事物,都能使大脑皮层产生强烈的兴奋,并刻下记忆。总之,一个好的开头,不仅能提高授课艺术性,而且还在组训者和受训者之间架起了一座情感的桥梁。让受训者喜欢听你的课,紧紧跟着你的讲课思路走。这样,当然会收到好的授课效果。

"承"是继"起"之后,围绕点题进而讲清"是什么"。即开始传授知识点,回答问题。"转"是继"起"之后,又一个提升学习兴趣的关键点,即设计一个好的过渡语,由一个问题向另一个深层次的问题转换,它是实现教案"坚实的中部"的重要环节。组训者应花费心思并参考大量的资料设计好教案。

"合"是整堂课的归纳总结,对受训者掌握教学内容起着至关重要(即画龙点睛)的作用。小结语不是组训者的"谢幕词",要承接下一堂课内容,另一个任务就是引起受训者兴趣和思考,要求:巧布新悬念,激起新疑点;让受训者听完了你的课,感到没过瘾,还想听下面的课,产生先知为快的求知欲。这样,受训者就会在课后急于去翻书,去找答案,去研究和讨论疑难问题或未释疑的问题,为下节课学习新知识打下良好基础。

三、编写教案的原则

(一) 目的性原则

教学目标是一切组训教学活动的主旋律,编写教案要服从教学目标。教学目标取决于《军事训练与考核大纲》《人才培养方案》《课程标准》的要求,以及教材内容和受训者的实际。因此,组训者在编写教案前应充分研究《军事训练与考核大纲》《人才培养方案》《课程标准》,研究教材、研究受训者,在认真研究的基础上确定组训教学目标,以组训教学目标为依据编写教案。

(二) 科学性原则

科学性原则即教案内容本身必须反映事物的本来面目,教案的思想观点和知识内容都是准确无误、合乎科学的,做到引用事件有依据,推导过程遵守公理,得出结论符合实际。不论是理论课还是实践课,也不论是公式、定理、应用举例,还是装备、器材的操作方法步骤,在教案中的叙述必须准确无误。这是搞好组训工作的关键,也是对组训者授课提出的硬性要求。这就要求组训者有扎实的专业功底、广博的文化知识和严谨的科学态度,而不能用"可能、也许、大概"等一类模棱两可的词。

(三) 计划性原则

教案的计划性不仅影响教案本身的质量,更重要的是会影响课堂教学的质量。因此,教案对教学内容、教学过程的层次安排,教学方法的选择,板书板画和多媒体教学手段的运用,以及对各教学环节的时间分配等,都应精心设计,周密考虑。同时,设计教案时应注意组训教学内容的整体性、层次性以及层次之间的内在联系,尽量在一定的课时内完成一个相对独立的系统内容。

(四) 通俗性原则

编写教案应遵循深入浅出、通俗易懂的基本原则。在依据教材的前提下,应尽量多用自己的语言,多用口头语言,少用书面语言,多用比喻、举例、示图来阐述理论问题,即便是固定不变的专业术语、基本概念,在尊重原文的同时,尽量再用通俗的语言加以解释。力争把古板的理论通俗化、把复杂的问题简单化、把深奥的道理浅显化、把抽象的知识具体化、把烦琐的内容简明化，从而使教案能够适应大众化的目的。

（五）因材施教原则

编写教案必须充分考虑受训者的特点，选择相应的组训教学内容结构和重点，不应千篇一律，"十年一贯制"，必须常写常新。

（六）规范性原则

一份合格的教案，应按照基本格式和要求，注明课题名称、教学内容、教学目标、教学重点和难点、教学时间安排、板书设计等。

（七）完整性原则

组训教学内容完整是一份合格教案的基本要求。如果教案中出现缺章节、缺课目、缺内容的现象，势必导致组织实施的漏训问题。因此，编写教案时应本着"突出重点，兼顾一般"的原则，全面系统地体现出训练大纲要求的每个训练内容，做到不少一个课目，不漏一项内容。同时，要根据不同性质的授课内容，注意其特殊要求。

（八）诱导性原则

编写教案就是考虑如何激发受训者的兴趣，调动受训者学习的积极性，避免平铺直叙，要通过设问等方式，启发调动受训者的积极思维，以开拓受训者的智力，发展受训者的能力。

四、教案的写法

教案是一堂课的预案，其编写的质量直接与教学实施的效果有关。教案编写的一般步骤如下。

（一）钻研教材，确定教学内容

教材是受训者学习的主要内容，也是组训者教学的主要依据。因此，组训者编写教案，准备教学，必须认真研究教材，对教材内容进行加工。组训者在接受教学任务后，首先要将教材浏览一遍，了解其结构，熟悉其内容，领会其编写意图。其次，要认真研读教材，反复研究教学内容中的基本概念和原理，搞清楚来龙去脉，找出内在联系，掌握知识的广度与深度，把握教学内容的重点和难点，真正"吃透"教材，做到融会贯通。再次，要对教材进行"二度创造"，根据不同的教学内容和教学对象，及时地对教学内容进行取舍、增补、调整、挖掘，使得教材中深奥难懂的内容，经过加工制作，变得通俗易懂，深入浅出，让受训者茅塞顿开。

（二）分析对象，明确教学提要

"知彼知己"，才能"百战不殆"。"知彼"是指要深入了解受训者和教学条件；"知己"是指组训者根据自身的条件对教材要做深入细致的钻研。根据受训者的情况、特点和已有设备条件，制定教学目标，选择教学策略，明确教学提要。

教学提要是教案的重要部分。课目、目标、内容、方法、时间、地点、要求、教学保障等，应在教学提要中提纲挈领地标注出来,以便组训者总体安排把握。教学保障一项,主要是为了促使组训者在备课时充分考虑到形象教学的作用,同时也便于组训者在课前准备教具等器材。提要中一定要写清要使用到的模型、图表、器材、工具及设备的具体名称和数量。

(三) 研究方法,设计教学过程

备好一堂课,如同设计一座建筑物,需要全盘考虑,精心设计整体结构。教学过程设计得是否恰当,直接关系到组训者教学任务能否顺利完成。所以,设计教学过程是教案编写中极为重要的一步,教学过程设计是组训者教学思想的重要体现。在教案中应该写出一堂课的全过程,它通常包括新课导入、讲授新课、巩固新课、课堂小结、布置作业和预习内容等环节。

1. 新课导入

新课导入用于讲授新课之前,它所占的时间较短,但能起到激发受训者兴趣、引起受训者注意等重要作用。新课导入的方法很多,可通过课前回顾、复习提问等方式,也可用较为生动有趣的内容导入,同时还应明确教学重难点、教学目标等内容,课堂时间一般为 3~5 分钟即可。

2. 讲授新课

讲授新课包括讲解内容、教学方法、讲解体系和时间分配。在编写讲解内容时,要避免将教案写成教材的摘抄,篇幅大,费时多;要做到重点突出,内容醒目,方便教学。在组训者吃透教学内容的基础上,教材有的内容只需写出提纲就可以了,对于补充部分的内容要写得详细,要经过反复考证,确保补充内容的正确性。

编写教案既要写教学内容,更要侧重于教学方法,并且要将教学方法写得具体,具有可操作性。可以把每一部分教学内容的讲解步骤、方法都写出来,如怎样提出问题、如何启发受训者、分几层分析、采用何种手段、如何使用教具等。

教案要简明扼要,清晰醒目,条理清楚,教学内容形成体系。熟练的组训者只要能看明白即可,不必篇幅很大、费时过多,新的组训者可写得详细些。为了突出重点,对重点难点可以写得具体一点,可以加入学习体会、事例等。

为了严密制定课堂计划,掌握授课速度,要写出时间划分,划分不宜过大过粗,每一堂课、每一环节均要有时间划分,一般以一个相对独立的问题为单位划分比较适宜。讲授新课一般以一堂课的 1/2~2/3 时间为宜。

3. 巩固新课

巩固新课是为了加深对教学内容的理解,并尽可能做到当堂消化和巩固。组训者可通过提问、复述、课堂练习等方法,检查受训者理解和掌握所接受的知识情况,同时使受训者所学知识得到及时巩固,并形成技能,为完成课外作业做好准备。巩固新课要做到重点突出、纲目分明、温故知新,切忌简单重复,课堂时间控制在 5~10 分钟。

4. 课堂小结

课堂小结十分重要,它是一堂课中最难讲的一部分,所以组训者要精心设计小结。好的小结要紧扣主题,切忌离题万里;要勾勒全貌,切忌以偏概全;要抓住重点,切忌主次不分;要语言简练,切忌拖泥带水。因此,在教案上要将小结的全文写出,反复斟酌,逐字推敲,课堂时间控制在 3~5 分钟。

5. 布置作业和预习内容

布置课后作业和预习内容,目的在于进一步巩固所学知识,培养受训者独立学习的能力,为接下来的学习做好准备。布置课外作业时,要求应明确具体,内容要典型、有代表性。难度较大的作业,应给与提示。布置预习内容时,应将本次学习内容和下次学习内容相联系,提出要求,做好引导。课堂时间一般为1~2分钟。

五、编写教案的要求

编写教案是一件复杂细致的工作,其思想性、技术性要求较高。因此,组训者在编写教案时,应在遵守训练大纲和训练指导法有关规定的前提下,强调针对性,注意适用性,讲究科学性,应着重做到以下几点。

(一)内容完整,层次分明

教案内容必须系统完整,既要系统反映课题教学的全部过程,又要把讲解、示范、演练的内容和实施方法全面具体地写清楚。只有这样,教案才具有可操作性。在内容完整的基础上,教案还必须注意层次分明。一是教学步骤要清楚;二是内容的阐述要条理化,逻辑性要强;三是重点要突出。整个教案的重点在于讲授新课,要集中精力写好这部分内容,在新课内容中抓住重点和难点,分配较多的时间,并进行细致的编写和周密的安排,保证对重点和难点问题讲深讲透,练熟练活。

(二)结构严谨,详略得当

结构严谨是指编写的教案一定要规范化。教案的形式要有统一的标准,避免出现漏项或不必要的项目。时间分配要科学合理,兼顾课时划分,各教学阶段的时间相加,必须与课题教学总时间相符。教案编写的内容要系统完整,但根据教学内容的复杂程度和组训者的自身素质情况,可以灵活调整教案内容的详略。一般情况下,若教学内容较为简单、组训者教学经验丰富和学术水平较高时,教案可以写得简略;反之,则应具体。承担组训任务的军士普遍比较年轻、任教时间短,实践经验不足,因此,教案尽可能采用文字记叙式结构,内容要翔实,重点要突出。

(三)文字精练,表述准确

文字精练,表述准确,是教案的突出特点。教案本身既是组训者组织教学的实施方案,又是组训者施教中的备忘录。当组训者需要提示时,教案要一目了然、便于查找。因此,教案中使用的教学语言,要认真推敲,反复斟酌,力求准确简练,生动形象,能使用军语尽量使用军语,并使文字语言口语化,以便于受训者理解和接受。

(四)反复修改,不断完善

教案编写完,并非一劳永逸,而应当反复修改,使教案内容不断完善,质量不断提高。在编写中,组训者应多向教学经验丰富、学术水平较高的组训者请教,取人之长,补己之短。教案完稿后,个人最好先进行几次试讲,检查教案是否可行,发现问题,及时进行补充和修改。另外,还要在教学实践之后,做好教学后记工作。后记工作是组训者对教案执行情况的总结,是实践之后再认识的过程。通过实践,往往会有更好的想法和做法,要及时充实到教案中。从实践中来,再到实践中去,循环往复,不仅会使教案越来越好,而且会使组训者的教学经验越来越丰富,教学质量越来越高。

第四节　制作运用课件

随着科学技术的进步,高科技在教学领域的应用,多媒体教学已成为现代教学的重要表现形式。多媒体教学具有直观、生动、多样、交互等特点,有利于组训者发挥主导作用,因材施教,提高受训者的学习积极性,从而提高教学效果。在多媒体教学中,最常用的是多媒体课件。

多媒体课件是根据教学大纲的要求和教学的需要,经过严格的教学设计,并以多种媒体的表现方式和超文本结构制作而成的课程软件。简单来说就是用来辅助教学的工具,组训人员根据自己的创意,先从总体上对信息进行分类组织,然后把文字、图形、图像、声音、动画、影像等多种媒体素材在时间和空间两方面进行集成,使他们融为一体并赋予它们交互特性,从而制作出各种精彩的多媒体应用软件产品。

一、多媒体课件的制作工具

制作多媒体课件的工具软件有很多种,常用的主要有 PowerPoint、Authorware、Director、ToolBook、Photoshop、Flash 等,其中最常用的是 PowerPoint。

PowerPoint 简称 PPT。PowerPoint 是美国微软公司推出的一种专门用于制作图形化幻灯片集的软件。该软件提供了众多功能和工具,能制作生动的、丰富多彩的幻灯片集,并能设置许多特殊的播放效果,能在计算机屏幕或投影机上播放,也可以用打印机打印出幻灯片或透明胶片。用 PowerPoint 制作的幻灯片不仅能演示各种效果的文字,还能加入图片、声音、图像、图表和视频影像等。PowerPoint 在直观性、简易性、易操作性和效果等方面的独到之处,使其成为目前最常用的教学辅助软件,用它制作的教学演示用的电子幻灯片,是最具实用性的一种。PPT 的缺点是实现较好交互效果的步骤比较烦琐。PPT 课件的使用一般也不需要特别的打包等处理,只需要注意使用时的音、视频文件与课件在同一路径。

二、多媒体课件的特点

(一) 表现力丰富

多媒体课件不仅可以更加自然、逼真地表现多姿多彩的视听世界,还能模拟宏观和微观事物,生动直观地表现抽象事物,简化再现复杂过程,等等。这样就使原本枯燥的教学活动充满了魅力。

(二) 良好交互性

多媒体课件不仅可以在内容的学习使用上提供良好的交互控制,而且可以运用适当的教学策略指导学生学习,更好地贴合"因材施教"的原则。

(三)极大共享性

网络技术的发展、多媒体信息的自由传输,使得教育资源在全世界交换共享成为可能。以网络为载体的多媒体课件,方便了教学资源的共享。多媒体课件在教学中的使用,提高了教学媒体的表现力和交互性,促进了课堂教学内容、教学方法、教学过程的全面优化,提高了教学效果。

三、PPT课件的制作方法

目前,组训教学中一般常采用 PowerPoint 制作电子幻灯片、构成多媒体课件。以下介绍用 PowerPoint 制作多媒体课件的步骤。

(一)框架设计

1. 选定母版背景

PowerPoint 的母版,就像是舞台的布景。无论演员在舞台前如何表演,其布景总是按照一定规律进行切换的。为了让演示文稿有统一的风格,在每张幻灯片上,我们可以设计一些固定的元素,如背景、标志、日期和时间等,将这些固定元素放到幻灯片的母版上,这样做出的页面就有了统一的布局,不仅节省制作时间,还能使课件变得风格统一、操作快捷。具体方法如下。

首先,单击"设计"菜单后执行"编辑母版"命令,进入幻灯片母版编辑界面。然后,选择相应的版式幻灯片,我们就可以像在普通幻灯片中一样进行设计,添加固定的元素并排列好位置。最后,单击浮动工具栏上的"关闭母版视图"按钮可快速返回普通幻灯片中。

如果需要设置统一的动画效果、幻灯片切换效果、幻灯片背景等,且效果需要从头到尾出现在演示文稿中,也可以在母版中设置。这样做的好处是无须对幻灯片逐个调整,十分便捷。

每个演示文稿中只能使用一个幻灯片母版,也就是说一个演示文稿只能有一种统一的风格。要使演示文稿具有不同的外观或页面设置,可使用超链接功能,从一个演示文稿跳转到其他演示文稿,或者在演示文稿中插入演示文稿,被链接或插入的演示文稿可以拥有不同的设计模板和幻灯片母版。

2. 确定框架结构

一套多媒体课件,应该按照教案的教学进程进行编排制作,以配合课堂教学。因此,制作多媒体课件应首先确定课件的框架结构。按照教学进程,一套多媒体课件至少包括以下几张:欢迎封面、课堂导入、讲授课目、内容提纲、教学重难点、教学目标、具体内容、课堂小结、布置作业、预习内容、感谢封底等。

3. 选取版式布局

单击"设计"菜单后执行"版式"命令,可根据需要选取幻灯片版式。选择好版式,输入的内容可以直接在大纲中显示。

（二）内容设计

1. 添加文本内容

通过幻灯片版式中自带文本框输入文字内容，或者通过插入文本框的方式添加文本，然后，根据教学内容呈现的需要，调整好文字的位置、字号、字体、颜色等，使得呈现的内容清晰醒目，颜色搭配协调。也可以整个演示文稿制作完成后统一调整。

2. 插入图片

插入图片的方法有很多种。

（1）通过插入选项插入。依次点击"插入""图片""本地图片"或"联机图片"，利用插入图片的对话框寻找本机上的图片或网络上的素材，选中需要的图片后点击"插入"。

（2）拖拽。电脑中保存目标图片，打开图片所在的文件夹，把它的窗口和演示文稿的窗口都缩小，同时并排呈现在电脑屏幕上。按住鼠标左键，把需要的图片拖入幻灯片编辑区。

（3）通过幻灯片版式中的图标插入。直接点击图片图标，弹出插入图片对话框，插入本机的目标图片。

（4）复制粘贴。找到合适的图片，单击鼠标右键，在弹出的菜单中点击"复制"，图片就复制到剪贴板中了，再回到幻灯片点击"粘贴"。

3. 插入幻灯片

要复制演示文稿中的幻灯片，在普通视图的"大纲"或"幻灯片"选项中，选择要复制的幻灯片，如果希望按顺序选取多张幻灯片，在单击时按 Shift 键；若不按顺序选取幻灯片，请在单击时按 Ctrl 键，然后右击鼠标，在弹出的快捷菜单中执行"复制幻灯片"命令，或者直接按下"Ctrl＋Shift＋D"组合键，则选中的幻灯片将直接以插入方式复制到选定的幻灯片之后。

4. 插入数学表达式

在教学中，经常要用到数学表达式，PowerPoint 与 Word 一样，也可以用公式编辑器。操作方法是：单击"插入"菜单，选择"公式"后再单击"公式编辑器"按钮，就可以编辑数学表达式了。完成数学表达式的编辑后，直接关闭"公式编辑器"窗口可以返回幻灯片编辑窗口，通过调整表达式窗口的大小来调整公式大小。

5. 插入视频文件

插入视频文件可采用以下两种方法。

（1）直接播放。

直接播放是将事先准备好的视频文件作为影片对象直接插入幻灯片中，是最简单、最直观的一种方法。使用这种方法将视频文件插入幻灯片中后，PowerPoint 只提供了简单的"暂停"和"继续播放"按钮，而没有其他更多的操作按钮可供选择，因此这种方法特别适合初次使用 PowerPoint 的用户。

运行 PowerPoint，打开需要插入视频文件的演示文稿并选择幻灯片。进入"插入"功能区，在"媒体剪辑"选项组中单击"影片"选项按钮，再选择下拉列表的"文件中的影片"选项，在随后弹出的"插入影片"对话框中将自己事先准备好的视频文件选中，并单击"确定"按钮，这样就能将视频插入幻灯片中。在选择播放操作方式时，可根据需要选择"单击鼠标"或"自动"播放。

用鼠标选中视频文件,将它移动到合适的位置,并调整窗口的大小。在播放过程中,如果想暂停,可以将鼠标移动到视频窗口中,只需单击视频文件就能暂停播放了。要继续播放,再用鼠标单击就可接着播放。

(2) 通过控件播放。

这种播放方法就是将视频文件作为控件插入幻灯片中,然后通过修改控件属性来达到播放视频的目的。使用这种插入方法时,可以实现在普通的媒体播放器中播放视频的效果。下面介绍一下这种方法的操作过程:

运行 PowerPoint,打开需要插入视频文件的演示文稿并选中幻灯片。打开"其他控件"对话框,在对话框选择"Windows Media Player"选项,再在幻灯片的编辑区中,画出一个合适大小的矩形框,随后该矩形框就会自动变为"Windows Media Player"播放界面。

右键点击该界面,从弹出的快捷菜单中选择"属性"命令,打开该媒体播放的属性设置对话框。在这个对话框的"自定义"右侧单击"…"按钮,打开"Windows Media Player 属性"对话框,在"文件名或 URL"右侧文本框中输入需要插入幻灯片中的视频文件的全路径以及视频文件名,也可以单击"浏览"按钮后搜索。然后单击"确定"按钮退出。

为了让插入的视频文件更好地与幻灯片组织在一起,还可以修改属性设置界面中的位置控制栏、播放滑块条以及视频属性栏。

在播放过程中,可以通过媒体播放器中的"播放""停止""暂停"和"调节音量"等按钮,对视频的播放进行控制。

以上操作方法同样适用于音频文件,可以用来实现对音频的播放控制。

6. 插入可实时计算的电子表格

在需要进行实验操作的学科教学过程中,我们所制作的课件经常需要插入一个电子表格,根据测量的实验数据自动进行相关计算。我们可以利用 PowerPoint 的控件来做这个工作。其步骤是:

首先,在 PowerPoint 中单击"开发工具"菜单,单击"控件"选项组中的"其他控件",选择"Microsoft Office Apreadsheet 11.0"控件,在幻灯片中画出一个矩形后便出现一个表格框。接着,右击该表格,在出现的快捷菜单中指向"Microsoft Office Apreadsheet 11.0 对象"后执行"编辑"命令,可以输入表格的标题栏、数据和公式,并进行排序等操作。单击电子表格窗口中的"命令和选项"按钮,对表格进行相应的设置,还可以通过"导出到 Microsoft Office Excel"命令保存表格。右击该表格,在出现的快捷菜单中执行"属性"命令,可以根据需要设置有关属性。

在放映幻灯片时,我们仍然可以对表格进行编辑,这样我们就可以实时处理搜集的数据了。利用该控件,我们还可以制作小组竞赛评分系统等需要进行数据处理的幻灯片,增强课件的交互功能。

7. 插入 Flash 动画

Flash 动画以其功能强大、占用存储空间小等优势受到广大组训人员的喜爱,在 PPT 课件中插入 Flash 动画将会更好地提高课件的交互性。下面介绍两种方法供大家参考。

(1) 插入 Flash 动画的超链接法。

运行 PowerPoint,打开要插入 Flash 动画的幻灯片。

在其中建立一个连接 Flash 文件的对象(可以是文字或者图片等)。用鼠标右击该对象,在弹出的快捷菜单中执行"超链接"命令,在弹出的"插入超链接"对话框中,选择链接到的对象为"原有文件或网页",然后选择要链接的 Flash 动画文件,最后单击"确定"按钮返回幻灯片编辑窗口。

放映幻灯片时,当鼠标单击设置了超链接的对象时,就会弹出"是否打开此文件?"的对话框,单击"确定"按钮后,系统便会调用 Flash 播放器来播放动画。

这种方法插入的 Flash 动画,在幻灯片播放时会另外弹出一个窗口即 Flash 播放器窗口,需要及时调整 Flash 播放器窗口的位置与大小,并且会遮住 PowerPoint 幻灯片上的内容,有些与课件整体分离的感觉。

(2) "Shockwave Flash Object"控件法。

打开 PowerPoint,切换到要插入 Flash 动画的幻灯片。

单击"开发工具"菜单,在"控件"选项卡上单击"其他控件",在弹出的 ActiveX 控件窗口的控件列表中找到"Shockwave Flash Object"并单击,此时系统会自动关闭控件窗口。

将光标移动到幻灯片的编辑区域中,光标变成十字形,按下鼠标左键并拖动,画出适当大小的矩形框,这个矩形区域就是播放 Flash 动画的区域。

在矩形框上右击鼠标,在出现的快捷菜单中执行"属性"命令后会弹出"属性"窗口,在"Movie"一栏右侧的文本框中直接输入 Flash 动画的路径,必须包括后缀名".swf"。如果 Flash 动画与 PowerPoint 文件处于同一目录中,可以只输入 Flash 动画的文件名,即使用相对路径。我们推荐使用相对路径,这样在课件的整个目录移动后不会出现找不到 Flash 文件的问题。

其他的项目采用系统默认值即可,最后关闭"属性"窗口,返回幻灯片编辑窗口。

这种方法虽然设置比较复杂,但是动画直接在 PowerPoint 幻灯片中播放,便于控制,而且动画与课件融为一体。Flash 动画在播放时,鼠标处在 Flash 播放窗口时响应 Flash,处在 Flash 播放窗口外时响应 PowerPoint。

8. 插入对象的路径问题

在 PPT 中,经常会用到影片、音乐、Flash 动画等素材。这类素材与图片或绘图文件嵌入 PPT 中不同,它们是被链接到 PPT 中的。如果要在另一台计算机上播放带有链接文件的 PPT,必须在复制该 PPT 的同时复制它所链接的文件,同时还要注意链接文件的路径问题。我们可将其保存在与 PPT 相同的文件夹中,调用时采用相对路径。否则会出现在办公室或家中制作好的课件,用多媒体教室的电脑播放时课件里的影片、音乐、Flash 动画却不能正常播放的现象。

9. 实现图片缩略图效果

在制作课件时,我们会遇到这种问题:因为某种需要,把图片做成缩略图排列在幻灯片中,需要观看时,用鼠标单击这些缩略图,图片就会自动放大占满整个屏幕。但是显示窗口的大小限制了图片,不可能用大图罗列。我们可以这样解决。

在需要操作的幻灯片中,依次执行"插入"/"对象",在弹出的"对象类型"对话框中选择新建"Microsoft Office PowerPoint 演示文稿",然后单击"确定"按钮,在当前幻灯片中插入一个新的编辑区域。双击此编辑区域,插入所需的图片并设置自定义动画效果,再将图片调整为整个幻灯片大小,然后退出编辑。这时,我们发现图片成了一张缩略图插入课件中,可以调整图片的大小和位置。执行"幻灯片放映"命令,单击缩略图,就会自动弹出全屏幕的大图,再次单击,大图就会变回缩略图。为了避免多次操作,我们只需对做好的图片进行复制,然后用其他图片替换它,替换的图片也拥有同样的效果。

10. 快速将 Word 文档整理成 PowerPoint 文档

我们常常会先用 Word 编辑教学设计,然后再复制其中的要点文字到 PPT 中。但逐一复制 Word 中的文字非常烦琐,我们可用下面的方法快速将 Word 文档整理成 PowerPoint 文档。

首先,将需要转换成幻灯片的文字复制到"记事本"中进行整理,这样可以去除文字原有的格式。将文字整理成"标题＋正文"的形式,中间用回车分隔。

其次,新建一个演示文稿,切换到大纲视图,将记事本中的所有文字粘贴到大纲视图中。此时所有的文字都成了幻灯片中第一页的标题。

最后,在正文所有段落的结尾处敲回车键,将幻灯片分成若干页,然后在每页中标题结尾处先敲回车键再按 Tab 键,将文字进行降级,即把标题降级为正文,反之可按 Shift＋Tab 来升级。

至此,PPT 中的内容便制作完成,最后就是放映设计。

(三) 放映设计

1. 自定义动画

如果幻灯片的内容需要设置动画效果,可先选定幻灯片的某个内容方框,然后在菜单栏选择"幻灯片放映"下的"自定义动画",根据需要添加进入或退出的效果和顺序。

2. 幻灯片切换

如果幻灯片切换需要设置动画效果,可在菜单栏选择"幻灯片放映"下的"幻灯片切换",根据需要选择效果。

3. 超链接设计

放映 PPT 课件时的默认顺序是幻灯片的先后次序,但通过对幻灯片中的元素进行"动作设置"或"超链接",可以改变线性放映方式,使直线型的教学流程变为多种途径的树状流程,从而提高课件的交互性。方法如下。

(1) 利用动作按钮交互。

打开演示文稿后,定位到需要设置动作的幻灯片,单击"插入"菜单,在"绘图"选项组中单击"形状"选项,然后在列表中选择"动作按钮"组中的一个形状,将鼠标移到幻灯片编辑区,按下左键拖动绘制出动作按钮。在弹出的"动作设置"对话框中选择"单击鼠标"或者"鼠标移过"选项卡,即可在其中设置跳转的动作,完成后单击"确定"按钮退出设置。

如果是链接到另外的幻灯片或者其他视频文件,应选择"超链接到"单选按钮,单击右侧的下拉箭头,然后在列表框中选择要链接到的幻灯片或者文件。如果是转到某个程序的执行,应选择"运行程序"单选,然后在右侧文本框中输入要运行的程序所在的全路径和程序文件名。若不记得路径,可单击"浏览"按钮选择这个要运行的程序文件。

(2) 利用图形、文本对象交互。

在要设置动作的图形对象上单击选中或者选定要设置动作交互的文本,在"插入"功能区单击"动作"按钮,打开"动作设置"对话框,对话框中的设置与"利用动作按钮交互"相同。

(3) 利用超链接交互。

利用"超链接"同样可以实现交互式放映,功能与前述"动作"交互类似,只是设置环境有差别。方法是选中插入"超链接"的对象(文本、图片、形状等),在"插入"功能区单击"超链接"选项按钮,也可以直接右击对象后在快捷菜单中选择"超链接"命令,弹出"插入超链接"对话框。在弹出的对话框中进行超链接的目标的指定等设置,最后单击"确定"按钮退出。

"链接到"下方的"原有文件或网页"包含3个选项。"当前文件夹"指你刚才使用的文件夹下的对象列表,"浏览过的网页"指近段时间打开过的网页,"最近使用过的文件"指在近段时间打开过的所有文件。"本文档中的位置"仅限于当前文档的标题列表(必须是本软件认可的标题样式),若幻灯片中没有规范的标题则依次编为"幻灯片××"。"新建文档"指可以立即新建一个文档作为超链接的目标。

四、多媒体课件的制作要求

随着多媒体教学的普及,多媒体课件在教学中扮演着重要的角色,甚至直接关系着教学效果的好坏。因此,结合具体的课堂教学,多媒体课件在制作过程中应注意以下几个方面:

(一) 主体鲜明,脉络清晰

课件模板选用与内容相适应的颜色、类型。比如政治类教学课件通常选用红色系的课件模板。每张幻灯片的模板要统一风格和色彩。

课件通常第一张为封面,要较为醒目,体现出课程名称、授课人和所在单位。第二张是导入课程,可显示导入的内容,如问题、图片、案例等。之后应是教学提要部分,包括授课课目、教学内容、教学重点、教学难点、教学目标等内容。以下的幻灯片就是讲授的内容,讲授内容可分多张幻灯片显示,每张幻灯片内容不宜过多。然后,应是课堂小结、思考作业、预习内容等。整个课件应该脉络清晰,环节完整。

(二) 内容准确,有教育性

多媒体课件与一般的软件不同,主要用于教学。它要符合课程标准的规定,符合教学目标和教学要求。其设计和制作的目的是帮助受训者掌握专业理论知识并培养一定的专业技能。因此,教育性是多媒体课件的最首要和最根本的属性,要有明确的教学目标、要有特定的教学对象、要有生动活泼的教学形式、要有助于突出重点和突破难点、要突出教学的启发性。

首先,课件的内容应该准确,不能出现错误,比如不要有错别字,图片与内容要搭配合理,照片要注意实效性。其次,好的内容需要有好的形式来支撑,光有好的内容没有好的形式,就很难得到人们的喜欢和关注。因此,在确保内容准确的前提下,要注意幻灯片版式,如字的大小要适宜,标题的字应该大些,通常使用36号以上字号。不同内容可用不同字体表示,通常黑体比楷体、宋体要清楚、醒目,可用于表示重点内容。同一级标题内容要注意对齐,使层次清楚、整体协调。为了清晰醒目,字间距可较小,行间距应较大。

另外,幻灯片上的文字或图片都应有意义,不要有无关内容。一般来说,表格比文字的显示效果好,图片比表格的显示效果好,动态比静态的显示效果好,有声的比无声的显示效果好,简洁的比繁复的显示效果好。因此,可根据授课思路选择图表、图片、视频、音频、动画等。

（三）色彩搭配，清晰醒目

"这种颜色好看，那种颜色不好看。"有时我们会认为颜色是独立的，这是蓝色，那是红色，但事实上，颜色不可能单独存在，它总是与另外的颜色产生联系，就像音乐的音符，没有某一种颜色是"好"或"坏"的。只有与其他颜色搭配作为一个整体时，我们才能说协调或者不协调。因此，课件要注重文字和背景的色彩搭配。一般来说，黑白、蓝白、黑黄、蓝黄、绿白两两搭配清晰醒目，识别度较高。

（四）动画多样，表现力强

幻灯片设置自定义动画，可使整个课件动画形式多样，增强吸引力。但要注意动画形式的设定应与内容相适应，单纯追求形式，反而影响内容的表达。

（五）跳转灵活，交互性强

一个设计完备的多媒体课件，可以满足使用者的需要在各内容间跳转，给予充分的控制权。设置超链接可使幻灯片内部灵活跳转，把直线型教学转变成树状型教学，便于灵活调整教学。

（六）播放流畅，讲放结合

对课件的演播和运行的要求是：环境适应性强，运行可靠；演播可控性好，能进行实时控制；声画同步，视听接收效果好。

课件是为了配合讲授，使讲授内容能形象直观地呈现。因此，要注意讲授内容与播放课件的相互配合。不要照念课件内容，也不要把课件置于一旁，课件要播放流畅，与讲授融为一体。

五、多媒体课件使用注意事项

（一）形式为内容服务

形式为内容服务，是教学的一个基本原则，多媒体课件也不例外。组训者在制作课件时，应根据教学内容的性质和特点，选择恰当的技术手段和表现形式，充分利用多媒体特点为教学内容服务，做到化繁为简、化难为易、化抽象为具体、化晦涩为通俗。切忌设计与制作课件时，不顾教学内容是否需要，片面追求媒体形式的"全"，过于注重视觉效果，过度渲染画面，添加过多无关信息。最后教学虽然很热闹、很生动，但实际教学效果不好。

要时刻记住并不是视频越多、图片越多、特效越多，多媒体课件效果就越好。课件只能是助手，不能超越组训者而独立存在，也就是说不能喧宾夺主，要做到画面繁简适宜，与教案的重点、难点结合起来。该多的时候一定要紧扣教学内容，不能让受训者分散注意力。不该多时一定要简。

（二）注意提高设计与制作效率

运用多媒体课件教学，提高教学效果，这是显而易见的，但是也要充分考虑到效率问题。在制作课件时，对于用较为简单易懂的方法能说明的问题，就不一定非要用多而全的媒体形式,花费大量时间和精力。采用多媒体课件虽然能够取得一定的教学效果,但是如果因此而忽略了在教学内容上下功夫,就会影响整个教学效果,得不偿失。

(三) 以促进学习为主

教与学的关系,是教学过程中需要处理的一对矛盾。多媒体在促教和促学这两个方面,既要兼顾,又要突出重点。采用多媒体教学,重点是帮助受训者理解、提高学习效果。在设计与制作课件时,组训者要尽量减少自我表现,实现在组训者指导下,受训者自主学习的目的。

(四) 不排斥传统教学手段

多媒体教学与传统教学手段之间,不是取而代之的关系,而是相辅相成、协调发展的关系。对于传统教学手段难以表现的效果,应以多媒体教学为主,以传统教学手段为辅助,并给组训者一定的选择自由。

第五节　课堂组织管理

课堂组织管理是指组训者通过协调课堂内的各种教育因素而实现预定教学目标的行为,是课堂教学顺利进行的基本保证。没有有效的课堂组织管理就难以取得良好的课堂教学效果。课堂组织管理是一项融科学性和艺术性于一体的富有创造性的工作。要做好这项工作,组训者不仅要懂得课堂教学规律,掌握一定的教育学、心理学知识,还必须学会课堂组织管理的技巧。

课堂教学中集合、交织着各种教学因素以及这些因素形成的各种关系,要使之形成一个有序的整体,从而保证课堂教学活动的顺利进行。课堂组织管理的内容是多方面的,一般来说至少包括以下两方面:一是课堂教学管理,如课堂教学节奏、课前、课中的管理和受训者学习的指导与管理等;二是课堂纪律管理,如对受训者问题行为的矫正,课堂秩序的建立和维护,人际交往的引导,群体心理气氛的营造等。

一、课堂组织管理的作用

课堂组织管理与教学紧密结合在一起,对教学活动的效果有显著的影响。具体来说,课堂组织管理在教学活动中具有以下积极作用。

(一) 有利于课堂教学的顺利开展

良好的课堂组织管理可以最大限度地满足课堂内个体和集体的合理需求,形成积极良好的课堂学习环境,激励受训者的参与精神,激发受训者释放潜能,从而圆满地达成教学目标,完成教学任务。

良好的课堂组织管理对教学活动有积极的促进作用,这种功能的发挥既不取决于强制手段,也不依赖于乞求和劝说,而是通过组训者教学及管理艺术水平的发挥来体现的,主要通过以下途径实现。

(1) 根据受训者学习情况的变化及思维特点和认知特点调整受训者的注意力,如巧设疑问,启发诱导,有效地设计和组织课堂教学活动。

（2）采取一定的激励手段,调动受训者学习的主动性,促使受训者积极参与教学活动。

（3）促使组训者与受训者形成和谐民主、团结合作的教学关系。

（4）合理的课堂行为规范,培养受训者的自律意识和行为习惯。

（5）培养受训者解决课堂群体问题的技能。

（6）在受训者间建立团结友爱的良好人际关系,形成积极向上的良好学风。

（二）有利于维持课堂教学的秩序

组训者通过一定的管理手段,持久地维持课堂教学的基本秩序,维护稳定健康的教学环境,经过教学双方的共同努力完成教学任务,实现教学目标。

在教学过程中,由于经常会出现各种新的问题和各种偶发性干扰事件,因此,及时预见并排除各种不利因素,有效维持正常教学秩序,对教学活动的顺利进行有重要意义。组训者在课堂组织管理中应增强心理准备,运用教育机智巧妙化解、排除各种课堂偶发事件,按预定计划进行课堂教学。

另一方面,不良的课堂组织管理方式也会激化课堂教学中的冲突和矛盾,干扰正常的教学秩序,妨碍教学任务的顺利完成。这是组训者在课堂组织管理中应避免的。要消除课堂管理的负面影响,组训者就要加强学习,不断提高自身课堂管理能力,了解受训者,帮助受训者形成良好的课堂行为规范和群体心理气氛,使课堂秩序建立在受训者自觉自愿的行为基础上。

由于课堂组织管理水平对教学活动有重要的影响,因此组训者在课堂组织管理过程中应最大限度地发挥课堂组织管理的有效作用。

二、课堂观察技巧

课堂观察是指组训者下意识或有目的察觉受训者的认知、情感和行为等课堂表现。课堂观察是获取反馈信息的重要渠道,也是组训者调整管理措施、实施有效管理的前提条件。

（一）课堂观察的内容

课堂观察主要包括对受训者课堂认知能力、学习态度及注意力状况、情绪表现和人际交往等方面的观察。

1. 观察受训者的认知能力

着重观察、判断受训者理解知识的能力,语言表达是否连贯流畅,回答问题的速度和准确性,独立分析问题的能力,以及受训者能否跟上组训者的思路等。

2. 观察受训者的学习态度

组训者可以通过观察受训者在课堂中发言情况以及听课的专注程度等,来判断受训者的学习态度是否积极,注意力是否集中。这些信息对组训者控制课堂活动是十分有用的。

3. 观察受训者的情绪表现和人际交往

组训者可观察受训者在回答问题或练习时是否胆怯、恐惧,对学习活动是否焦虑或不耐烦,有无退缩、冷漠,与同学能否融洽相处,有无挑衅行为等。

通过以上几方面的观察,组训者就可以对教学的掌握程度、教学进程是否适当做出判断,据此来调整教学活动。

(二) 课堂观察的技巧

课堂观察的技巧主要有以下几个方面:

1. 有意识、有目的地观察

在授课时,组训者要有意识、有目的地观察和把控整个教学过程,根据观察到的情况随时对课堂活动做出调整。

2. 全面观察与重点观察相结合

组训者在课堂观察过程中,既要眼观六路,耳听八方,对课堂中的情况加以全面掌控,同时还要根据课堂情境的特点和受训者表现,对课堂活动的某些方面或某些受训者的行为进行重点观察。

3. 保持观察的自然状态

组训者的观察应自然融入教学,既要有意识观察,又要不露明显痕迹,不对受训者形成明显压力,不干扰受训者的正常学习活动,不让受训者认为组训者处处在监视自己。

4. 排除各种主观倾向,进行客观观察

组训者的课堂观察,一定要避免标签效应,排除主观倾向。例如:组训者一旦发现某个受训者做了错事或有不良习惯,就急于下结论,贴出负向标签。这个标签在很长一段时间难以揭下,并可能传递给其他组训者而影响他们对这位受训者的印象。

三、课堂控制的技巧

课堂控制的目的是更好地控制和改进课堂活动,因此,掌握一些必要的课堂控制技巧也是十分重要的。

(一) 应付课堂偶发事件的技巧

在课堂组织管理中,偶发事件是最令组训者头疼的事。组训者判断形势和选择处置方法的时间是短暂的,需要组训者尽快做出反应。这既需要组训者的经验和机智,也需要技巧。一般来说,应付偶发事件的办法有三种,即冷处理、温处理和热处理。

1. 冷处理

冷处理,即组训者面对偶发事件处之泰然,以冷静的方式加以处理。常见的冷处理方式有发散、换元和转向三种。发散处理指组训者将全班受训者视线的焦点从偶发事件上发散开,避免事件继续成为关注的焦点。换元处理指组训者巧妙地将发生的事件转为教育的材料,借助事实启发受训者。转向处理即组训者用新颖别致的方式,将受训者的注意力引到组训者所安排的问题上。

2. 温处理

温处理,即组训者对自己疏忽所造成的不利影响,例如板书错别字、发音错误等引起的课堂骚动等,应态度温和地及时处置,并自然过渡到原教学程序。

3. 热处理

热处理，即组训者对一些偶发事件趁热打铁，加以严肃批评教育和果断制止，然后尽快转入正题。这种处理方式主要是针对严重扰乱课堂秩序和屡教不改的违纪行为。运用这种处理方式应注意：

(1) 不可长时间中断教学，以免因局部问题影响教学计划任务的落实。

(2) 批评时不要有粗鲁和威胁性语言，避免出现"顶牛"现象，即争持不下或互相冲突。

(3) 批评应围绕一个中心，不要多方非难，要特别注意避免出现"波浪效应"，即因指责一个受训者而波及他人。

(4) 组训者应避免对受训者过于苛刻而大加指责。

(二) 处理课堂问题行为的技巧

在课堂教学中，受训者的问题行为是多种多样的，因此处理问题行为的方式也是灵活多样的。一般来说，处理课堂问题行为的技巧主要有以下五种。

1. 暗示控制

当受训者出现注意力涣散、做小动作、交头接耳等问题时，组训者可以通过一定的暗示动作来提醒、警告，从而在不影响他人的情况下实现控制的目的。例如，用目光注视有不恰当行为的受训者，直到他停止了这种行为；或者组训者走到他的身边稍停一会；等等。

2. 提问同桌

当受训者有不恰当行为时，组训者可通过提问该受训者的同桌或邻近的受训者来提醒和警告他，这样可以避免突然直接提问该受训者可能引起的尴尬。

3. 调节气氛

当课堂气氛沉闷，受训者注意力下降时，组训者可通过讲述与教学内容相关的故事或用几句幽默有趣的话来调节气氛。

4. 创设情境

当受训者疲劳，不专心听讲时，组训者可适当创设一些活动情境让受训者参与，如小竞赛、小表演、小制作等，以达到激发兴趣、提高效率的目的。

5. 正面教育

如果以上方式都不奏效，组训者对严重扰乱课堂秩序的受训者就要从正面加以严肃批评，指出其缺点，制止不良行为。当然，正面批评要坚持晓之以理，尊重受训者，批评时要避免情绪激动、言辞尖刻，以免扩大事态，影响正常教学。

除以上提到的技巧外，还有许多有利于课堂组织管理的技巧、方法。例如，记住受训者的名字、籍贯可以加强管理中的情感联系；让受训者发现自己的进步，有利于调动其积极性；调整教学内容、方法，可以给受训者新奇感，引起其学习、思考的兴趣；等等。这些技巧运用得当，都能产生积极的管理效益，有效促进教学活动。但是，课堂组织管理的效果如何，最终还是取决于组训者的综合素质，以及是否能正确地掌握课堂组织管理知识和技巧，并在实践中灵活地、创造性地加以运用。

(三) 受训者课堂注意的调控

受训者课堂注意是指受训者在课堂上对教学对象的选择与注意力集中的程度。注意的对象既可以是外部事物,也可以是受训者自身的内部心理世界。有关研究发现,注意是心理活动对信息的一种复杂的选择或过滤过程,受训者的课堂注意状态直接影响着课堂活动效率和课堂纪律状况。从这个意义上讲,加强受训者课堂注意的调控,集中受训者听课的注意力是提高课堂效率、减少受训者问题行为的治本方案。

1. 利用无意注意对课堂进行调控

依据注意的自觉程度,受训者的课堂注意一般可分为无意注意和有意注意。受训者的无意注意容易受外界因素的影响,特别是一些新出现的刺激因素更容易引起受训者的无意注意。要充分利用这些特点对受训者的注意加以调控。例如,注意课堂环境的布置,将暂时不使用的实验仪器、标本、挂图等教具收起来;衣着庄重得体、整洁利落,维持正常的课堂秩序;等等。当需要引起受训者的无意注意时,组训者则可借助生动的标本、鲜艳的图片、新奇的实验演示等刺激引导受训者。调控无意注意的关键,是通过活动的强度、节奏和新奇程度等变化,始终将受训者的注意集中在需要的对象上。

2. 利用有意注意对课堂进行调控

影响受训者有意注意的因素主要是学习的目标及对学习目标的理解程度。一般来说,受训者学习目标越明确,对学习的目的理解越深刻,就越有助于引起和保持受训者的有意注意。因此,加强课堂教学的目的性,是提高受训者有意注意的重要手段。实践表明,设定具体的课堂学习目标,阐明所学知识的价值,进行课堂活动目标导向,有助于调动受训者的有意注意;根据教学内容特点,适时提出要求,对教材的重点、难点加以强调,有助于引导受训者的有意注意;设疑质疑,提出问题,也有助于调动受训者的有意注意。

3. 利用辅助方法对课堂进行调控

(1) 声音控制法。声音控制指组训者通过变化的语调、音量、节奏和速度,来引起和控制受训者的注意。例如,讲话速度的变化有助于引起受训者的注意,在讲解中适当加大音量,放慢速度,则可以起到加强注意和突出重点的作用。

(2) 眼神和表情控制法。组训者眼神和面部表情的变化也可以起到控制受训者注意的作用。例如,组训者与受训者的目光接触可以表达组训者对受训者的暗示、警告和提示,体现期待、鼓励、探询、疑惑等情感。组训者面部表情、头部动作、手势及身体的移动也传递着丰富的信息,有助于沟通组训者与受训者间的交往,调控受训者的注意。

(3) 停顿刺激法。在讲述一个事实或概念之前做一个短暂的停顿,也可起到对受训者听觉的刺激作用。适当的停顿,可以产生明显的刺激对比效应,喧闹中突然出现的寂静,可以紧紧抓住人的注意,停顿的时间以三秒为宜。

(4) 变化教学媒体法。在课堂教学中,受训者主要通过看文字和听语言来进行学习。这种单一的信息传递容易引起疲劳,教学效率也容易受到干扰。因此,组训者根据需要适当变换教学媒体,通过图表、实物、幻灯、影视、电脑等多种媒体的交叉使用,充分调动受训者的各种感官去获取信息,实现信息传递的多渠道化,不仅可以有效地控制受训者的注意力,提高受训者对知识的感知度,而且有利于其对知识的记忆、理解和应用,促进由记忆向能力的转化。

（5）变换活动方式法。实践证明，变换课堂活动方式可以调动和集中受训者的注意力，提高课堂教学效率。例如，由组训者讲变为受训者讲，由静止的学变为在动手过程中的学，由集体听课变为小组讨论等，都会给受训者以新奇的刺激，强化受训者的注意，激发参与的兴趣，进而达到提高教学质量的目的。

第六节　课堂教学心理

教学过程是组训者的教与受训者的学双边互动的过程，它既是信息传递的过程，也是人际沟通的过程。在信息传递的过程中，存在着信息的损失。想要表达的信息是100%，实际表达出来的可能只有80%，别人听到的可能只有60%，听懂的可能只有40%，记住的可能只有20%，最后可执行的就更少了。造成信息损失的原因是，一方面，组训者语言表达能力的局限，不能把想要表达的信息完全表达出来；另一方面，受训者没有认真听或听了不能理解或理解了不能记住或记住了不能执行，因而又损失一部分。所以，在教学过程中，不愿听、听不懂、记不住等问题普遍存在，作为组训者必须注重心理规律的运用，从而解决这些问题。

一、注意规律

在教学过程中，受训者为什么不愿听呢？其主要原因在于组训者没有很好地吸引受训者的注意，受训者还没有进入学习的状态。

（一）注意的概念

注意是意识的一个属性，是人的心理活动或意识对一定事物的指向和集中。俄国教育家乌申斯基说过："注意是一扇门，凡是外界进入心灵的东西，都要经过它。"注意就好像是意识的聚光灯，使感觉清晰；它作为外部信息进入主观的阀门，使中枢做好准备对刺激进行反应。可以说，注意是高级心理活动的条件。

注意是心理活动的一种积极状态，具有指向性和集中性。注意的指向性是指心理活动选择某事物为对象而离开其他事物；集中性是指注意时"全神贯注"，它表现在心理活动的紧张或强度上。指向性和集中性紧密相关，当全神贯注于某一事物时，人的意识指向的范围就大大缩小。

注意对于心理活动有特殊意义。其基本作用在于选择信息，使输入的信息处于心理活动或意识的中心，以便能被有效地记录、加工和处理。

（二）注意的种类

根据引起注意及维持注意的目的是否明确和意志努力程度的不同，可把注意分为三类：不随意注意、随意注意和随意后注意。

1. 不随意注意

不随意注意也叫无意注意，它是没有预定目的、无须意志努力、不由自主地对一定事物所产生的注意。不随意注意是人和动物都具有的初级注意，它没有明确的目的，不容易引起疲劳,比较轻松和随意。

引起不随意注意的原因包括刺激物本身的特点及人自身的状态。一般地说,刺激物强度较大、与周围环境形成鲜明对比而有新奇性、具有运动性或富于变化等,都易于引起不随意注意。另一方面,人们自身的主观状态,如需要、兴趣、情绪、态度以及对事物所持的期待等,也都影响人们的不随意注意。

2. 随意注意

随意注意又称有意注意,是有预先目的、必要时需要意志努力、主动地对一定事物所产生的注意。我们要学习一种新的知识,完成某项任务,就需要把注意力积极投入对象上去,需要付出努力,甚至需要克服困难,以使注意指向、集中于当前对象。

随意注意是在不随意注意基础上发展起来的,受多方面因素的影响,包括活动的目的与任务、对活动的兴趣和认识、人的知识经验、活动的组织、人的性格及意志品质等。随意注意是一种高级的注意形式,目的明确,所以活动效率比较高,但由于要时刻集中精神,容易使人疲劳。

3. 随意后注意

随意后注意又称有意后注意或继有意注意,它是一种有自觉的目的,但无须意志努力的注意,因此,它兼有不随意注意和随意注意两方面的某些特点。比如,人在初学一项技能时,原本不感兴趣,但为了工作需要,不得不付出很大努力去学习。这时他的注意就是随意注意。但很快学习入了门,也有了兴趣,即使不用付出意志努力,也能继续学习,这时的注意就是随意后注意。

(三) 注意的基本品质

1. 注意的广度

注意的广度也就是注意的范围,是指人们在同一时间内所能清楚地把握的对象的数量。研究表明,视觉的注意广度大约是 5～9 个对象。对于不同对象,广度也会不同。被注意的对象越集中,排列得越有规律,注意的广度也越大。此外,注意的广度还与活动任务、知识经验、情绪状态等因素相关。

2. 注意的稳定性

注意的稳定性是指注意在一定时间内相对稳定地保持在注意对象上。由于人的感受性不能长时间地保持不变,总是间歇地加强和减弱,因此注意力也表现出时高时低的周期性变化,我们称之为注意的起伏。注意的起伏是正常的注意现象,它具有防止疲劳、提高注意稳定性的作用。

3. 注意的分配

注意的分配是指在同一时间内,把注意分配到两种或两种以上不同的对象或活动上。比如,受训者上课时需要边听讲边记笔记,必须把注意分配到两种活动中。注意进行分配是有条件的,注意的分配通常在不同感觉通道进行,同时进行的几种活动的复杂程度、熟悉程度、自动化程度影响注意分配的难易程度。

4. 注意的转移

当环境或任务发生变化时,注意从一个对象或活动转到另一对象或活动上,这叫注意的转移。注意转移的质量和速度依赖于前后活动的性质、强度和人对前后活动的态度。如果人们觉得后面的活动有趣,便很容易转移,反之则困难。

(四) 注意规律在教学设计中的运用

人们认识世界、获取知识都是由注意开始的。在教学过程中,为了提高教学质量,需要通过各种途径唤起受训者的注意。

1. 运用不随意注意的规律设计教学

上课时,组训者在讲台上展出一个新模型,受训者自然就会注意这个模型。此外受训者对组训者的外表形象、习惯性动作、讲课的声音、板书等都较为注意,这些都属于不随意注意。要引起受训者的不随意注意,可从引起不随意注意的两个原因入手进行教学设计。

利用刺激物本身的特点,组训者在讲课时每次都要增加新的内容,变更讲述的方式,使内容有新意。在讲课时应当注意音量大小和语速快慢、突出重点、加强语气并辅以必要的手势和表情,并且讲课时配以新颖的多媒体课件、新奇的教具模型。在创造条件吸引受训者注意的同时,也要尽量消除分散受训者注意的因素,如保持教室周围的安静,教室布置要简朴,保持学习的氛围,组训者避免过多的小动作和无关内容讲述等。

从人的内部状态下功夫,教学设计尽量满足大多数人的需要、兴趣、情绪等。对此,可先让受训者观看一些视频,通过形象直观的声光刺激,激起受训者的兴趣和情绪反应,从而激发受训者的学习动机。例如,由近现代历史案例入手,让受训者深刻领悟"落后就要挨打"的道理,从而认真学习。

2. 运用随意注意的规律设计教学

学习是一种复杂和劳累的活动。仅凭不随意注意难以完成学习任务,必须培养受训者的随意注意。要维持稳定的随意注意,可从以下方面入手。

(1) 明确目的、任务和意义,以便引起随意注意。

研究表明,对活动的目的、任务、意义理解得越清楚、越深刻,完成的愿望越强烈,就越能引起随意注意。在讲授新课时,组训者应明确新课的目的、任务和意义,或者在新单元开始时明确提出要解决的问题,在讲解教材难点时预先说明问题的复杂性和重要性,利用间接兴趣引起受训者对教学活动的注意。

(2) 给予信号,适时提醒和适度批评。

当受训者注意力开始分散时,我们可以发出注视、暂停讲课或摇头示意等信号,对注意力涣散的受训者予以适时提醒。如果提醒不能起到作用,可直接给予批评。

(3) 提出问题,强制注意。

组训者的提问能引起受训者的随意注意。提问应面向全体,可以指名让不注意听讲的受训者回答,引起受训者的随意注意。

(4) 重复强调。

在重点内容上加强语气,或者重复讲解,都可起到强调的作用。适当的强调可以引起受训者的随意注意。

3. 运用不随意注意和随意注意相互转换的规律设计教学

为了更好地提高受训者的学习效率,在教学中,组训者应当考虑使受训者的不随意注意和随意注意有节奏地交替轮换。一般来说,上课之初,组训者通过整队、报告、下达教学任务、明确目的、提出要求等手段吸引受训者的随意注意,将他们的思绪从课间拉回到课堂,使一节课有个良好的开端;通过课程导入、多媒体展示来激发受训者的兴趣,使之产生不随意注意;课中通过提问等方式,让受训者认真思考与理解,加强随意注意;同时注重联系受训者的实际,满足他们的需要,增强他们的体验感,从而产生不随意注意;在一节课要结束时,受训者注意力容易分散,组训者总结所学内容,提出要求,使受训者保持随意注意,再布置作业。

二、迁移规律

在教学过程中,受训者认真听讲,但是不能理解,组训者除了要尽可能深入浅出、通俗易懂地讲解外,还应该注重知识内容之间的联系,让知识能够迁移。

(一)迁移的概念

学习通常都是有计划、有系统的。新的学习总是以原有的学习为基础,原有的学习可能促进或干扰后续的学习,这就是教育心理学的学习迁移规律。学习迁移也称训练迁移,指一种学习对另一种学习的影响,或习得的经验对完成其他活动的影响。迁移广泛存在于各种知识、技能与社会规范的学习中,对于提高解决问题的能力具有直接的促进作用。

(二)迁移的种类

迁移可分为以下几种类型。

1. 正迁移、负迁移与零迁移

根据迁移性质的不同,即迁移影响效果的不同,可将迁移划分为正迁移、负迁移与零迁移。正迁移是指一种学习对另一种学习起到积极的促进作用。比如,阅读技能的掌握有助于写作技能的形成。负迁移是指一种学习对另一种学习起干扰或抑制作用。如汉语拼音的学习有时会干扰英语音标的学习。零迁移也称中性迁移,是指两种学习间不存在直接的相互影响。

2. 水平迁移与垂直迁移

根据迁移内容的不同抽象和概括水平进行划分,可将迁移分为水平迁移与垂直迁移。水平迁移也称横向迁移、侧向迁移,是指处于同一抽象和概括水平的经验之间的相互影响。比如,直角、钝角、锐角等概念之间为并列的逻辑关系,学习时相互影响,即为水平迁移。垂直迁移又称纵向迁移,指处于不同抽象、概括水平的经验之间的相互影响。

3. 顺向迁移与逆向迁移

根据迁移的时间顺序可将迁移划分为顺向迁移与逆向迁移。如果前面的学习影响后面的学习,则称为顺向迁移。逆向迁移指后面的学习影响前面学习所形成的经验结构,使原有的经验结构发生一定的变化,即得到充实、修正、重组或重构等。

4. 一般迁移与具体迁移

根据迁移内容的不同,迁移可划分为一般迁移与具体迁移。一般迁移也称普遍迁移、非特殊迁移,是将一种学习中习得的一般原理、方法、策略和态度等迁移到另一种学习中去。具体迁移也称特殊迁移,指一种学习中习得的具体的、特殊的经验直接迁移到另一种学习中去,或经过某种要素的重新组合迁移到新情境中去。

5. 自迁移、近迁移与远迁移

根据迁移范围的不同,迁移可划分为自迁移、近迁移与远迁移。如果个体所学的经验影响着相同情景中的任务的操作,则属于自迁移。自迁移经常表现为原有经验在相同情景中的重复。例如,三角函数解题过程中,所用思路对同类题目的迁移。近迁移即把所学的经验迁移到与原初的学习情景比较相似的情境中。例如,将学英语的方法用到学习法语上。如果个体能将所学的经验迁移到与原初的学习情景极不相似的其他情境中,即产生了远迁移。

(三) 影响迁移的因素

在现代信息社会中,知识信息大量涌现,而且更新很快,这就要求学习者能够触类旁通、举一反三、闻一知十。尽管迁移现象普遍存在,但是迁移不是自动发生的,还要具备一定的条件。影响迁移的因素主要有以下几点:

1. 学习内容的相似性

根据桑代克的理论,两种学习之间要产生迁移,关键在于发现它们之间的一致性或相似性。学习内容越相似,越容易产生迁移。这就要求受训者具有一定的辨别能力,组训者要尽可能地提供认识事物之间同一性或相似性的机会,使受训者逐渐形成寻找事物之间共同点的习惯。

2. 学习情境的相似性

根据建构主义的迁移观,学习迁移是在新的情境中应用知识,在新的条件下对知识的进一步学习,加深对知识的深入理解。学习情境越相似,越容易产生迁移。为此,教学要使类似的情境再现,就要着眼于解决生活中的现实问题,通过知识的应用实现知识的迁移。我们提倡"情景教学""实战练习"就是基于此。

3. 组训者的指导

受训者学习中有组训者的指导能促进知识的学习,实现迁移。因此,组训者在教学过程中,应加强指导,引导受训者去寻找不同知识之间的相同点和不同点,培养受训者的辨别能力,启发受训者对知识进行概括,从而提高受训者的迁移能力。

4. 知识经验的概括水平

知识经验的概括水平是影响知识迁移的重要因素之一。因此,实际教学中十分强调基本原理、基本概念的学习,因为这些原理、概念抽象程度高,适用范围广泛,迁移效果明显,受训者掌握后可以用来解决大量的类似或同类问题。

5. 心理定势

心理定势指心理上的"定向趋势",它是由一定的心理活动所形成的准备状态,对以后的感知、记忆、思维、情感等心理活动和行为活动起正向或反向的推动作用。在定势作用与人们解决问题的思路一致时,会对问题的解决产生促进作用,反之会产生干扰。因此,组训者既要培养受训者解决类似问题的惯性思维,又要引导受训者在用习惯方法难以解决有关问题时积极地从其他角度去思考。

(四) 迁移规律在教学设计中的运用

组训者应该掌握迁移的规律,充分运用正迁移的积极作用,尽可能避免负迁移的干扰。

1. 利用正迁移

组训者应尽量在回忆旧知识的基础上引出新知识,创造旧知识对新知识产生正迁移的条件。任何有意义的学习,总是在受训者原有知识基础上进行的。所以,为使受训者理解新知识,组训者应将新知识同已有的知识联系起来,新旧知识含有共同的因素越多,知识的迁移就越明显,新学的知识就越容易理解。在导入新课时,常常用到复习导入的方法。这种复习不只是为了巩固已学知识,更重要的是使受训者触类旁通。因此,教学应找准新旧知识的衔接点,从已知到未知,由浅入深,由易到难,使新课不新,难点不难。

2. 防止负迁移

先前获得的知识,对新知识的学习可以起到正迁移的作用;反过来,如果先前获得的知识不是很扎实,那么后来学习的知识就会干扰旧知识,发生负迁移。所以,对相似的、容易发生混淆的知识,组训者要加以对比,找出它们的不同之处,提高受训者掌握知识的清晰度,是预防和避免负迁移的有效办法。防止受训者学习中的负迁移是运用迁移规律进行教学所必须加以注意的。

3. 练习是促进迁移的必要和有效手段

练习与迁移有密切关系。实验证明,练习越多,正迁移的可能性就越大。但这种练习必须安排得科学合理,特别要使受训者及时知道每次练习的正确答案,这样可以使正迁移得到强化,负迁移得到纠正。因此,在教学过程的设计中,一定要重视课堂练习环节的设计,力争在有限的时间内,使受训者新学的知识得到巩固。

三、记忆与遗忘规律

(一) 记忆的概念

记忆是人脑积累知识经验的一种功能。记忆是人脑对过去经验的保持和提取。凡是人们感知过的事物、思考过的问题、体验过的情感以及操作过的动作,都可以以印象的形式保留在人的头脑中,在必要的时刻又可以把它们重现出来,这就是记忆。

记忆包括"记"和"忆"两个方面,"记"体现在识记和保持上,"忆"体现在再认和回忆上。记忆实际是通过识记、保持、再认或回忆等方式,在人们头脑中积累和保存个体经验的心理过程。记忆由三个环节构成,识记是第一个环节,它是记忆的开端,是主体获得知识和经验的过程;保持是第二个环节,是已获得的知识经验在头脑中存储和巩固的过程;再认或回忆是第三个环节,是从头脑中提取知识和经验的过程。如果记忆的内容不能保持或者回忆、再认有困难就是遗忘,它是保持的对立面。这三个环节相互影响、相互依存,有着密切的联系。识记是保持和回忆的前提,欲忆必先记。识记的内容只有在头脑中保持并巩固了,日后才能回忆起来。回忆是对识记和保持的检验,回忆又能加强、促进识记内容的巩固。

从信息加工理论的观点来看,记忆如同电子计算机的工作程序一样,是对信息的输入、编码、加工存储和提取的过程。

(二) 记忆的分类

根据记忆内容的不同,可把记忆分为以下几种。

1. 形象记忆

形象记忆是以感知过的事物的具体形象为内容的记忆。它保持的是事物的感性特征,具有鲜明的直观性。例如,感知过的物体的颜色、形状、体积,人物的音容笑貌、仪表姿态,音乐的旋律,自然景观,各种气味和滋味等。

2. 情景记忆

情景记忆是对个人亲身经历的、发生在一定时间和地点的事件的记忆。情景记忆由于受一定时空的限制,很容易受各种因素的干扰,因而难以储存,不易提取。

3. 语义记忆

语义记忆是指对各种有组织的知识的记忆,又叫语词逻辑记忆。是以语词所概括的逻辑思维结果为内容的记忆,包括字词、概念、定理、公式、推理、思想观点、科学规则等。语义记忆不受特定的时间地点限制,也不易受外界因素的干扰,比较稳定,因而容易存取,提取时也不需要做明显的努力。

4. 情绪记忆

情绪记忆是以体验过的情绪或情感为内容的记忆。引起情绪、情感的事件虽然已经过去,但深刻的体验和感受还保留在记忆中。在一定条件下,这种情绪、情感又会重新被体验到,这就是情绪记忆。

5. 运动记忆

运动记忆是以人们的运动状态或动作形象为内容的记忆,又叫动作记忆。运动记忆与其他类型记忆相比,易保持和恢复,不易遗忘。

(三) 记忆的系统

记忆系统信息加工理论认为,感觉记忆、短时记忆和长时记忆是统一的记忆系统中的三个不同的信息加工阶段,它们之间不是非此即彼的记忆种类。他们之间相互影响、相互作用又相互联系,在人们积极主动的记忆活动中,这三个阶段密切配合对信息进行加工和传输。

1. 感觉记忆

感觉记忆也叫感觉登记或瞬时记忆,是指外界刺激以极短的时间一次呈现后,一定数量的信息在感觉通道内迅速被登记并保留一瞬间的记忆。它是人类记忆信息加工的第一阶段。这就好比是整个记忆系统的"接待室",从感觉器官输入的信息都要在这里登记并接受处理,比如,看到的各种影像,听到的各种声音,感受到的温度、气味等。

感觉记忆的特点如下。

(1) 具有鲜明的形象性。感觉记忆中的信息未经任何加工,完全按照原有特征登记。

(2) 信息保持时间极短。图像保持时间 0.25~1 秒;声音保持超过 1 秒,但不长于 4 秒。

(3) 记忆容量大,几乎进入感官的所有信息都能被登记。

(4) 感觉记忆痕迹容易衰退,信息的传输与衰变取决于注意。被登记的信息只有少数鲜明的、受到特别注意,才能转入短时记忆,并在那里赋予其意义,否则就会很快衰退而消失。

2. 短时记忆

短时记忆,是指在一段较短时间内储存少量信息的记忆系统。感觉记忆中的信息是不被意识并且也是未被加工的,而短时记忆是操作性的、是正在工作的、活动着的记忆。信息在工作记忆中加工处理,比如多次重复、与已有记忆建立联系、加深理解与运用等,才能进入长时记忆。

短时记忆的特点如下。

(1) 信息保持的时间很短,只能保持 15~20 秒。

(2) 记忆容量有限,一般为 5~9 个对象。

(3) 短时记忆的信息可被意识到。

(4) 短时记忆的信息通过复述可转入长时记忆系统。

3. 长时记忆

长时记忆是指学习的材料,经过复习或精细复述之后,在头脑中长久保持的记忆。长时记忆好像一个大仓库,信息大部分来源于对短时记忆内容的加工,也有一些是在感知中印象深刻的内容一次性印入的,可以保持几分钟、几小时、几天,甚至终生不忘。

长时记忆的特点如下。

(1) 记忆容量无限。

(2) 信息保持的时间很长,时间在 1 分钟以上,甚至数年乃至终生,是一种长久性的存储。

(四) 遗忘规律

遗忘是指识记过的内容既不能回忆也不能再认或发生错误的回忆或再认。遗忘是保持的对立面,保持的丧失就意味着遗忘的出现。如果识记过的内容,不经复习,保存量随时间的推移日趋下降,这就是遗忘。根据遗忘的程度和性质的不同,遗忘可分为部分遗忘和完全遗忘;根据时长,可分为暂时遗忘和永久遗忘。如果识记过的内容在头脑中留下了大部分,只有一部分不能回忆或再认,属于部分遗忘。如果事过境迁全部回忆不起来,属于完全遗忘。若已转入长时记忆的内容一时不能完全遗忘,在适宜条件下还可恢复,属于暂时遗忘。若识记过的内容,不经重新学习,记忆不再恢复,则属于永久遗忘。

遗忘是人的正常生理和心理现象。遗忘理论认为,人们之所以会遗忘,是因为在学习和回忆之间受到其他刺激干扰。最明显的证据是前摄抑制和倒摄抑制。前摄抑制是指先前的学习与记忆对后续的学习与记忆的干扰作用。倒摄抑制是指后续的学习与记忆对先前学习材料的保持与回忆的干扰作用。在组训者每次教学的材料中,最初讲授的材料,学生记得较好,最后的材料次之,中间的最差。这是因为,在识记同一教学材料时,前面部分对后面部分有干扰作用(前摄抑制),后面部分对前面部分有干扰作用(后摄抑制),而中间部分由于同时受到前摄抑制和后摄抑制的影响,就更容易遗忘。心理学家波斯特曼用实验证明:中间项目遗忘率是首尾两端的 3 倍。

心理学家艾宾浩斯对记忆和遗忘现象进行了实验研究,由实验结果得出了艾宾浩斯遗忘曲线(也叫艾宾浩斯保持曲线)。研究表明,遗忘是先快后慢,如果没有复习,在几小时内便会忘掉大部分,随后遗忘进程放慢,在两三天之后记忆的内容保持在 25% 左右,到了相当长的时间,几乎不再遗忘。

(五) 记忆与遗忘规律在教学设计中的运用

英国哲学家弗朗西斯·培根说过：一切知识不过是记忆，而创造不过是运用知识。记忆对于人们的学习，乃至对于人们的生活起着至关重要的作用。因此，组训者不仅要教给受训者知识，而且要使受训者记住这些知识。

1. 根据记忆系统设计教学

要使重要的内容进入人的长时记忆，可采取一些方法手段，比如加强学习内容的强烈刺激，使人印象深刻，一次性印入长时记忆，或者通过工作记忆多次重复加工，与受训者以往学习掌握的知识内容相联系等。

受训者最初听组训者上课注意力比较集中，而到中间项目时注意力涣散，最后注意力又得到了恢复。有人把它称为马鞍型注意力分布规律。要发挥该规律的作用，在教学设计时，就要注意以下几个方面。

（1）组训者在向受训者输出新信息时，要善于调动受训者的积极性，向受训者提出明确具体的目的和任务，把概念讲清楚，突出重点，引起受训者的兴趣和注意，使所输出的信息在第一次就给受训者以强烈的刺激。

（2）组训者在上课一开始时，就应该做到材料生动、鲜明、准确，给受训者留下深刻的最初印象。

（3）要克服前摄抑制和后摄抑制的干扰，不要让它们干扰记忆。

（4）在结尾要进行小结，回顾本堂课的教学核心。

2. 根据识记特点设计教学

一般而言，影响识记的因素主要有以下几点。

（1）识记的目的。有明确目的和任务的有意识记通常比没有预定记忆的效果好。要识记的知识越重要，识记的目的越明确，任务越具体，识记效果越好。因此，组训者在备课时，一要把准教学目标，在定向环节向受训者讲明学习要求、重难点，使受训者明确教学目标。二要在讲课提纲、板书、课堂小结和作业中，使受训者明确哪些内容要理解，理解到什么层次，哪些内容要记忆，哪些内容要运用，使受训者掌握整个教学安排。

（2）识记的方式。日常生活经验和实验研究表明，以理解为基础的识记常比死记硬背的机械识记要快、要好。因此，我们在设计教学过程时，一要注重对教学内容的深入讲解，帮助受训者理解教学内容，让受训者真正懂得所学内容的精神实质，对学习内容的意义理解越深，记忆的效果才越显著；二要注重知识点之间的联系和区别，使知识融会贯通，让受训者理解掌握知识的内在逻辑，并纳入自己的知识体系之中，便于记忆学习。

（3）识记材料的数量和性质也影响识记的效果。一般来说，动作和形象材料比逻辑材料易于记忆，比如，我们记忆条令条例中的一些内容，结合军事动作或实际形象效果更好。因此让受训者参与到教学中来，让其实际动手操作可以帮助理解记忆教学内容。有深刻情绪体验的内容易于记忆，比如，我们往往对让我们特别高兴或难过的事物记忆深刻。那么，在教学过程中，通过一些方法让受训者体验到更强烈的学习乐趣也可加深记忆。视觉材料比听觉材料易于记忆。比如，我们认识一个人，更容易记住看到的外貌，而不是记住听到的声音。因此，在讲解的同时提供直观形象的图片、视频，就可加深记忆。

3. 根据遗忘规律设计教学

根据遗忘规律,教学设计应设计好知识的复习。复习是克服遗忘的最好办法。

(1) 及时复习。遗忘进程先快后慢的规律告诉我们,遗忘最严重的时刻是在识记刚刚达到记住的最初时刻。这是因为,新学过的材料在头脑中建立的联系还不稳固,痕迹很容易自然衰退,不及时复习,很快就会遗忘。俄国教育家乌申斯基说过,记忆就像建筑物,不要等快倒塌时再去修复,否则,那就等于重建。这说明及时复习是极为必要的。复习贵在及时,使即将消失的、微弱的痕迹重新强化,变得清晰,并在头脑中进一步巩固。复习还能促进理解,使所学过的内容更加条理化、系统化、更便于精确记忆。及时复习就是要在新学过的材料尚未遗忘之前,趁热打铁,使之巩固,然后纳入个人的认知结构中长久保存。

(2) 复习多样化。复习并不意味着单纯地、机械地重复所学的材料,复习方法的单调既容易使人感到枯燥乏味,又容易产生厌倦、疲劳。多样化的复习,可使人感到新颖、容易激发智力活动,所要复习的材料与有关知识之间建立新的联系,受训者就能更牢固、更灵活地掌握。

(3) 合理地分配复习时间。复习的效果不是单纯地决定于复习的次数,复习具有累积效果,刚学过的知识不但要及时复习,而且也应适当地增加复习的时间,随着记忆巩固程度的提高,复习的次数和时间可逐渐减少,间隔时间也可以逐渐加长。连续地进行复习称为集中复习,而有一定的间隔时间的复习称为分配复习。一般来说,分配复习优于集中复习。

【知识拓展】

微 课

1. 微课的组成

微课的核心组成内容是课堂教学视频(课例片段),同时还包含与该教学主题相关的教学设计、素材课件、教学反思、练习测试及学生反馈、教师点评等辅助性教学资源,它们以一定的组织关系和呈现方式共同营造了一个半结构化、主题式的资源单元应用小环境。因此,微课既有别于传统单一资源类型的教学课例、教学课件、教学设计、教学反思等教学资源,又是在其基础上继承和发展起来的一种新型教学资源。

2. 微课的主要特点

(1) 教学时间较短。教学视频是微课的核心组成内容。微课的时长一般为5~8分钟,最长不宜超过10分钟。因此,相对于传统的40~45分钟一节课的教学课例来说,微课可以称为"课例片段"或"微课例"。

(2) 教学内容较少。相对于较宽泛的传统课堂,微课的问题聚集,主题突出,更适合教师的需要。微课主要是为了突出课堂教学中某个学科知识点(如教学中重点、难点、疑点内容)的教学,或是反映课堂中某个教学环节、教学主题的教与学活动,相对于传统一节课要完成的复杂众多的教学内容,微课的内容更加精简。

(3) 资源容量较小。从大小上来说,微课视频及配套辅助资源的总容量一般在几十兆左右,视频格式须是支持网络在线播放的流媒体格式,师生可流畅地在线观摩课例,查看教案、课件等辅助资源;也可灵活方便地将其下载保存到终端设备(如笔记本电脑、手机、平板电脑等)上实现移动学习,非常适合于教师的观摩、评课、反思和研究。

（4）资源组成、结构、构成"情景化"。资源使用方便。微课选取的教学内容一般要求主题突出、指向明确、相对完整。它以教学视频片段为主线"统整"教学设计（包括教案或学案）、课堂教学时使用到的多媒体素材和课件、教师课后的教学反思、学生的反馈意见及学科专家的文字点评等相关教学资源，构成了一个主题鲜明、类型多样、结构紧凑的"主题单元资源包"，营造了一个真实的微教学资源环境。这使得微课资源具有视频教学案例的特征。广大教师和学生在这种真实的、具体的、典型案例化的教与学情景中易于实现"隐性知识""默会知识"等高阶思维能力的学习并实现教学观念、技能、风格的模仿、迁移和提升，从而迅速提升教师的课堂教学水平、促进教师的专业成长，提高学生学业水平。就学校教育而言，微课不仅成为教师和学生的重要教育资源，而且也构成了学校教育教学模式改革的基础。

（5）主题突出、内容具体。一节微课只有一个主题，或者说一节课一个事；研究的问题来源于教育教学具体实践中的具体问题：或是生活思考，或是教学反思，或是难点突破，或是重点强调，或是学习策略、教学方法、教育教学观点等具体的、真实的、自己或与同伴可以解决的问题。

（6）草根研究、趣味创作。正因为课程内容微小，所以，人人都可以成为课程的研发者；正因为课程的使用对象是教师和学生，课程研发的目的是将教学内容、教学目标、教学手段紧密地联系起来，是"为了教学、在教学中、通过教学"，而不是去验证理论、推演理论，所以，研发内容一定是教师自己熟悉的、感兴趣的、有能力解决的问题。

（7）成果简化、传播多样。因为内容具体、主题突出，所以，研究内容容易表达、研究成果容易转化；因为课程容量微小、用时简短，所以，传播形式多样（网上视频、手机传播、微博讨论）。

（8）反馈及时、针对性强。由于在较短的时间内集中开展"无生上课"活动，参加者能及时听到他人对自己教学行为的评价，获得反馈信息。较之常态的听课、评课活动，"现炒现卖"，具有即时性。由于是课前的组内预演，人人参与，互相学习，互相帮助，共同提高，在一定程度上减轻了教师的心理压力，不会担心教学失败，不会顾虑评价"得罪人"，较之常态的评课就会更加客观。

怎样预防组训者刚开始教课时怯场

组训者第一次上台讲课时，心里往往有点紧张，即怯场。一旦怯场，就不能把已经准备好的内容表达清楚，或者是照本宣科念讲稿，效果不好。有时甚至过于紧张而造成失误。组训者对怯场要有正确态度。

1. 怯场的原因

（1）缺乏教学经验，初次上阵，难免紧张。

（2）准备不足，临时上阵。可能有这样几种情况：自己基础差，对讲好这一课心中无数；临时调整教学进度，提前上课，因而准备不足；原授课教员因病、因事缺席，自己临时代替；等等。

（3）感到自己表达能力差，怕词不达意而怯场。

还有一些其他原因，如试教后，时间仓促，有的问题来不及修改就要上课，或课堂有首长临场，造成精神紧张等。

2. 怎样预防怯场

（1）要认真备课，在教研室主任和老教师的指导下，很好地熟悉教材和讲课提纲，要把教材各个章节的精神吃透,要反复进行预习和试教,俗话说"熟能生巧",只要熟悉了教材,弄通了问题,就能做到胸有成竹,就不会怯场。

(2) 要树立信心,敢于实践,敢于上台,不怕失败。

(3) 要善于实践,镇定自若,临阵不慌。

(4) 要加强基本功的锻炼。提升语言表达能力、驾驭教材内容的能力,还要学点语法修辞、逻辑学、演讲技巧等。

提升 PPT 课件演示效果的 10 个锦囊

1. 让幻灯片实现炫目的 3D 效果

使用 PowerPoint 制作 3D 动画幻灯片无疑是一件难事。不过,借助 PowerPoint 3D 效果插件可轻松制作炫目的幻灯片。该插件自带大量动态效果,使用和安装都很简单。

① 下载并安装插件。

下载 3D 效果插件安装文件,下载后对压缩的文档进行解压,然后进行安装。

该插件安装完毕后,单击 PowerPoint 的"加载项"菜单,在"自定义工具栏"中将会增加三个命令,分别是:"View Show With 3D"(用 3D 插件播放幻灯片)、"Add 3D Transition"(给幻灯片添加 3D 效果)和"Pack 3D Effects"(对 3D 效果进行打包)。

② 制作 3D 幻灯片。

幻灯片制作完成后,单击该工具栏上的"Add 3D Transition"按钮,弹出设置对话框,单击"Style"下拉框可选择 3D 动画效果,通过"Slow""Medium"和"Fast"三个单选框可设置动画速度。在"Sound"下拉框中可设置伴音效果。选择"On mouse click"选项,则鼠标单击后将播放下一张幻灯片,选择"Automatically after n seconds"选项,则停留一定时间后将自动播放下一张幻灯片。设置完毕后单击"Apply"按钮即可将该效果应用于当前选定的幻灯片,如全部幻灯片均使用同一种 3D 效果,可单击"Apply to All"按钮。

③ 播放 3D 幻灯片。

使用该插件制作的幻灯片需通过其工具栏的"View Show With 3D"按钮来播放,单击该按钮后即可欣赏集图、文、声于一体的 3D 幻灯片了。

④ 将 3D 效果打包。

如果想在没有安装 3D 效果插件的电脑上播放带有 3D 效果的幻灯片,需要将 3D 效果打包。单击工具栏的"Pack 3D Effects"按钮,就可以进行打包,打包时需要设置文件保存的路径(与 PPT 在同一个文件夹中),比较耗时,而且打包的 PPT 文件变得很大。

2. 让幻灯片自动播放

要让 PowerPoint 幻灯片自动播放,只需要在播放时右击演示文稿,然后在弹出的快捷菜单中执行"显示"命令,这样可以避免每次都要先打开文件才能播放所带来的不便和烦琐。

3. 生成自动播放文件

我们可以将 PPT 文件转存为"PPS"格式文档(PowerPoint 放映文档)。双击文件就可以直接播放,非常方便,而且文件还不容易被误改。

4. 非全屏模式播放 PPT

在使用 PowerPoint 进行演示时,往往需要与其他程序窗口配合使用。但 PowerPoint

将启动默认的全屏放映模式,在这种模式下,一般要使用"Alt+Tab"组合键切换到其他窗口。其实,启动幻灯片放映前可以这样操作:按住 Alt 键不放,依次按下"D""V"键激活播放操作,这样启动的幻灯片放映窗口就带有标题栏和菜单栏,可以最小化和自定义窗口大小,便于选择其他程序窗口。

5. PPT 编辑和放映两不误

能不能一边播放幻灯片,一边对照演示结果对幻灯片进行编辑？答案是肯定的,只需按住 Ctrl 键不放,再执行"幻灯片放映"菜单中的相应放映命令,此时幻灯片演示窗口将缩至屏幕左上角。修改幻灯片时,演示窗口会最小化,修改完成后再单击放映命令就可以看到相应的效果。

6. 演示时自动黑屏或白屏

在演示幻灯片时,有时需要学生看书、讨论或动手操作,为了避免屏幕影响学生的注意力,我们可以临时关闭屏幕,按一下"B"键,此时屏幕黑屏,再按一下"B"键即可恢复正常。按"W"键会产生类似的白屏效果。

7. 巧用绘图笔进行标注

在放映演示文稿时,PowerPoint 允许我们像使用画板一样随意地修改和圈点,以增强演示效果和直观性。方法是:在"幻灯片放映"视图中单击鼠标右键,在弹出的快捷菜单中选定"指针选项"后选择圆珠笔、毡头笔或荧光笔,就可以在屏幕上进行圈点和标注了。更换"绘图笔"颜色的方法是:在"幻灯片放映"视图中单击鼠标右键,在弹出的快捷菜单中选择"指针选项"中的"墨迹颜色",单击一种颜色之后就可以使用不同颜色的绘图笔了。需要擦除墨迹时,可以调出"橡皮擦"擦除指定的墨迹,或者单击键盘上的"E"键直接擦除全部墨迹。

8. 快速定位幻灯片

在播放幻灯片时,如果要快进到或退回到第 5 张幻灯片,可以按下数字 5 键,再按下回车键。若要从任意位置返回到第 1 张幻灯片,可以同时按下鼠标左右键并停留 2 秒钟以上。实际上课时,可能会出现一些失误,比如多点击了一次鼠标左键,使得下一页幻灯片上的内容提前显示。此时,如果利用右键快捷菜单中的"上一张"或"定位"来恢复,会分散学生的注意力,影响教学效果。我们可以使用鼠标的滚轮向上或向下滚动,或者使用键盘上的方向键实现快速返回前面的幻灯片或跳到下面的幻灯片。在幻灯片放映视图,按下"F1"键可出现快捷键功能窗口,熟记并恰当地使用这些快捷键,可方便巧妙地控制播放过程。

9. 播放时隐藏鼠标指针

在演示课件的过程中,当鼠标指针在屏幕上移动时,一些学生很容易分心,鼠标指针也可能会遮挡部分应显示的信息。为了避免这个问题,教师可隐藏鼠标指针,而使用键盘切换幻灯片。方法是:幻灯片开始放映后按下"Ctrl+L"组合键可以暂时隐藏指针,移动鼠标后鼠标指针又会出现。而按下"Ctrl+H"组合键可彻底隐藏指针,即使移动鼠标,指针也不会出现。如果需要显示鼠标指针,按下"Ctrl+A"组合键即可。

10. 演示时防止更改文稿

单击"幻灯片放映"→"设置幻灯片放映",然后在"放映类型"中将默认的"演讲者放映（全屏幕）"更改为"在展台浏览（全屏幕）",再按"确定"键即可。这样,既可以使演示文稿循环放映,又能防止别人更改演示文稿。

PPT 课件功能应用小窍门

1. 突破 20 次的撤销极限

PowerPoint 的"撤销"功能为文稿编辑提供了很大方便。但 PowerPoint 默认的撤销操作次数只有 20 次。单击 PowerPoint 窗口左上角的"Office 按钮",再单击"PowerPoint 选项",选择"高级"菜单中的"编辑选项",在"最多可取消操作数"中设置需要的次数即可。PowerPoint 最多允许撤销操作 150 次。

2. 自动更新幻灯片的日期和时间

依次执行"插入""页眉和页脚",选择"幻灯片"标签下的"日期和时间"复选框,选择"自动更新"后设置日期和时间格式,最后单击"全部应用"或"应用"按钮即可。这样以后每次打开文件,系统都会自动更新日期与时间。

3. 快速制作字幕上下移动动画

用 PowerPoint 可以轻松实现字幕的上下移动。方法是:插入一个横排文本框并输入字幕文字,调整文本框的宽度略小于幻灯片的宽度,并将它拖动到幻灯片上方居中的位置。用鼠标选定这个文本框,并为它添加"进入""其他效果""华丽型""字幕式"的自定义动画,单击"确定"按钮后,就能实现字幕上下移动的效果。

4. 让对象连续闪烁

在 PowerPoint 中可以利用"自定义动画"让对象闪烁,方法如下:先选定要闪烁的对象,给该对象添加"强调/华丽型"中的"闪烁"自定义动画效果,双击"自定义动画"列表中的该效果,在弹出的快捷菜单中选择"计时",再设置合适的速度和重复次数即可。

5. 解决课文朗读配音难题

用 PowerPoint 制作英语课件时,要实现"听力配课文"的功能,如果课文很长,将内容放在一张幻灯片上,学生根本看不到文字提示。如果放到多张幻灯片上,又必须把声音文件按幻灯片内容进行截取。其实,我们可以将课文录音当作背景声音来处理,并结合"排练计时"解决这个问题。实现方法如下:① 在课文听力部分插入录音,并设置为自动播放;② 设置声音的自定义动画为"停止播放在 N 张幻灯片后",N 是课文文字内容的幻灯片总数;③ 从"幻灯片放映"菜单中选择"排练计时",使幻灯片的切换与录音相符。

6. 给图片"减肥"

插入图片后,我们会发现 PPT 课件变得非常庞大。这时需要压缩这些图片,有一个很简单的方法:单击图片工具栏上的"压缩图片"按钮。若要压缩演示文稿中的所有图片,请选中文档中的所有图片单选按钮。若要进一步减小文件,可以利用"裁剪"功能剪掉图片中的多余部分。

7. 防止 PPT 课件被误改

一是加密文档。单击窗口左上角的 Office 按钮图标,在弹出的快捷菜单中指向"准备"后执行"加密文档"命令,给 PPT 加上可靠的密码进行保护。

二是限制访问。单击窗口左上角的 Office 按钮图标,在弹出的快捷菜单中指向"准备"后再指向"限制权限",然后执行"限制访问"命令。

8. 将声音文件无限制打包到 PPT 文件中

幻灯片打包后可以在没有安装 PPT 的电脑中运行,如果链接了声音文件,小于 100KB

的声音素材会默认打包到PPT文件中,而超过该大小的声音素材则作为独立的素材文件。我们可以通过设置将所有的声音文件一起打包到PPT文件中。方法是:单击窗口左上角的Office按钮图标,再单击"PowerPoint 选项",选择"高级"选项后在"保存"选项卡中将"链接声音文件"改大即可。

9. 去除超级链接文字中的下划线

为文字设置超链接,如果使用模板提供的标题框、文本框会导致超链接的文字出现下划线,影响美观。我们可以自己添加文本框,然后选择整个文本框(注意:不是选择文本框中的文字),再对文本框进行超链接,这样的超链接不会出现下划线,单击后文字也不会变色,而且出现手形图标的区域也增大了,方便我们单击。需要注意的是,文本框不能是标题或副标题文本框。

实践训练

1. 科目:课堂导入训练

目的:明确课堂导入的方法和要求,锻炼课堂导入技能。

内容:用流利的语言对所选内容进行3分钟左右的课堂导入。

要求:选题清楚,板书所要讲的课题的名称,题目出现的时间要与所讲内容配合好,出现的时机要恰到好处。内容精练,短小精悍,要与所讲的主题深入切合,引人入胜,发人深省。讲述时要注意姿态和语言的流畅性。

2. 科目:课堂提问训练

目的:明确课堂提问的方式、过程和要求,锻炼课堂提问技能。

内容:设计课堂教学中的问题,能够在课堂教学中对受训者提问。

要求:问题设计要清楚,问题所包含的内容要简洁、明了,要让受训者明确你的问题所表述的意思。提问时要遵循提问的过程,要让受训者有思考的时间,并对回答进行评价。训练人员注意语言表述清晰、流畅,手势准确、自然,表情柔和,对问题答案适时进行引导。

3. 科目:课堂小结训练

目的:明确课堂小结的方法和要求,锻炼课堂小结技能。

内容:进行3分钟左右的课堂小结。

要求:理清授课思路,总结归纳出重难点内容引导受训者进行学习,指出预习内容,语言表述清楚,注意不能拖堂。

4. 科目:专业理论课授课训练

目的:明确理论课教学的流程,综合运用课堂教学技能,提高课堂授课能力。

内容:依据教案,结合多媒体课件,讲授15分钟左右的本专业组训能力考核授课科目。

要求:吐词清楚,表达流畅,姿态优美,动作手势合理,内容讲解深入、透彻,内容要包含提问。讲解过程中声音洪亮,各个环节技能充分体现。讲解完毕后可由受训人员对讲解的内容进行评价,指出优缺点,共同提升授课技能。

5. 科目:编写授课教案

目的:学会教案编写的基本方法和格式规范,为讲授一堂专业理论课做好教学准备。

内容:按照学校教案的统一标准格式,根据各专业组训考核参考课目,编写一学时的授课教案。

要求:要素齐全、设计合理、条理清楚、内容丰富、格式规范、书写工整。

6. 科目:制作多媒体课件

目的:学会 PPT 的制作方法,为讲授一堂专业理论课做好教学准备。

内容:根据你所编写的教案,用 PPT 制作一份多媒体课件。

要求:脉络清晰、内容准确、表现力强、交互性好、播放流畅,便于授课。

【复习思考】

一、填空题

1. 教学目标的表述必须包括 ABCD 四个要素,即_____、_____、_____和_____。
2. 所谓教学策略,是在某种操作思想的指导之下,综合考虑_____、_____、_____、_____等各个方面形成的。
3. 部队军事教学的教案概括起来可分为_____、_____、_____和_____四大类。
4. 孔子将教学过程阶段的论述总结为_____,_____,_____,_____四个方面。
5. _____,_____,_____,_____,_____出自《中庸》,代表性地反映了古代教学过程的五个阶段。
6. 教学展开阶段包括_____、_____、_____、_____四个过程。
7. 教学评价的内容包括两个方面:一是以受训者能力变化为对象的_____;二是以组训者教学行为为对象的_____。
8. _____是组训者在一项教学内容或活动开始前,引导受训者进入学习的行为方式。
9. 成功的课堂_____,可以对教学内容起到梳理概括、画龙点睛和提炼升华的作用。
10. _____是指在课堂教学中,组训者试图引出受训者言语反应的任何信号。
11. 处理课堂问题行为的技巧主要有_____、_____、_____。
12. 教学_____是组训者在课堂上普遍使用的一种信息交流的教学手段,是教学思路和教学内容的浓缩,也是课堂教学的重要组成环节,直接影响着教学的效果。
13. 教学所采取的具体方案叫作_____。
14. 迁移根据影响效果的不同,可划分为_____、_____与_____。

二、选择题

1. 以下哪项不是教学手段( )。
A. 多媒体课件　　B. 板书　　　　C. 课堂提问　　　D. 扩音设备

2. 组训者对自己疏忽、不慎所造成的不利影响应采用哪种方式处理?（　　）
   A. 冷处理　　　　B. 温处理　　　　C. 热处理　　　　D. 不处理
3. 教学目标的功能有哪些?（　　）
   A. 导向功能　　　B. 控制功能　　　C. 激励功能　　　D. 测度功能
4. 教案编写的一般步骤有哪些?（　　）
   A. 钻研教材,确定教学内容
   B. 分析对象,明确教学提要
   C. 研究方法,设计教学过程
5. 课堂提问的作用有哪些?（　　）
   A. 集中注意、启发思维　　　　　　B. 复习巩固、反馈信息
   C. 培养能力、活跃气氛　　　　　　D. 沟通感情、教学相长
6. 板书设计技能训练要把握如下要点:（　　）
   A. 内容的概括性　　　　　　　　　B. 布局的合理性
   C. 划分主副板　　　　　　　　　　D. 板书书写技能

三、简答题

1. 什么是教学设计?教学设计要解决的基本问题是什么?
2. 什么是教学目标?
3. 教学过程应该包括哪几个阶段和环节?
4. 常用的教学训练方法和手段有哪些?它们的特点和要求是什么?
5. 课堂教学评价的原则和形式是什么?
6. 教案的基本结构是怎样的?教案编写的原则和要求有哪些?
7. 在设计和制作多媒体课件时应注意哪些问题?
8. 如何培养受训者的态势语言技能?
9. 试述课堂导入要遵循哪些原则和要求。
10. 举例说明新课导入有哪些方法。
11. 试述课堂小结要遵循哪些原则和要求。
12. 举例说明课堂小结有哪些方法。
13. 结合教学实践,谈谈讲授的方法和技巧有哪些。
14. 课堂提问的过程有哪几个阶段?
15. 板书设计和运用的要求及技巧有哪些?
16. 结合教学实际,试述课堂组织管理的技巧有哪些。
17. 受训者课堂注意力调控的方法有哪些?
18. 根据记忆内容的不同,记忆可分为哪些种类?
19. 简述记忆与遗忘规律在教学设计中的运用。

项目四 "会做"——专业组训技能

【项目目标】

通过本项目的学习,你应该能够:
1. 阐述专业组训程序和技能形成的心理规律;
2. 会制定周训练计划;
3. 完成班(组)专业组训和技能训练指导及评估;
4. 具备"会做"的组训能力。

项目导言

> 要认真落实新一代军事训练条例和军事训练大纲,加大训练强度,创新训练模式,严格训练监察。要开展新时代群众性练兵比武,加强针对性训练、实案化训练、指挥员训练,加强军事斗争一线练兵。
>
> ——习近平在视察北部战区海军时的讲话

【项目内容】

博学之,审问之,慎思之,明辨之,笃行之。

——《礼记》

纸上得来终觉浅,绝知此事要躬行。

——陆游

知之真切笃实处,即是行;行之明觉精察处,即是知。知行工夫本不可离。

——王阳明

一切真知都是从直接经验发源的。

——毛泽东《实践论》

会做,即对所教课目动作熟练,基本功过硬,并能准确示范和正确指挥,使受训者学有榜样、练有标准。会做是"四会"的重点,它要求组训者必须自身军事素质和专业技能过硬,在传授知识和技能的过程中能进行规范、准确的示范,以供受训者模仿、参照。

承担专业组训任务的专业技术军士,技术职务从低到高可分为初级工、中级工、高级工、技师、高级技师五个等级,每个等级对组训能力的要求是不同的。

初级工,应掌握本工种的基础知识和基本操作技能,能独立完成本工种的一般保障任务;能在中级工指导下,完成本工种规定的专业技术工作。

中级工,应掌握本工种的基础理论知识和实际操作技能,能独立完成本工种的常规保障任务;能在高级工指导下,完成本工种复杂的专业技术工作;能指导初级工的专业技术工作和业务学习。

高级工,应熟练掌握本工种的理论知识和实际操作技能,能独立完成本工种的各项保障任务;能指导中级工的专业技术工作和业务学习。

技师,应掌握本工种关键性的操作技术,能解决本工种的技术难题;能指导高级工的专业技术工作和业务学习。

高级技师,应精通本工种的理论知识,具有高超的专业技能,能解决本工种高难度的技术问题;具有培养高级工和技师的能力。

班(组)训练。应科学编组,强化协同训练,达到能完成装备等级修理、抢救抢修、供应保障等任务的标准。

第一节 制定训练计划

在进行专业组训之前,首先要制定训练计划。

训练计划是对训练任务的具体安排,是组织、协调、控制和保障训练的基本依据,也是检查、指导、评估训练的具体目标。训练计划通常在本级军政首长领导下,根据军事训练大纲和部队年度训练计划,结合部门首长和机关及保障单位训练的实际制定。要按照训练与考核大纲规定的内容、兵力、时间、步骤来制定和落实训练计划,不得顾此失彼。

训练计划分为综合计划和专项计划。综合计划包括年度计划、阶段计划、月计划和周计划;专项计划包括演习、集训、轮训、考核及其他专项训练活动计划。

一、制定训练计划的依据和要求

(一) 制定训练计划的主要依据

(1) 军事训练与考核大纲;
(2) 上级的年度训练计划(指示)、规定和对训练工作的部署、要求;
(3) 部(分)队担负的装备保养、维护、修理、管理等任务;
(4) 本级首长对训练工作的要求;
(5) 所属部(分)队的专业素质基础和训练水平;
(6) 训练场地、器材、经费等物质条件的保障程度等。

(二) 制定训练计划的基本要求

训练计划应当科学、规范、可行。为此,制定训练计划,必须符合以下要求。

1. 目的性

训练计划应贯彻军委、战区教育训练方针、原则和上级指示、规定的精神,围绕训练的整体目标,使各项具体安排、措施和要求有明确的目的性。

2. 系统性

制定训练计划要以系统论的观点统筹规划各项训练工作。充分考虑上下、纵横、主次、内外等各方面的关系,形成严密的结构体系。要将部(分)队的各种专业、各类人员的训练都纳入计划范围,不得例外。既要有总计划,也要有分计划和专项计划;各个科目还要制定具体实施方案。下级训练计划要以上级训练计划为依据,上级训练计划要层层分解为下级计划,形成有机的整体。

3. 连续性

训练的实施过程是由低级到高级,由简单到复杂的逐步发展提高的过程。这种连续性应在计划中充分体现出来,并在实施过程中着力保持。首先是时间上的连续性,先要计算总的时间和比例,而后根据任务、内容的具体情况进行区分,求得时间的合理分配。其次是训练内容上的连续性,按照先易后难、先简后繁、先分后合、由低到高、由浅入深的规律进行排列组合,高层次的训练必须在低层次的训练基础上进行。再次是注意训练阶段转换时的连续性,如新兵由集中培训向岗位训练转换时要进行见习训练,使新训和已训内容相衔接。

4. 准确性

训练计划的准确性表现在制定计划的依据真实可靠,任务明确,标准清楚方面。训练计划的依据,如果不真实、不可靠,计划的目标就会产生偏差。规定的任务和完成任务的标准如果不明确,执行起来就会各行其是;计划的总目标不便于检查,也就不可能实现。各种计算如果不精确,任务和标准的规定就会产生漏洞,会导致行动上的混乱和计划上的失败。训练计划的制定是一项复杂的工作。制定准确的训练计划,关键是对组训者要有很高的要求。所以组训者应具有较强的军事素质、较高的专业水平和过硬的训练计划管理能力,并能全面理解上级赋予的训练任务和要达到的标准,掌握本单位训练基础和训练保障水平,这样才能保证训练计划的准确性。

5. 灵活性

训练计划是在预测的基础上制定的,但又不可能完全把握未来的所有情况。为了使训练计划在执行中能够适应情况的变化,训练计划必须具有一定的灵活性。在训练计划的详细程度上,要统筹安排,总计划要概略,分计划要具体,在把握基本目标和手段的前提下,给下级以较大的自主权。要充分估计各种外部因素的影响,留有适当余地,做好调整预案。

6. 稳定性

训练计划的稳定性是对计划工作的客观要求。朝令夕改,随意变更计划内容,必然不会取得好的训练效果。为保持计划的稳定性,首先,训练计划本身要周密完善,训练任务指标要反复研究论证,做到准确可靠,切实可行,不能一味追求高指标。其次,要抓好试点,采取多种形式取得经验,加强训练控制与指导的针对性,减少盲目性。再次,训练的检查、考核要列入计划,与部(分)队训练、内容进度同步;区分各级检查考核的职责,防止检查考核过多,干扰正常的训练秩序,影响训练任务的完成。

二、制定训练计划的一般步骤

(一) 准备资料,掌握依据

制定训练计划首先要进行调查研究,收集各种有关资料,总结以往的训练经验,学习、领会上级指示、计划和首长意图,汲取外单位的有益经验,了解本单位训练工作的实际情况,然后进行科学、有条理的分析,作为制定训练计划的依据和参考。

(二) 明确任务,拟写初稿

训练任务是指一定的训练对象在一定的期限内所进行的训练活动和应达到的目标的总和,通常包括兵员、时间、内容、质量四个要素。在明确训练任务的基础上,研究训练措施、要求和主要训练活动安排,拟写计划初稿。

(三) 征求意见,修改决策

训练计划方案拟出后,应通过会议或下发有关单位征求意见,集中群众智慧,使计划更加切合实际。在此基础上进行分析比较和科学论证,通过修改补充实现训练计划的优化,最后由主管首长决策定稿。

(四) 上报审批,组织协调

训练计划制定后,必须严格审批,没有经过审批的训练计划,不能作为组织、实施、协调和控制的依据。部(分)队各级综合计划都要报上一级首长(或隶属机关、部门领导)审批,其他计划可报本级首长审批,并报上一级备案。各级军政首长要认真履行职责,严格审查本级或下级报批的计划。经审查需要重新修订时,一般由计划制定单位根据上级指示精神修订。训练计划与其他工作计划出现矛盾时,审批首长要组织有关部门、人员协调解决,使各计划能够顺利实施。

(五) 严格执行,慎重调整

训练计划一经确定必须严格执行,不得随意改动。领导、机关检查训练、进行考核、组织其他训练活动等,都要在计划规定的范围内进行,不能影响计划的实施。组训者无法按照计划施训时,要根据上级的指示,在规定的权限范围内,适当调整计划。在上级计划范围内调整本单位的计划,由本单位自行调整,报上级备案。计划调整范围超出了上级计划规定的范围,必须报上级批准。计划调整后,领导和部门要重新协调,使计划能顺利地实施。

三、周训练计划的内容和拟定方法

一般情况下,可将装备保障训练划分为理论培训、单装训练、模块训练和综合演练四个阶段,按照先理论后操作、先模块后合成的指导思想逐步组训。军士组训者重点完成前两个阶段的组训任务,以独立项目划分,以周为单位制定训练计划,按课目逐项实施。

周训练计划包括训练课目、训练内容、训练目的、训练要求、训练时间、场地划分、人员分工、装备器材、组训方法、注意事项、进度安排以及考核验收等。

周训练计划是对某一组训项目的教学活动的统筹安排,它可以参照一般的训练计划的形式制定,不太复杂的组训课目通常用周装备保障训练进度表的形式来代替。周训练计划的制定应遵循以下步骤:

(1) 确定组训对象;
(2) 分析训练大纲和课目;
(3) 细化课目标准;
(4) 确定所需技术与知识;
(5) 制定组训方针;
(6) 确定受训者的需求;
(7) 计划训练时间;
(8) 准备作业;
(9) 评估及调整计划。

第二节 专业组训准备

专业组训是组训者采用合适的组训方法和组训手段,利用实装进行的技能组训。组训者要想组织好专业组训,必须遵循专业组训的基本要求,同时还需掌握专业组训的方法、手段和实施程序。专业组训包括单兵专业训练和班(组)专业训练。单兵专业训练又包括共同训练和单兵专业技术训练。

专业组训质量的高低,不仅取决于组训者的教学水平和受训者的学习能力,还取决于组训者和受训者组训的准备,在很大程度上还取决于物质条件的保障和准备。专业组训的物质准备内容非常广泛,包括人力、财力、物力、场地等,而且其构成要素也将随着科学技术的发展和作战手段的更新而不断发展变化。

一、组训者的准备

(一) 制定教学计划

1. 阶段或训练周期教学计划

阶段或训练周期教学计划是组训者根据军事训练与考核大纲要求,结合训练任务和受训者的自身特点,科学合理地制定阶段或训练周期专业教学目标。它是在阶段或训练周期之内,组训者进行专业技能教学的依据。主要内容包括:进行专业组训的指导思想、目的要求、总体数量、质量指标、完成时间、进度、考评办法、表现形式等。

2. 学时计划

根据学期教学计划或课程实施计划,细化到某个学时、课目的专业组训安排,就是每次课的实施计划,也可以称之为专业教案。它是组训者实施专业组训的具体方案,是上好每一次课的重要依据。学时计划的主要内容包括:专业组训课目、目的要求、学习内容、所用时间、注意事项、所用器材、受训者分组情况等内容。

(二) 备课、试教

年度训练预备期或分阶段训练展开前,装备机关和装备保障分队应组织组训者认真备课。当组织组训者集训时,可采取集体备课的方式。重点是学习训练大纲,钻研训练教材,优化训练内容,了解受训对象,确定组训方法,拟制训练实施计划,组织编写教案,制作教学课件,准备装备、设备、器材、教具等。

试教通常在上级指导下,由本级组织实施。其目的是检查组训者授课准备情况、教学的总体设计思路、训练内容、训练程序、训练方法、训练时间、训练课件以及训练保障条件等是否符合教学要求。试教不合格者,应及时调整和改进,继续准备,直至合格为止。

(三) 组训法集训

年度训练预备期或分阶段训练展开前,装备机关会同上级部门根据装备保障训练需要,组织组训者进行必要的组训法集训,集训次数应视情况而定,级别视专业而定。

单兵专业训练展开前,装备保障分队可组织单兵专业训练组训者集训,主要是熟悉单兵专业训练的内容,明确训练标准,规范训练动作,统一组训方法;班(组)训练展开前,装备机关可组织班(组)长教学法集训,主要是明确训练内容,规范训练程序,统一训练方法及步骤;对重、难点课目,组织示范教学,统一教学思想和方法,提高组训者的组训能力。

(四) 熟练操作技能

不论是帮助受训者进行操作练习还是组训者讲解示范一个新的专业组训课目,组训者对操作内容都应非常熟练。只有这样,组训者才能在专业组训中游刃有余,真正成为受训者仿效的榜样。为了避免在进行专业组训的过程中出现疏漏,组训者平时一定要注意对本专业的设备和相关仪器仪表的操作使用多加练习。更为重要的是,在进行专业组训之前,组训者首先要熟练操作讲授演示的专业组训内容,排除不利于专业组训的各种因素,以保证组训过程进行得更顺利、更规范。

二、受训者的准备

(一) 复习相关的理论知识

在专业组训开始前,组训者要安排受训者利用一定的时间重新回顾专业课中要用到的理论知识。专业组训过程也要以理论为指导,只有真正掌握并能有效运用相关的专业理论知识,才能在专业组训中得心应手,才会在专业组训实践中有所创新,才能使受训者把学到的理论知识转化为技能技巧、转化为实践活动的直接经验,才能实现"学做合一"。

(二) 预习要进行的专业组训内容

"不打无准备之仗",这是我军一贯遵循的原则,在专业组训中也是如此。为了使专业组训进行得更顺利,在实施专业组训之前,受训者需要详细了解学习的有关内容,复习相关的基本理论知识,明确学习目的要求,弄清学习内容、步骤和方法;熟悉学习中所用的设备,相关仪器、仪表的基本性能、使用方法和使用注意事项等。

（三）培养学习骨干

在专业组训中,受训者之间存在着个体差异,如智力、技能、作风等。根据这些情况,组训者可以挑选几个学习表现较优秀的受训者,让他们充当"小教员",在学习中身先士卒,做出表率,还可以作为组训者的小助手。因为"小教员"的思维和实际水平更接近于大部分受训者,所以,在专业组训中,有了他们的协助,会收到更好的教学效果。

三、物质准备

物质准备是专业技能训练的物质基础。年度训练展开前,通常由各级装备机关组织,根据训练大纲的规定,结合年度任务的需要,制定训练物质保障计划,做好物质保障准备。主要包括:训练场地准备,训练装备、设备、工具准备,器材、教材准备,训练摩托小时、油料和弹药准备等。

（一）训练场地准备

训练场地,通常由师、旅单位负责建设、使用、管理和维修,并根据训练进度,适时调配场地,发挥其最大训练效能。装备机关应会同司令部门准备好训练场所,以保障训练需要；装备保障分队应根据训练内容的需要,结合训练任务,统筹规划,整修专业实习间、专业教室和野外训练场地。具体设置标准应按训练大纲要求执行,以满足装备保障训练需要。

（二）训练装备、设备、工具准备

装备准备,主要包括保障装备、配合训练的战斗装备、勤务保障装备和用于战损修复的装备。装备准备通常由装备机关协调司令、后勤部门,根据装备保障训练任务需要,按照部队动用装备有关规定和程序,拟制装备动用计划,按报批程序和权限实施。

设备、工具准备。装备机关和保障分队对训练所需设备、工具进行预测,对现有设备和工具的保障能力进行分析,制定调整补充计划。缺少的品种、数量,采取请领、自购、自制和借调等方式获取。对投入训练使用的设备、工具,应及时组织维护保养,恢复战术性能,制定管理责任制度,并指定专人负责保管。严格控制设备、工具的使用、管理、储存等环节,严防非训练损耗和人为损坏,为装备保障训练工作按时展开,全程保障创造有利条件。

（三）器材和教材准备

器材准备,包括通用训练器材、专业训练器材、训练模拟(仿真)器材和维修器材等。各级装备机关应积极与训练部门协调通用训练器材、专业训练器材、训练模拟(仿真)器材的调拨、供应、维修、管理和操作使用培训。维修器材,由各级装备机关结合装备保障训练任务需要,制定请领计划,按时保障训练。各类器材必须实行专人管理,专用库室存放,健全器材账目,完善交接手续,严格管理制度,及时维护保养,提高使用效益。

教材准备。使用单位对训练教材要及时检查、清点库存,根据年度训练需要,拟制文字教材、电教教材请领计划,在各级装备机关的协调下,逐级上报请领、配发,并指定专人负责保管。在发放、借阅、回收过程中登记清楚,责任到位,防止泄密、丢失和损坏。

(四) 训练摩托小时、油料和弹药准备

训练摩托小时和油料准备。装备机关拟制需求计划，会同司令部机关作训部门申请，后勤运输油料部门负责油料保障。使用时，要坚持计划管理，厉行节约，提高训练效率。

弹药准备。训练弹药由各级装备机关根据训练需求，及时保障到位。保障过程中，要严格执行保障计划和动用审批程序，严格遵守弹药管理规章制度，指定专人、专车负责请领和运输；要做好使用中的登记、统计，随时掌握弹药的数量、质量情况。训练结束后，要及时核查。

第三节 专业组训程序

专业组训实施程序是组训者根据军事训练与考核大纲的要求，对不同类型的训练科目，在规定的课时内，向受训者系统传授知识、技能的具体流程。规范、科学的教学实施程序，是搞好专业技能正规化教学、保证训练质量的重要保证。因此，组训者必须熟悉和掌握各类课目的教学实施程序，为建立稳定、正规的教学、训练秩序奠定基础。

专业技能又称专业技术能力，是维修人员顺利操作和使用技术装备、维修器材，完成维修保障任务的一种动作方式的统称。维修专业技能课教学的目的，是使受训者掌握手中装备的操作使用方法，实现人与装备的最佳结合。

专业技能课教学，通常在室内或训练场采用操练法组织实施，用讲解示范、动作演练等方法，向受训者传授专业技能动作要领和规定，以规范、准确、迅速为标准，符合实战要求。在操练实施过程中，组训者应严格按教学程序施教，认真细致地观察受训者的动作，及时发现问题，纠正错误，以标准动作加以示范引导，使受训者更快更好地体会要领，改正缺点或错误。组训者要充分调动受训者的主观能动性，提倡苦练加巧练，讲究科学态度，及时表扬先进，广泛开展小范围的小型评比竞赛活动，把专业技能课训练组织得既生动活泼又扎扎实实。

一、专业组训一般程序

专业组训一般程序为：下达课（题）目、讲解示范、组织练习、辅导纠正、检查验收、小结讲评。

（一）下达课（题）目

下达课（题）目是教学实施的作业准备阶段。组训者主要活动通常包括：将受训者带到预定训练场（室）；整队报数，整理着装、装具和检查装备；有首长在场时向首长报告；下达课（题）目，明确本课教学目的、内容、方法、时间和要求，提出训练保障和安全措施等。时间通常不超过五分钟。

（二）讲解示范

讲解示范即组训者向受训者讲清动作要领，本人或示范人员进行示范，演示操作的程序

和方法。讲解示范是技能课教学实施的重要环节。

讲解示范通常先进行理论提示。组训者要针对组训教学的目的、性质和特点,以简要讲解、抽测提问等方法有重点地提示有关理论,引起受训者的听课兴趣,调动其思维和积极性。

讲解示范通常由组训者自己讲和做,有时也可由预先培训好的示范人员讲做或由组训者讲解动作要领,示范人员或基本功好的受训者做动作。示范者动作要准确、熟练、轻快。讲解示范一般是先进行连贯动作的示范,给受训者一个总体印象;然后再边讲边做,融讲解示范于一体,使受训者听懂弄清;最后再进行动作的连贯示范,以进一步加深受训者对动作的印象。由于"示范—讲解—示范"的方式有一定的局限性,因此有的课目也可采用边讲解边示范或先讲解后示范的方式进行。但不管采用什么方式,均应以使受训者迅速而准确地掌握各种动作要领、提高教学效果为最终目的。

(三) 组织练习

组织练习是使受训者掌握和巩固所学知识、形成技能、发展能力,有计划、有步骤地运用各种训练方法,组织受训者进行操练和练习的活动。它是技能课教学实施的基本环节,也是贯彻理论联系实际原则的重要途径。

组织专业技能练习,要依据装备操作使用和实战要求,紧紧把握不同课目的教学特点,遵循由易到难、由简到繁、由浅入深、由少到多、先慢后快、先分解后综合、先个人后整体的循序渐进原则,坚持分步细训,苦练、巧练,力求"事半功倍"。组织练习前,组训者要向受训者明确练习的目的、内容、步骤、方法、时间和要求,根据作业条件划分练习场地,合理分配设备和器材等。

体能消耗较大的课目练习,受训者还应进行热身活动。练习的过程中,组训者要加强对受训者的指导,随时了解情况,掌握练习进度,解决练习中存在的问题,切不可因操之过急而讥讽嘲弄受训者,甚至恶语伤人。

组织受训者练习时,应根据受训对象和课目内容、教学条件的不同,采用不同的教学方法,如单个练习、分组练习、分班练习、集体练习、模仿练习、互助练习、分解练习等。组织练习要有重点,战时需要而难度较大的课目或技能,应下苦功夫反复练习,以求迅速和准确;战时应用少或难度不太大的课目,应以练会为度,不宜占用过多的训练时间。总之,技能练习应从操作使用装备、维修保障实际需要出发,严抠细训,实事求是地去练,扎扎实实地打好基础。

(四) 辅导纠正

辅导纠正就是组训者通过一定的手段,帮助受训者掌握动作技能、纠正存在的错误,是组训中的一项重要工作。这项工作做得好,能大大缩短受训者掌握专业技能的时间,提升训练效果。

辅导纠正的前提是发现问题。组训者在施教过程中,要认真细致地观察受训者的动作,及时发现缺点和错误,客观地分析产生的原因及其症结,采取正确的方法加以纠正,以保证教学质量。纠正问题的方法通常有以正确的动作反复示范的重复示范法;正确动作与错误动作进行对比的纠正法;以言语和动作加以诱导的诱导纠正法;以徒手、教具或器材等制约措施限制受训对象动作的限制纠正法以及分步纠正法、信号提示法、鼓励指导法等,这些纠正方法要因人、因时灵活运用。辅导纠正要注意方式和态度，切忌以下几点：

(1) 就事论事，只从问题的表面出发，头疼医头，脚疼医脚，抓不住问题的关键。

(2) 急于求成，给受训者增加心理负担；

(3) 态度粗暴，居高临下，盛气凌人；

(4) 组训者只说不做，不能以身示范，树立榜样；

(5) 过多地进行集体纠正，缺乏针对性和有效性。

辅导纠正要调动受训者的主观能动性，做好思想鼓励工作启发受训者积极地思考，总结学习经验和心得。要树立典型，及时表扬训练中的好人好事，开展评比竞赛活动，以榜样的力量提高比、学、赶、帮、超的练兵热情，活跃组训教学气氛，营造良好的教学环境。

(五) 检查验收

检查验收就是在专业技能教学过程中，组训者运用各种方法及时检查教学效果，查找存在的问题及原因，提出纠正方法，针对存在的问题重新组织练习。

检查验收是发现问题的基本途径，是检验教学质量的重要环节。通常在组训过程中或一个教学阶段结束时进行，也可根据需要在教学课目结束后进行。检查验收的内容一般包括：操作方法步骤是否掌握，故障检测和排除是否符合要求等。检查验收可视情况采取目视检查、工具检查、接触检查和提问检查等方式。检查验收要严格按标准和教学要求进行，发现个别问题要个别纠正，对普遍性问题，要认真分析研究，找出解决问题的办法。对于验收不合格者，应帮助其认真分析原因，采取结对练习等方法，使其快速领会，直到合格为止，确保组训质量。

(六) 小结讲评

每项组训教学内容或动作练习结束时，组训者应根据作业情况进行简要小结，复述本课教学重点难点，讲评作业情况，指出受训者存在的问题，明确努力方向。小结讲评是组训实施过程中的阶段性总结，小结讲评不同于作业讲评，不宜长篇大论，应突出及时性，讲求针对性和有效性，指导受训者掌握良好的练习方法，做到"授人以渔"。

二、单兵专业训练程序

单兵专业训练包括单兵专业共同训练、单兵技术训练。

单兵专业技术训练是指修理工、专工和仓库保管员等人员进行的以专业技术理论知识和技能为主要内容的训练。通常由营或连级装备保障分队实施；编制员额较少、专业岗位单一、专业技术复杂、保障条件有限的专业技术士兵训练，也可由师以上单位统一组织实施。在训练准备阶段，组训者根据训练大纲，结合部队装备保障的实际需要，针对专业技术士兵素质基础，按照专业（工种）等级分层、分类编组，制定单兵专业技术训练计划。组织训练时，由专业基础扎实、组训经验丰富、任教能力强的军士担任组训者，按照理论学习、操作练习、技能基础训练、技能应用训练和"一专多能"训练的步骤实施。

(一) 理论学习

理论学习以下发的机械制图、电子技术、装备维修基础理论、金属工艺等专业共同教材为主，也可使用军地通用教材。通常采取课堂讲授、电化教学、网络学习和个人自学等方法实施。

课堂讲授通常按照宣布提要、讲授内容、组织练习、辅导答疑、课终小结等步骤实施。电教教学通常按照提示要点、观看课件、解答疑难、分组讨论、归纳小结等步骤实施。网络学习是受训者主动上网学习专业理论和知识,自主选择专业共同理论知识练习题在网上答题,对学习中的疑难问题通过邮件发送到网上专家信箱,由专家答疑和指导。个人自学是指受训者依据训练大纲,按照组训者指定的学习内容,制定相应自学计划,自主地进行学习。

(二) 操作练习

专业共同科目训练中的操作练习,应根据实习场地及实习设备、工具、器材的保障情况,将受训者分成若干组分批进行训练。通常由组训者组织,按讲解示范、组织练习、小结讲评的步骤进行。

(三) 技能基础训练

技能基础训练是在专业技术理论学习的基础上,进行本专业实际操作技能的训练,以实现理论与实践的结合,逐步提高动手能力。修理工重点进行装备分解结合的练习,以进一步巩固理论知识,加深对原理的理解掌握;专工重点练习本专业的基本操作技能,包括设备、工具的使用、维护和加工制配等实际练习;仓库保管员应练习库房物资的识别、堆积、摆放、保养、收发及温湿度控制等专业技能。技能基础训练通常按照宣布提要、理论提示、讲解示范、组织练习、小结讲评的步骤实施。

(四) 技能应用训练

技能应用训练是指在完成单兵专业理论学习、技能基础训练之后,根据单兵专业岗位需要,运用保障装备和实装创设训练环境,以解决实装实修问题为指向而进行的实践性操作技能的训练,是实现知识向能力素质转变的关键。通常采取岗位实训的训练模式,立足岗位,应用训练与岗位工作有机结合,受训者在专业技术军官的指导下,把训练内容融入工作实际中,以实修促训练,以实践促提高。

技能应用训练按照作业准备、作业实施的步骤实施。

作业准备,包括制定单兵技能应用训练计划,确定训练编组,进行教学准备和装备、设备、工具、维修器材、油料准备等。

作业实施。单兵技能应用训练主要包括装备等级保养、中修、典型故障诊断与排除、抢救抢修等课目的训练。一般按照宣布提要、理论提示、讲解示范、组织练习、小结讲评的步骤进行。

(五)"一专多能"训练

"一专多能"训练是指受训者在熟练掌握本专业(工种)岗位技能的基础上,熟悉与本职相关(相近)专业(工种)岗位的技能训练。"一专多能"训练是对装备保障分队修理专业、专工专业、保管专业的技术骨干和尖子人才进行的,与本职专业相关专业的岗位合训、互训、拓展选训,目的是实现"一兵多用",充分发挥技术骨干、尖子人才的最大潜能。此方法是解决专业技术士兵专业岗位单一、编制人员缺少、新老更新困难的装备保障现实问题的有效措施。通常按照两业合训、岗位互训、拓展选训的训练方式进行。

两业合训是指受训者在组训者指导下进行的，本职专业与相关专业相互融合的一种技能训练。通常是在实习车间或实习教室，按工序、工艺进行的实际技能操作练习，目的是使受训者在专业融合训练中逐步熟悉相关专业装备保障实际操作能力，掌握其基本操作技能。按照技能操作练习的步骤实施。

岗位互训是指受训者在组训者指导下进行的，在本职专业（工种）岗位与相关专业（工种）岗位之间换岗交互的一种技能应用训练。通常是在实装、实修、抢救、抢修中进行的实践性技能操作应用训练。岗位互训是实现从基础到应用、从应知到应会，达到本职岗位相关专业（工种）的技能应用水平，从而增强综合能力素质的一种技能训练，按照作业准备、作业实施、作业讲评的步骤实施。

拓展选训主要是指受训者在本职专业与相关专业（工种）合训、互训的基础上，根据自身综合技能素质，有选择地拓展和掌握其他专业（工种）的技能的训练。通常依托装备厂家组织受训者进厂实习，利用上级装备技术比武活动时机，进行相关专业技能的学习，目的是使受训者在实践中不断地学习掌握相关专业的新技能，增长才干、延伸发展、拓展专业，实现装备保障技能的全面提高。

三、班组专业组训程序

班（组）专业组训是巩固单兵专业技能，初步实现个体能力向整体能力集成的训练。班（组）专业训练，是技能训练的高级形式，是密切单兵工种协同的有效手段，是实现个体能力向整体能力集成的必要途径。通常在单兵技能训练结束后，按照工位训练、换位训练、协同训练、综合训练的步骤组织实施。

（一）工位训练

班（组）工位训练是班（组）作业中按照各工号所承担的特定操作任务，对工艺、工序反复进行的熟练性训练，是班（组）训练的基础。通常按照训练准备、训练实施的步骤进行。训练准备包括：制定训练计划、确定训练编组、选择和设置训练场地、进行物质准备等，训练实施通常按照宣布作业提要、组织训练、小结讲评的步骤实施。

（二）换位训练

班（组）换位训练是班（组）在工位训练的基础上，为拓展单兵多工位操作技能，对各工位人员进行工位置换的应用性训练。通过变换不同修理工位，提高修理人员多工位适应能力，达到优势互补、工种互代的训练目的。同时，通过换位训练还可进一步强化各工位的主动配合意识，提高工作效率。通常由班（组）长组织，训练难度、险度较大的课目也可由军官组织，按照训练准备、训练实施的步骤进行。

（三）协同训练

班（组）协同训练是班（组）人员按照分工和作业流程，分阶段、分内容进行的相互配合的操作训练。通常由班（组）长组织，按照训练准备、训练实施的步骤进行。

(四)综合训练

班(组)综合训练是班(组)在协同训练完成后,依据大纲规定的课目,按照平时维修作业编组或战时保障编组,连贯实施的应用性训练,是班(组)训练的最高层次。包括平时维修班(组)作业和野战抢修班(组)作业综合训练。通过综合训练,进一步巩固工位训练、换位训练和协同训练的成果,形成和提高班(组)的整体保障能力。通常由班长组织实施,按照训练准备、训练实施的步骤进行。

第四节 技能训练心理

操作和维修技能是军士顺利完成某项任务所具备的能力和技巧。军士组训也主要是军士向士兵传授武器运用和保养、装备操作和维修、设备使用和维护等技能。研究技能训练中的心理学理论,为搞好技能训练,提高训练质量,提供科学的心理依据。

一、技能形成的心理过程

本节的技能主要指动作技能,也称运动技能,属于程序性知识。教育心理学研究表明,按程序性知识的性质和特点,程序性知识可分为智慧技能、认知策略和动作技能三类。

智慧技能是将已习得的知觉模式、概念、规则运用于实际情境,顺利完成任务的能力。认知策略是受训者内部组织起来的,调控学习、思维等活动的程序性知识。

动作技能是在练习的基础上,由一系列实际动作以合理、完善的程序构成的操作活动方式。动作技能是一种习得的能力,是按一定技术要求,通过练习而获得的迅速、准确、协调、流畅、娴熟的身体运动能力。动作技能体现为按一定的关系组织起来的成套实际动作,是动作的连锁化,即程序性知识一旦形成,只要动作刺激出现,就能借助骨骼、肌肉及相应的神经过程自动地将系列的动作表现出来。

我们日常生活中和作战训练中常见的写字、驾驶车辆、骑车、打球和维修装备等都是动作技能。按动作技能是否连贯,动作技能可分为连续和不连续的动作技能。比如,游泳、跑步、开车、打字、滑冰等属于连续的动作技能,是刺激、反应的一长串联结系统,没有明确的开端和结尾,行为一直持续下去,直到人为打断为止。射箭、举重、投篮、打鸡蛋等属于不连续的动作技能,其刺激、反应的序列短,有明显的开端和结尾,反应比较精确,便于计数。动作技能也可按动作过程中外部情境是否变化,分为开放性和封闭性的动作技能。如打球、开车、滑冰需视外部情境的变化而调整动作,随机应变,属于开放性的动作技能;而射箭、写字、打鸡蛋在预先确定的较静态的环境中进行,动作的灵活与变通性不大,属于封闭型动作技能。

此外,还可以根据动作技能的反馈条件,把动作技能分为内循环和外循环两类。内循环的动作技能是一种完全依赖内部肌肉反馈的程序性知识,这种动作闭着眼睛也能完成,如在黑板上徒手快速地画圈。外循环的动作技能在某种程度上要受客观外界环境的控制,不可能仅仅依靠肌肉的反馈动作加以矫正,如踢足球、骑自行车等程序性知识就是如此。

动作技能的形成是通过领悟和练习逐步掌握某种动作操作程序的过程。复杂动作技能的形成,一般要经过四个主要阶段。

(一) 认知阶段

认知阶段是动作技能形成的开始阶段。从组训者角度看,认知阶段主要是讲解与示范;从受训者角度看,认知阶段主要是理解学习任务,形成目标表象(goal-image)和目标期望(goal-expectancy)。目标表象是指受训者了解动作的要求,记住有关动作的知识及事项,在头脑中形成动作的完整表象,以此作为实际操作的参照。目标期望是指受训者根据以往经验,以及自己的能力和任务的难易程度,对自己所能达到的操作水平的估价,即明确自己能做得如何。例如,上装备维修课,受训者通过视觉观察组训者的示范,通过听觉倾听组训者讲解的动作要领,并把组训者的示范、讲解进行编码,形成动作表象,作为自己学习装备维修的指南,来调节控制自己维修的动作方式。在认知阶段,受训者认知的质量和学习时间,取决于对现有任务(即动作技能)的知觉和有关线索的编码,有助于此后在长时记忆中依据线索提取关于现有任务的知觉信息,以及从长时记忆中激活先前有关的信息,并有效地检索,提取出来。

(二) 分解阶段

在这一阶段,组训者把整套动作分解成若干局部动作,受训者则初步尝试,逐个学习。受训者由于初学,注意的范围狭小,注意的分配与转移不熟练,虽然分解后的动作较简单,容易掌握,但在前后两个动作的交替和过渡上则比较困难,因而导致受训者容易出现动作忙乱、紧张呆板、协调不准确、顾此失彼等现象。

(三) 联系定位阶段

该阶段重点是使适当的刺激与反应形成联系而固定下来,整套动作成为整体,变成固定程序式的反应系统。受训者首先要弄清刺激与反应之间的步骤,使之形成联系。其次,要增加练习次数和练习时间,加强触觉反馈,以提高动作的熟练性和准确性,提高动作质量。要注意排除过去经验中的习惯干扰,防止负迁移产生。在这一阶段,受训者对动作技能的视觉控制作用逐渐减弱,肌肉运动感觉的控制作用逐渐增强,动作间的相互干扰减少,紧张程度有所减弱,多余动作趋于消失。

(四) 自动化阶段

这是动作技能的熟练阶段。各个动作的完成似乎是自动的,娴熟协调,得心应手,甚至出神入化,令旁观者眼花缭乱,叹为观止。此时,受训者的多余动作和紧张状态已经消失。受训者能根据情况的变化,灵活、迅速而准确地完成动作,能自动地完成一个接一个的动作,几乎不需要有意识的控制。如熟练的车技演员一边骑车,一边做出优美、复杂的杂技动作。

二、技能训练的心理规律

动作技能的形成以知识的领会为基础,训练是由不会到会、由生疏到熟练掌握的练习过程。练习是形成动作技能的基本途径和方法。

(一) 练习成绩的渐进

动作技能的形成,必须经过一定的练习。在练习过程中,总的发展趋势是不断进步、逐步提高的。其表现是速度的加快和准确性的提高。所谓速度的加快,是指单位时间内完成工作量的增加或每次练习所需时间的减少。所谓准确性的提高,是指每次练习错误动作的减少。虽然总的发展趋势是逐步提高的,但由于动作技能的性质、难度不同以及受训者能力的差别,动作技能练习在各个阶段上的进展状况是不同的。通常我们用曲线来表示练习进程的变化。

1. 先快后慢,负加速型

这是由于练习初期,受训者可以把生活中已形成的一些经验,迁移到所学动作中来,开始时对动作的掌握较快。随着操作动作结构的复杂,需要掌握的新的动作结构增多,能迁移的成分相对减少,练习的难度也就大幅度增大。再者,有些操作动作,开始可以分解为几个单个动作进行练习,掌握起来比较容易,而后练习协调动作,掌握起来就比较困难,进步也就会相对减慢。还有练习兴趣,往往是开始时较高,随着练习难度的增加,遇到一些挫折或进步不很明显时,兴趣往往容易减退,练习兴趣和认真程度也会逐渐下降。因此,组训者要针对先快后慢这一规律,特别注意加强练习后期的指导。

2. 先慢后快,正加速型

这是由于练习初期需要掌握的有关知识和基础动作比较难,随着练习次数的增多和肢体动作的逐步协调,准确性及熟练程度逐渐提高,后期进步幅度才逐渐加大。例如初学车辆驾驶,都会出现这类情况。对此,练习中组训者要注意加强初期指导。

3. 前后慢中间快,S型

有一些动作刚开始由于熟悉情况、掌握动作需要一定时间,进度较慢,而后操作较为简单、容易掌握,进步幅度较大,但到后期基本是熟能生巧,进步幅度又放缓,因而出现前后慢中间快的现象。

(二)练习进步的起伏

在某些复杂技能的形成过程中,成绩时而上升,时而下降,这种现象叫进步的起伏现象。导致进步的起伏现象的原因一般来自两个方面。一是外界客观条件的变化,如学习环境、训练器材、组训者指导方式的改变等;二是受训者主观状态的变化,如有无强烈的动机和浓厚的兴趣、注意是否集中、稳定,有无自满情绪,意志努力程度如何,练习的方式方法有无改变,身体状况等。一般说来,技能训练中的微小起伏是正常的、暂时的,待技能练习进一步深入,成绩又会再度上升。如果成绩急剧下降,则是不正常的。组训者要根据情况,仔细分析,找出症结所在,有针对性地进行教育和指导,提高受训者的训练积极性。

(三)练习中的"高原现象"

在某些技能的形成中,练习中期往往出现进步的暂时停顿现象,甚至在一定时期内成绩不但不上升,反而还有所下降,这就是训练中的高原现象。出现这种现象的原因主要有三:一是成绩的提高,需要改变旧的活动结构和完成活动的方式方法,没有完成这个改造之前,成绩就会暂时处于停顿状态。而某种旧的活动结构和完成活动的方式方法的改变,往往不是轻易能实现的,要克服许多困难。所以,在改造初期,练习成绩不仅没有提高,反而出现下降趋势。二是人体素质达到一定的极限。有些技能课目的完成是以人的身体素质为基础的。当人的身体素质达到极限时,再想提高训练成绩就很难了,所以导致训练的高原现象。三是受训者练习兴趣下降,产生厌倦、消极情绪,或出现盲目自卑与身心疲劳、疾病等,练习成绩也会出现暂时停顿或下降。当练习中出现高原现象时,组训者应帮助受训者分析原因,科学安排训练内容和时间,指导他们劳逸结合,克服心理上的消极因素,改变旧的活动结构,采取新的活动方式和方法,鼓励他们增强信心,克服困难,突破高原现象。

三、技能训练的心理调节

(一)过度紧张

紧张是精神高度集中的表现。一般说来,出现一般性的紧张并不是坏事,对技术的发挥还有一定的促进作用。但紧张心理超过了一定限度成为过度紧张,对技术发挥就会造成障碍。因为过度紧张会使人的自控力减退,注意力失调,呼吸急促,心慌意乱,四肢功能减弱。

造成过度紧张的原因是多方面的。常见的主要有三种:一是对自己的技术心中无底,害怕成绩不好;二是没有充分了解使用的武器、装备、设备性能,害怕出事故受伤;三是受客观条件的影响。如不适应的场合、不合理的要求、不良的气候等,都可能引起过度紧张。

为防止过度紧张心理的出现,组训者在技术训练中,一要有意培养受训者正确的训练动机和勇敢精神;二从认知角度进行心理调节,让受训者对自我和外界情况有充分的了解和掌握;三是改进训练的方法,贯彻从易到难的训练顺序,采取"小步子"递进训练;四是尽可能地创造条件反复进行心理适应训练,提高受训者的各种适应能力。

(二)训练疲劳

操作技能训练对体力消耗大,受训者容易出现生理和心理上的疲劳现象,从而导致训练效率逐渐降低。生理疲劳是一种生理机能上的失调,主要表现为肌肉酸痛、痉挛麻木,动作不协调、不准确等;心理疲劳主要是主观上感到疲劳,对学习感到厌倦,注意力不集中,思维迟缓,情绪烦躁,反应速度降低,记忆力减退等。

产生疲劳的原因多种多样,有受训者方面的原因,有训练内容方面的原因,有训练过程方面的原因,也有训练环境方面的原因。消除训练疲劳,一是保持乐观的精神和积极的情绪,增强毅力,用精神力量调动心理作用,达到自我克制;二是进行适当休息,放松肌肉,恢复体力;三是创设良好的训练环境,以提高训练效率,有效缓解疲劳。

(三)粗心大意

粗心大意是一种不良的心理现象。它表现为受训者漫不经心、粗枝大叶、马虎了事,常以"大概、差不多"为标准。这种心理状态对军事技术的发挥妨碍很大,尤其是对精度要求高的技术操作干扰更大。粗心大意有的是由于受训者对某些具体活动所引起的直接后果认识不明确,不了解动作误差会对行动造成什么样的实际危害;有的是由于受训者性格粗鲁,做事缺乏耐心;有的是由于受训者盲目自满,满不在乎。

纠正这种不良心理现象的方法:一是要向受训者讲清粗心大意对各种技术发挥的损害,特别是在战斗中带来的损失,使其在思想上高度重视,认真克服;二是要在训练过程中加强检查,有意识地进行矫正,培养受训者细致、准确的良好心理品质;三是要坚持高标准,严要求,克服受训者骄傲自满情绪。

四、技能训练的心理指导

动作技能的形成主要依赖受训者自身的反复练习,但是组训者有目的、有步骤的科学指导也是必不可少的。

(一) 言语指导

在学习动作技能以前,应先让受训者对所学动作技能有一定的认识,这就需要言语指导。言语指导应一开始就提出明确的目的、指标和要求。受训者有明确的目的意识和严格的练习标准,就会形成强烈的练习动机,力图练出硬功夫、真本领。此外,言语指导还告诉受训者不要干什么,需要注意什么,使受训者能迅速直接地掌握要领。

(二) 认真示范

示范是将技能演示出来,以便受训者能够直接观察学习,便于模仿。组训者的示范在动作技能的形成中具有导向功能,能引导受训者做出规范的动作。研究表明,组训者的示范不同,受训者的学习效果也不同。组训者示范、受训者模仿示范动作、组训者纠正受训者的错误是最有效的指导方法。组训者在示范之初要注意降低示范速度,分解示范动作,以便提高受训者的注意力,使受训者准确地把握动作结构与特点,更好地观察与模仿。

(三) 加强练习

任何复杂的动作技能都必须通过练习才能达到熟能生巧的程度。练习是影响动作技能学习的最重要的因素。研究发现,练习的不同形式对动作技能的学习有重要影响。

1. 练习的分布:集中练习与分散练习

集中练习是指将练习时段安排得很接近,中间没有休息或只有短暂的休息;分散练习是指用较长的时段将练习时段分隔开。一般说来,对于一个连续性的操作任务,分散练习的效果优于集中练习,因为分散练习可以避免长时间练习所产生的疲劳或厌烦,效果较佳。而对于不连贯的操作任务,集中练习的效果优于分散练习。

2. 练习的变化:随机练习与区组练习

有变化的练习对动作技能的学习有重要影响。研究发现,在多种情景下进行练习,相对于情景不变的练习而言,能更好地促进动作技能的学习。目前研究较多的是随机练习和区组练习。假设有 X 项任务(或一种任务有 X 种变化)要练习,每项任务练习 N 次,有两种安排。随机练习是任务 A 的一次练习后,紧接着进行任务 B 的一次练习,接着是任务 C 的一次练习⋯⋯直到 X 项任务上的所有 N 次练习都完成为止,而且一项任务结束后,接下来练习哪项任务是随机确定的。区组练习是在进行第二项任务的练习前,先完成第一项任务的 N 次练习⋯⋯在进行 X 项任务的练习之前,先完成 X-1 项任务的 N 次练习,直到所有任务都练习完为止。研究表明,区组练习在动作技能的习得阶段有积极作用,但在保持和迁移阶段则不如随机练习。因此,训练常采用随机化的区组练习,它综合了随机练习与区组练习的优点。

3. 身体练习和心理练习

身体实际进行活动的练习,称为身体练习。仅在头脑内反复思考动作技能的进行过程的练习形式,称为心理练习。分组实验结果表明,100%的心理练习组的效果比没有任何练习的实验组要好,但不如100%的身体练习组好。并且,混合组中用于身体练习的比例越高,学习效果越好。这一研究表明,在任何可能的时候,要尽量选择身体练习而不是心理练习。但在不具备进行身体练习条件的情况下,心理练习是促进学习的有效方法。

4. 部分练习与整体练习

通常,一套完整的动作技能可以分解成同时或按先后次序出现的局部技能。在学习一种技能时,是将技能的全部内容一次学完的整体练习好,还是一部分一部分地练习好,这要视具体情况而定。连续性的动作技能如果是由若干局部技能所构成,而且各个局部技能之间不存在相互协调的问题,那么,先进行局部技能的部分练习,而后进行整体练习,效果更佳。而如果连续性动作技能的各部分经常相互协调,或是离散的动作技能,则整体练习的效果更佳。

(四)加强反馈

在运动之中或运动之后,接到运动产生的信息即是反馈。反馈是仅次于练习的影响动作技能学习的重要因素。通过反馈,受训者才能辨别动作的正误,知晓自己的动作是否达到要求。反馈可分为内部的和外部的、及时的与延迟的。采取何种反馈方式,应根据任务的性质、受训者的学习进程而定。研究表明,若是连续的任务,如开车、滑冰等,及时反馈重要;若是不连续的任务,如投掷铅球、画线段等,则延迟反馈并不影响完成任务的效果。

(五)痼癖动作的纠正

动作技能练习中常常出现错误动作或多余动作,一旦成为习惯就是痼癖动作。痼癖动作是技能训练的一大障碍,而且较难纠正。教学过程中,组训者要多检查,及时反馈并纠正错误动作,尽可能避免受训者形成错误的动作定型。纠正痼癖动作最好的方法是单独与减速练习法,以重点突破的方式,将错误的动作单独地进行训练,熟练后再放慢速度,进行连贯练习,也可运用现代化的教学手段进行个别教学,将受训者的操作过程拍摄下来,与示范录像进行对比,让受训者对比学习。

【知识拓展】

单个军人队列动作组训法示范

课目:单个军人队列动作组训法

目的:统一教学内容和方法,提高教练员独立组织教学的能力,为下一步队列教学保障打下良好基础

内容:队列教学的作业

时间:30分钟

地点:东操场

方法:理论提示、教学示范、研究讨论、组织练习、小结讲评

要求:严格遵守训练场纪律,做到令行禁止;认真听、仔细看,勤于思考、大胆发言

作业准备:整理着装,清点人数,视情况向在场首长报告;宣布作业提要

作业实施:

单个军人队列动作组训法是对单个军人队列动作教学方法的研究和示范,是提高教练员组织实施队列训练能力的一种教学活动。单个军人队列动作教学通常分为作业准备、作业实施和作业讲评。今天我们主要学习作业实施部分。作业实施是单个军人队列动作教学的核心阶段,通常按照理论提示、讲解示范、组织练习、小结讲评的步骤进行。下面我们以齐步行进与立定训练为例,逐一进行学习。

一、理论提示

理论提示是教练员针对所训练的内容和受训对象,以直述、提问、引导、归纳等方式有重点地提供相关理论教学。

1. 教学示范

教员:下面由我给大家做示范。今天,我们主要进行齐步行进与立定训练,课前我们已经进行了理论学习,哪名同志能回答一下:齐步的步幅和步数分别是多少?

学员:报告!

教员:第*名。

学员:到!

教员:你来回答。

学员:是!

学员:齐步的步幅为75厘米,步速为每分钟116~122步,报告,回答完毕。

教员:回答正确。

2. 研究讨论

教员:请问我在刚才的示范中运用了哪种教学方法?

甲:报告! 教员,你采取了提问的方式。

教员:对,请同志们接着思考一下,怎样才能在理论提示中既突出重点,又能让受训者全面了解训练内容?

乙:报告! 我认为采取提问式较好,这样可以让受训者知道训练的重点,回答完毕。

丙:报告! 我认为采用直述式较好,这样可以让受训者全面了解训练内容,回答完毕。

教员:在训练中采取何种方式要根据训练内容而定,较容易的科目采取一种方式就可以,而较难的科目要采取两种或两种以上的方式才能把问题讲明白。为了做到既突出重点又全面了解,我们可以采取提问和直述相结合的方式,大家要灵活运用。

3. 组织练习

好! 下面请大家根据我刚才的示范进行体会练习。(开始体会练习)

4. 小结讲评

停! 我们就练习到这里,从刚才体会练习过程来看,大家练习比较认真,要领掌握比较快。大家再考虑一下,理论提示应当注意哪些问题?

可以概括为以下两个方面:一是理论提示时语言要精练,通俗易懂,要用军语;二是重点要突出。

理论提示我们就学习到这里,下面开始讲解示范。

二、讲解示范

讲解示范就是教练员以精辟的语言、规范的动作为受训者讲解动作要领和示范动作,是组织实施训练的重要环节,也是传授动作要领的基本途径。讲解示范的方法有:先讲后做、先做后讲、边讲边做、分解讲做等。

下面请看我示范:

1. 教学示范

教员:同志们,齐步是我们军人行进的常用步伐,其口令下达为"齐步——走……立定"。其动作要领由我边讲边做:当听到"齐步——走"的口令后,左脚向正前方迈出约75厘米,按先脚跟后脚掌的顺序着地,同时,身体重心前移,右脚按此法动作,上体正直,微向前倾;手轻轻握拢,拇指贴于食指第二节,两臂前后自然摆动,向前摆臂时,肘部弯曲,小臂自然里合,手心向内稍向下,拇指根部对正衣扣线并高于最下方衣扣约5厘米,离身体约30厘米;向后摆臂时,手臂自然伸直,手腕前侧距裤缝线约30厘米,齐步行进的速度为每分钟116～122步。当听到"立定"的口令后,左脚再向前大半步着地,脚尖向外约30度,两腿挺直,右脚取捷径迅速靠拢左脚,成立正姿势。

对于以上要领,大家是否清楚?

学员:清楚!

2. 研究讨论

教员:刚才我给大家示范了讲解示范的方法,针对不同的受训对象,要采取不同的方法。下面请同志们讨论一下,针对刚入伍的新兵应如何进行讲解示范呢?

甲:报告!我认为新兵刚接触齐步,在授课的过程中应采取先做后讲的方法,这样可以给新兵直观完整的印象,回答完毕。

乙:报告!我认为在教学的过程中要有示范,应由教练员边讲边做,因为动作变换较多,不利于让新兵听明白,看清楚。回答完毕。

教员:刚才两名同志针对新兵训练的特点,提出了各自的看法,并且观点都是可取的,大家可以在实践中加以体会。

3. 组织练习

教员:下面进行分组练习。(小组划分、指定小组长、带领训练)

4. 小结讲评

教员:停!刚才同志们分组进行了讲解示范的练习,讲解示范的要求归纳起来有以下三点,请同志们牢记。

一是动作示范要过硬;

二是讲做结合要紧密;(讲到哪里就要做到哪里,使受训者听得懂看得清。)

三是运用方法要灵活。(不厌其烦,反复讲解示范,把讲解示范贯穿于训练全过程。)

下面继续进行组织练习的学习。

三、组织练习

组织练习就是教练员在讲解示范后有计划、有步骤地运用各种训练方法组织受训者进行的练习。单个军人队列动作组织练习的方法一般有体会练习、模仿练习、分解练习、逐个练习、互助练习、分组练习、集体练习、评比竞赛等。无论采取哪种方法,都应善于发现并及时纠正问题。

1. 教学示范

下面给大家示范一下组织练习方法,齐步行进与立定训练可分为:摆臂动作练习、立定动作练习和连贯动作。下面我就以连贯动作练习为例给同志们进行示范。首先请同志们进行个人体会练习。

停！刚才大家体会较为认真，但还存在以下问题：(教员边讲边做动作)

(1) 八字脚。纠正方法：向前迈出时，脚步要正直向前迈出，两脚内侧在一条直线上行进。

(2) 挺小腹。纠正方法：收腹挺胸，腰部适当用力前推。

(3) 勾手腕。纠正方法：拇指轻轻贴于食指第二节，手腕不要过多用力。

(4) 立定时靠脚放臂不一致。纠正方法：前脚掌着地时，手停止摆动，靠脚的同时放手。

2. 组织练习

(1) 模仿练习：为使大家更好地掌握动作要领，下面请大家结合我刚才讲的问题跟我进行模仿练习。

(2) 逐个练习：从排头到排尾流水作业。

(3) 集体练习：下面就由我下口令，进行全班练习。

从刚才的练习情况来看，大家掌握要领比较快，动作也比较准确。

3. 研究讨论

下面结合两个问题我们展开讨论。划分小组，展开分组讨论，小组长汇报讨论结果。

(1) 我在刚才的示范中都采取了哪些训练方法？

(2) 纠正错误动作运用了哪些方法？

小组长1：我组认为教员在刚才的示范中分别采取了体会练习、模仿练习、逐个练习、集体练习的方法。纠正错误动作主要采取了叙述法。

小组长2：我组认为教员采取的训练方法有体会练习、模仿练习、逐个练习、集体练习。纠正错误动作主要采取了叙述法和对比法。

4. 组织练习

由战士充当教练班长组织练习，练习方法可自行选定几种。

5. 小结讲评

刚才同志们充当教练班长进行了组织练习，运用方法比较灵活，训练效果比较理想！那么，请大家再考虑一下，组织练习有什么要求呢？

第＊名你来回答。

方法要灵活，要及时纠正问题

对，下面我来总结！

(1) 组织练习时方法运用要灵活多样，要从效果出发，不能只为体现方法而训练。

(2) 发现问题要及时准确，纠正问题要有针对性。

组织练习我们就学到这里，下面我们进行下一个环节。

四、小结讲评

小结讲评是教练员在每个动作训练结束后，根据情况进行的小结，主要讲评训练情况，指出存在问题，明确努力方向。

1. 教学示范

下面由我示范一下：

刚才我们进行了齐步的行进与立定训练，同志们训练比较认真，掌握动作要领比较快，存在的问题是个别同志对训练方法的掌握还不够好，希望下一步继续努力。

2. 研究讨论

大家讨论小结的方法有哪些。

3. 组织练习

下面请大家结合我刚才的示范进行小结讲评练习。

4. 小结讲评

(1) 重复科目、目的、内容；

(2) 评估训练效果、表扬好的单位和个人；

(3) 指出存在的问题和克服的方法及今后努力的方向。

实践训练

1. 科目：拟制周训练计划

目的：学会周训练计划拟制的基本方法和格式规范；

内容：按照周训练计划的统一格式，选定各专业训练科目和内容，拟制周训练计划；

要求：要素齐全，格式规范，训练内容适合，装备器材周全，计划科学合理，可操作性强。

2. 科目：专业组训能力训练

目的：学会专业组训方法、手段、实施程序；

内容：根据课目要求，结合实训设备或仪器，熟练地组织一次专业技能组训课；

要求：按照下达课（题）目、讲解示范、组织练习、辅导纠正、检查验收、小结讲评流程进行。

【复习思考】

一、填空题

1. 训练计划分为＿＿＿＿＿计划和＿＿＿＿＿计划。
2. 综合计划包括＿＿＿＿＿计划、＿＿＿＿＿计划、＿＿＿＿＿计划和＿＿＿＿＿计划。
3. 专项计划包括＿＿＿＿＿、＿＿＿＿＿、＿＿＿＿＿、＿＿＿＿＿及其他专项训练活动计划。
4. 单兵专业训练又包括单兵＿＿＿＿＿和单兵＿＿＿＿＿训练。
5. 专业组训包括＿＿＿＿＿专业训练和＿＿＿＿＿专业训练。

二、简答题

1. 专业组训周训练计划包括哪些内容？
2. 专业组训准备内容有哪些？
3. 专业组训实施程序是什么？
4. 试述技能训练的心理过程和规律。

项目五 "会做思想工作"

【项目目标】

通过本项目的学习,你应该能够:
1. 阐述训练中政治工作的重要性;
2. 学会做思想工作的方法;
3. 熟悉训练中思想工作的具体环节。

【项目导言】

> "会做思想工作",即组训者能把思想工作渗透到军事训练中,激发受训者的练兵热情,使其能自觉苦练、精益求精。会做思想工作是"四会"的保证,它要求组训者在教学过程中,有针对性地进行思想政治教育,激发受训者的军事训练热情和训练潜能,保证讲、做、教的顺利实现,最终提高训练质量。

【项目内容】

掌握思想教育,是团结全党进行伟大政治斗争的中心环节。

——毛泽东

强化军队思想政治建设。政治建军,是我军最大的政治特色和政治优势。 ——习近平

党的十八大以来,习近平总书记围绕政治建军作出一系列重要论述,亲自领导召开古田全军政治工作会议、中央军委党的建设会议、中央军委基层建设会议等,鲜明提出政治工作的时代主题,确立新时代政治建军方略,为加强和改进新时代军队政治工作提供了根本遵循。历史深刻昭示,只要我们永远坚持这一生命线,不断焕发政治工作的蓬勃生机和强大威力,人民军队必将无往而不胜。

第一节　组训中的思想政治工作

认真做好军事组训中的思想政治工作，是激发战士训练热情、圆满完成组训任务，全面提高战斗力的重要保证，是每个军士班长的重要任务之一。然而，在组织军事训练的实践中，许多军士班长往往只注重讲解、示范、练习组训内容，不注意结合组训内容有针对性地做好战士的思想工作，结果辛辛苦苦训练完课目但效果不佳。那么，怎样才能有效地做好组训中的思想政治工作呢？

一、思想政治工作在军事组训中的重要作用

组训中的思想政治工作，是在组训教学过程中，为调动战士的练兵积极性、完成训练任务、提高训练质量所进行的政治工作。它紧紧围绕组训任务而展开，并贯穿和渗透到组训的各项活动之中，从而推动组训的开展，保证组训原则、方针的贯彻落实，促进受训人员形成战斗能力。

思想政治工作是完成组训任务的重要保证。思想政治工作在组训中的主要作用是保证作用和服务作用。前者要保证训练的正确方向，后者可以推动训练的健康发展。时代和形势的发展，尤其是现代高技术条件下的战争，对组训提出了更高的要求。因此，每名军士班长必须做好组训中的思想政治工作，并把思想政治工作贯穿于组训的全过程，引导战士苦练杀敌本领。

思想政治工作是调动战士军事组训积极性的强大动力。组训的效果是与受训者的思想和精神状态紧密相连的，没有正确的指导思想、良好的精神状态和坚韧的训练劲头，很难把军事组训搞好。这就要求我们通过强有力的思想政治工作，引导战士端正指导思想，明确目的意义，激发训练热情，提供精神动力，保证组训任务的完成。

思想政治工作是全面提高战斗力的有效手段。部队战斗力是由多方面因素构成的，它包括人的觉悟、现代化武器装备、精湛的战术技术、顽强的战斗作风、严格的组织纪律，良好的内外团结等。只有把这些因素有机结合起来，才能形成强大的战斗力。而在战斗力诸因素中，最主要的是人与武器的有机结合。军事组训中的思想政治工作从一定意义上讲，就是做这种结合工作的。它能使战士的积极性和创造性投注于训练之中，凝聚成巨大的力量，实现人与武器的最佳结合。实践证明，思想政治工作做好了，不仅对保证军事组训任务的完成起着重要作用，而且对提高战士的觉悟，培养顽强的战斗作风，养成严格的组织纪律观念，以及培养团结协作的精神等方面，都起着巨大作用。

二、军事组训中思想政治工作的主要内容

组训中的思想政治工作，要依据中国人民解放军军事训练大纲、战斗条令、政治工作条例，结合军种、兵种部队的训练任务，确定具体内容和实施方法。

军事组训中思想政治工作的主要内容是，用毛泽东军事思想、邓小平新时期军队建设思想和习近平关于军队建设一系列重要论述教育战士，确保中央军委有关军事训练方针、原则的贯彻落实；进行马克思主义战争观、中国人民解放军职能和形势战备教育，引导战士认识

教育训练的战略地位;发扬爱国主义精神,树立常备不懈的思想,提高为保卫社会主义祖国而勤学苦练的自觉性;教育战士正确运用中国人民解放军的作战经验,着眼于现代战争特点,从难、从严、从实战需要出发训练,全面提高在现代战争条件下的作战能力;通过灵活多样和扎实有效的工作,充分调动战士的训练积极性,促进训练质量的提高和训练任务的完成。

(一) 进行组训动员教育,提高受训者练兵自觉性

进行组训动员教育,是思想领先原则在军事训练上的具体运用。组训动员教育的内容应根据政治教育纲目、军事训练指导思想、部队担负的训练任务和现实思想问题来确定,通常包括毛泽东军事思想、邓小平新时期军队建设思想和习近平关于军队建设一系列重要论述的教育,中央军委军事战略方针教育,军队军事训练指导思想和方针政策原则教育,人民战争思想教育,爱国主义和革命英雄主义教育等。

(二) 做好训练现场的思想鼓动工作,激发受训者的练兵热情

训练现场是组训中思想政治工作的主要阵地。要在训练中开展比学习、比纪律、比团结、比作风、比技术、比训练成绩的活动。通过多种宣传手段,及时表扬训练中的好人好事;结合组训任务,适时提出简明有力的鼓动口号,鼓舞训练斗志;利用训练间隙开展丰富多彩的文体活动,使战士自始至终保持饱满的练兵热情。

(三) 发扬军事民主,调动受训者的积极性和创造性

发扬军事民主,开展群众性练兵活动,是党的群众路线在军事组训中的具体体现。组训者应虚心听取受训者意见,尊重受训人员的首创精神,积极采纳受训者的合理化建议。对训练中遇到的难题,组织受训者开"诸葛亮会",让大家动脑筋、想办法、献计献策。发扬军事民主,进行训练现场的宣传鼓动工作,开展群众性的官兵互教、评教评学、革命竞赛以及"神枪手、神炮手、技术能手""一专多能"和"优秀教练员"评比等活动,充分发挥受训者的积极性、主动性和创造精神。

三、军事组训中思想政治工作的主要环节

军事组训一般包括组训准备、组训实施和组训总结三个阶段。各个组训阶段的工作任务、工作重点不同,思想政治工作的内容、方法和要求也应有所侧重。只有从不同阶段实际出发,把思想政治工作渗透到各个环节,才能确保组训任务的圆满完成。

(一) 组训准备阶段要重点做好思想准备

组训前,组织者要了解和摸准本班人员的思想情况,掌握他们对军事组训的认识,根据组训任务和受训者的思想状况,有针对性地搞好开训动员,使受训者认清形势,明确组训目的、任务、要求以及完成组训任务的措施和方法。发动大家表决心,开展挑战活动,使受训者以旺盛的政治热情投入军事训练。

(二) 组训实施阶段关键是搞好结合渗透

在这个阶段,除针对带倾向性问题由连队统一进行集中教育外,主要是由组训者通

过结合渗透进行思想工作和激励鼓动工作。一方面,要针对组训实际和受训者的思想变化,及时做好思想工作。组训中,受训者的思想是随着组训时间、组训内容、组训强度的变化而不断变化的。必须区别不同对象,针对不同特点,抓住组训中容易引起思想波动的时机,有效地做好思想工作,不间断地激发练兵热情。另一方面,要关心爱护受训者,营造良好的训练环境。要切实抓好组训中的安全工作,把各类事故消灭在萌芽状态,确保人员和武器装备的安全。要把受训者关于伙食方面的意见及时反映给连队领导,搞好伙食,让战士吃饱吃好。同时,要注意劳逸结合,既有严肃紧张的组训活动,又有生动活泼的文体生活。

(三) 组训结束阶段突出总结经验教训

当一个组训课目或一个训练阶段结束时,组训者要发动受训者搞好训练总结,用自我教育的方法,谈收获,讲体会,总结经验教训,明确今后的努力方向;要对每名受训者做出讲评,并作为年度评先进的重要依据。

四、掌握思想情况的方法

部队生活在社会环境之中,官兵是社会的人,是自然界的人,其思想反映受客观环境的制约。组训者要以高度的责任心和敏锐的观察力,来把握受训者思想动态。

(一) 思想问题产生的根源

1. 个人方面

各种个人原因如入党入团、考学、提干等受挫,受到批评处分,没有评上先进,同志之间关系紧张,负伤患病,担心退伍后的就业出路,工作调动,都能使受训者产生思想问题。

2. 家庭方面

家人患病、婚姻恋爱不尽如人意、家人下岗或失业、住房条件得不到改善、家庭出现各种矛盾和纠纷以及家乡遭受自然灾害等,都能引起受训者的思想反应。

3. 连队方面

军队重大政策的出台、部队执行任务艰苦紧张、物质条件不能满足受训者的需求、干部作风差、管教方法不当、干部和骨干的调动、官兵不能正常休假探家、新兵下连、老兵复员以及连队发生事故等,是受训者产生思想问题的直接原因。

4. 社会方面

国际形势对我国的影响、我国政策变化和制度改革、市场物价与官兵工资的反差、社会风气和社会治安特别是驻地的社情、文艺宣传的导向等,也是受训者产生思想问题的原因。

(二) 思想情况收集的方法

组训者要以高度负责的精神,利用多种途径获取思想信息。主要做到"四个熟知":熟知个人简历和家庭情况;熟知爱好特长和性格气质;熟知身体状况和生活习惯;熟知婚恋情况和人际关系。

收集思想情况的主要方法有以下几种。

1. 根据受训者思想活动规律对思想问题进行预测

要根据"思想活动是由客观条件决定的"一般规律和不同人员思想变化的特殊规律进行预测。

2. 深入体察

要充分发挥五官功能,思想问题具有外露性的特点,要深入受训者中去,实际体察受训者的一言一行、一举一动,从中发现他们内心的奥秘。

3. 个别交谈

这是经常性思想工作的常用方法。要区分不同情况,定期或不定期地找受训者谈心,了解其对国内外大事的认识,对理想前途的看法,对连队工作的意见,以及家庭方面的实际困难,从中发现思想问题。

4. 摸底测试

有针对性地提出一些书面问题,让受训者不记名地作出回答,这样既能消除受训者的顾虑,又能了解到比较真实的思想问题。

5. 会议收集

通过支委会、干部会、党团组织生活会、班务会、骨干会以及小型座谈会等各种会议形式,发现和掌握受训者的思想问题。

6. 社调家访

定期地有计划地进行社会调查和家庭走访,了解地方有关政策、风俗习惯、家庭情况变化等,从中预测对受训者思想的影响。

7. 群众反映

有针对性地、经常性地向思想骨干了解,向群众了解,掌握受训者某些思想问题。

五、组训中思想工作的具体做法

1. 搞好活动间隙的娱乐活动

充分发挥战斗精神和军营文化的引领功能,激发受训人员励壮志、强技能、谋打赢的练兵热情,使训练间隙的文化活动成为提升战斗力的"倍增器"、催生战斗力的"孵化器"、激扬部队士气的"助推器"。比如训练间隙讲哲理小故事的效果还是比较明显的。在训练间隙,尤其是让在训练中表现不是很积极主动的受训者,讲哲理故事,谈故事的寓意,组训者再进行适当的点评和拓展,通过这种形式,有思想问题的受训者也会受到教育。对于性格比较外向的受训者,如果组训中出现了思想波动,可以让其单独表演节目,而后进行表扬,也能够提高其训练积极性。

2. 因人制宜

组训者在组训中都有这样的体会:不同年度的兵员,训练的积极性和主动性不一样;不同家庭条件的兵员,训练中吃苦程度不一样;不同文化程度的兵员,训练效果不一样;不同性格的兵员,在训练中遇到挫折时的态度也不一样,因此,做好训练中的思想政治工作,要坚持因人而异,不能一刀切。对训练中易产生恐慌、紧张情绪的新战士,要积极引导帮其减压;对文化水平低、体质弱、反应慢的战士,要耐心开好小灶、帮其赶队;对害怕艰苦、消极应付的受训者,要加强教育,搞好鞭策奖励,多鼓励、多表扬;对军事素质较高的受训者,要经常提醒敲打,防止其产生自满情绪。

3. 因事制宜

官兵训练中反映出来的思想问题,都是事出有因,且原因各不相同。因此,要在具体分析的基础上采取不同办法加以解决。是由心理问题引起的,就要运用心理调节的办法解决;确属思想问题的,则要采取教育疏导的方法来解决。在解决思想问题时,还应注意分清是老问题还是新问题,是个别问题还是普遍问题,是思想问题还是实际问题,是一时的过错还是屡教不改,是大意出错还是明知故犯等,然后根据不同性质采取针对性措施,使问题得到圆满解决。对于个别问题,尽量不要扩大影响面;对于普遍问题,一定要公开处理,提高透明度。

4. 因时制宜

不同的组训阶段,官兵思想问题不尽相同。一般来说,组训开始前,受训者容易产生畏难情绪,要着力搞好思想动员;组训过程中受训者容易产生怕苦怕累思想,打退堂鼓,需要搞好宣传鼓动;组训结束时受训者容易产生自满情绪,要引导官兵反骄破满;遇到困难时受训者容易产生泄气情绪,要引导官兵知难而进;完不成训练指标时,受训者容易产生急躁情绪,要引导官兵树立信心,迎头赶上。

第二节 心理教育疏导

随着社会竞争日趋激烈,生活节奏明显加快,工作压力增大,广大受训者的心理压力也越来越大,一些倾向性问题随之而来。由于军人职业的特殊性,体力负荷和心理负荷远远超出普通人,受训者容易出现紧张、痛苦、自责、受挫和丧失信心等不良心理反应。基层部队的官兵大多是青年人,有些正处在青春期,适应能力、鉴别能力、自控能力相对较弱,容易产生心理冲突和失衡。

对军人而言,健康的心理与健康的体魄同样重要。适当而科学的心理教育和疏导,有利于军人心理的成熟和稳定,有利于部队战斗力的提高。

一、心理教育疏导的重要意义

什么是心理疏导呢?心理疏导是指根据受训者的心理特点,按照心理活动规律,运用心理学的相关知识和原理有针对性地对各种心理问题加以疏通和引导,消除心理问题和障碍,培养健康的人格和良好的心理素质。

在实践中,人们对心理疏导与传统思想政治工作的关系认识模糊,有两种错误倾向:一种是因循守旧,把心理疏导与思想政治工作对立起来,轻视心理疏导的作用;另一种是把心理疏导抬高到不适当的地位,忽视我军思想政治工作的传统优势。这两种倾向都应克服。部队的思想政治工作,是用先进的理论和思想对受训者进行引导,帮助广大受训者树立正确的政治立场和世界观。而心理疏导是心理学知识和原理在我军思想政治工作当中的具体运用,主要是通过心理教育、心理咨询、心理诊断、心理测试、心理治疗等手段,提高官兵的心理健康水平。

它是思想政治工作的延伸与补充。在新形势下,开展心理疏导工作具有重要意义。

(一) 开展心理疏导工作是现代社会和军队发展的客观要求

现代社会的发展,使人们物质文化生活发生了深刻变化,随之而来的心理问题也日渐增多。新形势下观念的碰撞、利益的调整、竞争的加剧,使受训者心理压力增大;市场经济的负面影响、各种诱惑因素的增多,容易使意志薄弱者产生心理扭曲;军营的生活环境、严格的管理和高强度的训练,可能引发受训者心理上的不适;家庭问题的增多、富裕程度的差异,会给一些战士带来心理影响;青年战士成长进步、人际交往、婚姻恋爱等方面的问题,会使他们产生许多心理矛盾。这些由社会环境影响和军队特殊性带来的心理问题,如不及时加以疏导,就会导致受训者产生不当行为,甚至会影响战士成长进步和部队建设。

(二) 开展心理疏导工作是打赢未来高技术战争的迫切需要

未来战争是高技术战争,从武器装备到作战样式都将发生重大变化。在这种情况下,受训者具备良好的心理素质,树立敢打必胜的信心,对于夺取战争的胜利至关重要。只有平时强化心理训练,加强心理疏导,注重培养受训者的心理承受能力、心理对抗能力、心理调控能力,才能使受训者在各种尖锐复杂局势下保持平静的心境,有效破除敌人的心理战,保持高昂的士气,提高战斗力。

(三) 开展心理疏导工作是增强思想政治工作有效性的重要途径

思想政治工作是做人的工作,受训者的行为有异常表现甚至发生问题,既有思想原因也有心理原因。特别是在新形势下,受训者的思虑较以前复杂得多,思想问题和心理问题往往交织在一起,互相引发、互相转化。思想政治工作必须在继承传统做法的基础上,注重从心理的视角去分析问题,才能更加准确地把握受训者思想变化规律,找出有效解决问题的办法。

(四) 开展心理疏导工作是提高受训者综合素质的必要手段

健康的心理是军人职业特殊性决定的,是合格革命军人的必备条件。时代的发展和世界军事领域的变革对官兵素质提出了更高的要求。当代军人必须具有良好的思想政治素质、军事专业素质、科学文化素质和身体心理素质。而青年官兵又正处在各种素质形成和发展的关键时期。开展心理疏导工作,培养良好的心理素质和自我调节能力,可以为受训者综合素质的提高,打下良好的基础。

二、心理教育疏导的一般原则

开展心理疏导工作要在我军思想政治工作基本方针原则指导下,根据自身的特点和规律,把握好以下原则:

(一) 坚持按心理规律办事的原则

开展心理疏导工作要注意平等,彼此应互相信任,互相尊重,切忌居高临下;注意启发性,通过交谈引导受训者完整准确地表达真实思想,善于从多角度提出意见和建议,启发对象作出自己的选择;注意客观性,全面辩证地认识事物,实事求是地分析问题,客观公正地提出建议,不搞主观臆断,防止片面性;注意保密,尊重受训者隐私,不泄露对方不愿公开的信息,避免给对方造成新的心理伤害;注意预防性,围绕提高受训者心理调节能力、自我控制能力开展工作,及时预测可能出现的问题,防止不良后果的产生。

(二) 坚持为提高部队战斗力服务的原则

要为部队中心工作服务,调动受训者的热情,及时排遣受训者训练中出现的畏难情绪、怕苦心理和消极态度等;要贴近部队的难点热点问题,启发受训者调整思维方式,辩证看待事物,有效解决由此引发的心态失衡、认识偏激、情绪低落等问题;要围绕家庭、婚恋、人际关系、个人进步等常见问题,加强与受训者的思想沟通,化解心理矛盾,增进感情交流,使官兵保持平衡的心态和健康的心理;执行急难险重任务时,要及时消除不良心理和思想问题,努力激发受训者斗志,保持高昂士气,保证圆满完成任务。

(三) 坚持结合其他工作综合开展的原则

要坚持思想教育、心理疏导、法律服务、强化纪律、文化知识学习、活跃文化生活、解决实际问题、搞好环境建设等有效形式的综合运用,谋求整体效益。要把心理疏导渗透到其他工作中去,使之相得益彰。在军事训练中,要开展心理训练,并注意预测、发现和解决受训者训练中容易出现的心理问题;在经常性思想工作中,注意从心理层面去分析和认识问题,针对受训者心理特点,找出解决问题的办法;在管理教育中,要了解和掌握受训者的心理特点与规律,提高管理的科学性、有效性;在医疗诊治工作中,要在预防和诊治躯体疾病的同时,开展心理疏导工作。

(四) 坚持讲政治的原则

在心理疏导工作中,要坚持马克思主义的立场、观点和方法,坚决克服和反对搞唯心主义、形式主义,引导受训者树立正确的世界观、人生观、价值观,树立远大的革命理想,坚定正确的政治方向。要坚持以培养"四有"革命军人为根本目标,引导官兵树立高尚的思想道德情操,坚决抵制拜金主义、享乐主义、极端个人主义影响。要注重从政治上、思想上关心和爱护官兵,用大道理管住小道理,引导大家树立全局观念和奉献精神,正确处理国家利益、集体利益和个人利益的关系。

三、心理教育疏导的主要方法

心理教育疏导涉及很多心理学的相关知识,具有较强的专业性,因此,实施心理教育疏导时特别强调要使用正确的方式方法,这样才能取得比较好的实效。在心理教育疏导中,通常采用的方法有:

(一) 思想引导

在思想教育引导中,通常采用的方法有故事说理法、顺水推舟法、借用道具法、知识启迪法、环境熏陶法、兴趣引导法、言传身教法、因势利导法、寓教于乐法、对症下药法等。

1. 故事说理法

针对年轻官兵爱听故事的特点,把立身做人的道理融入一些生动具体、富有哲理的故事之中,从而把道理讲得通俗易懂,使教育对象在愉快的故事欣赏中受到教育和启迪。

[范例]一天,某连指导员发现战士在队列中戴墨镜。为了引导全连正确处理自由与纪律的关系,指导员给大家讲了"河床与浪花"的故事:无数的浪花沿着河床前进,一步步地奔向大海。可是,有个浪花却抱怨河床说:你这样狭窄,又弯弯曲曲的,严重地限制了我的自由,不脱离你的束缚,我什么时候才能见到大海呀! 于是,它"跳"出了河床,掉到了陆地上,结果,很快就被太阳晒干了。浪花的自由是在河床之内,军人的自由是在纪律之内,离开了纪律,就不会有真正的自由。战士听完故事后,都较好地接受了这个道理。指导员看到战士改正了错误,脸上露出了欣慰的笑容。

故事说理法适应青年官兵的心理特征,容易引起他们的注意和兴趣,为道理的灌输创造良好的条件;它能充分利用官兵的无意识心理活动,使官兵在不知不觉中受到熏陶和启发;它把一些抽象的道理具体化,便于官兵掌握和记忆。

[要求]一要选择恰当的故事,即故事必须为教育的内容服务。二要力求"精、近、新",尽量选择典型的、与官兵在心理上较为接近的、使人感到比较新鲜的故事。叙述时要详略得当,恰到好处。三要掌握讲故事的技巧,注意语言表达和感染力,尽量把故事讲得生动感人。四要注意一事一议,通过一个故事阐明一个道理。

2. 顺水推舟法

顺应官兵的情趣、爱好,通过教育,抑制其中的消极因素,扩大和强化积极因素,保持正确的行为导向。

[范例]某连指导员发现一些战士在床头上、本子上写格言警句,有的把"难得糊涂""忍"等词句作为自己的座右铭。针对这一现象,他及时组织开展了选择有意义的座右铭活动,并专门为大家讲了"座右铭"一词的来历、特点、作用,以及军人选择座右铭应坚持的原则等。然后,通过个人自选、班排集体评议等步骤,把每个人的座右铭贴在自己的笔记本上。连里的黑板报开设座右铭交流专栏,每周选登一名同志的座右铭。许多战士主动把消极的座右铭换成了积极的座右铭。"难得糊涂"换成了"勿以善小而不为,勿以恶小而为之","忍"换成了"天下兴亡,匹夫有责","有钱能使鬼推磨"换成了"绝不做金钱的奴隶"。实践证明,选择"座右铭"交流的活动,顺应了战士的兴趣爱好,收到了较好的效果。

[特点]顺水推舟法从教育对象最感兴趣的问题中寻找教育素材,针对性强,吸引力大。运用这一方法容易引起"同频共振",有利于激发受训者参与教育的兴趣和热情;有利于调动教育对象思维的积极性,使教育收到事半功倍的效果。

[要求]一要下功夫搞好教育前的调查分析,真正掌握"水势"。二要选择好教育切入点,使教育顺畅、自然地进入主题。三要注意采取一些相关的活动措施,使教育对象的言行向期望的目标发展。

3. 借用道具法

借鉴戏剧、电影等艺术形式中运用道具强化效果的做法,将一些带有某种特殊含义的物品作为"道具",恰当地运用到思想教育中,借物说理,使抽象的道理"物化",强化教育效果。

[范例]某连指导员发现一些战士把吃不完的馒头随手扔进了泔水缸,便把被扔掉的馒头捡了回来,并给全连吟诵了唐朝诗人李绅的著名诗句:"锄禾日当午,汗滴禾下土。谁知盘中餐,粒粒皆辛苦。"然后指导员讲解了这首诗的背景、含义及其艺术风格。继而讲述了一个

馒头虽小,却要经过播种、锄草、收割、磨面、炊事人员制作等几十道工序才能制作完成,凝聚着农民、工人、炊事员的辛勤汗水。每一个馒头都来之不易,如果每人每天浪费半两粮食,全连100人一年就要浪费1825斤粮食,这是不尊重劳动人民成果的表现,同时也是一种犯罪行为。几个馒头给全连官兵敲响了警钟,浪费现象因此减少了,"节约一滴水、一粒米、一度电、一分钱"活动在全连很快地开展起来了。

[特点]借用道具法寓教于"物",使思想教育更加具体、形象、生动;可以给人留下眼见为实的感觉,引起听者的认同;可以勾画教育的情节,强化教育对象的记忆;可以激发情感,深化教育的主题。

[要求]一要留心身边事,做有心人,善于从一些平常物品中发现其内在的价值,使其成为思想教育的一个"道具"。二要懂得运用"道具"的目的是辅助说理,说明问题即可,不能渲染过多以免造成累赘之感。

4. 知识启迪法

有针对性地传授自然科学和社会科学知识,使官兵在学知识长见识的过程中受到启发,指导自己的思想和行为。

知识启迪法把思想教育融入丰富多彩的知识传授之中,适应了新形势下青年官兵热爱学习、渴求知识的特点,从而增强教育的吸引力和说服力。

一要善于从科学知识中引申出立身做人的道理,防止跑题。二要注意准确地引用科学知识,与寓言、幻想、神话区别开来。三要加强学习,不断扩大自己的知识面,努力成为一名见多识广的教育者。

5. 环境熏陶法

通过营造催人奋进的小环境来激励官兵成长,使官兵在良好的环境氛围中,相互感染,相互激励,形成良性循环的行为引导方法。

[范例]某新兵连从营造连队军营文化氛围入手,注重文化育兵、以情带兵、科学练兵,出色地完成了新兵训练任务,受到了各级领导的高度评价。从新兵实际出发,他们制作了各种图文并茂的名言警句,悬挂在走廊、俱乐部,用催人奋进的话语激励每一个新兵;他们还注重发挥黑板报和墙报的教育功能,开辟了以"参军报国,立志军营"为主题的系列宣传墙报,其中,"为新战士赠言"一栏道出了每个带兵人对新战友的殷切期望以及各级首长的关心鼓励,大大激发了新同志的习武热情;他们还组织开展丰富多彩的文化活动,开设了"军营之声"小广播站,播放"生日祝福""战友点播""好人好事"等节目。此外,他们还开展了"龙虎杯"篮球循环赛、庆元旦卡拉OK比赛、传统游艺活动及迎新春文艺晚会等各种健康向上的文化活动,形成了浓厚的军营文化氛围,使每个新兵都受到军营文化的熏染,军政素质得到了全面提高。新兵下连后,受到各基层连队的普遍好评。

[特点]营造良好的硬件环境和健康积极的软环境,情境合一,达到激励教育官兵成长的目的。

[要求]外部环境营造要有特色,并注意结合官兵思想实际和工作特点,使官兵心灵不断受到激励。

6. 兴趣引导法

从教育对象的强烈爱好和需求出发,通过满足教育对象的正当兴趣,纠正错误兴趣,引导教育对象树立高层次的兴趣需求。

［范例］某连指导员发现部分战士玩扑克成瘾,甚至不分时间、场合,影响了学习、工作和休息。针对这种情况,指导员搞了一次扑克牌讲座。他拿了一副扑克牌讲道:"大家都爱玩扑克,下面我给大家介绍一下54张扑克牌中的学问:大王小王分别代表太阳和月亮;四样花色代表一年四季,每样13张代表每一个季度有13周,一年共有52周,所有牌的点数相加是364,再加大小王合一点,正好代表一年365天。"介绍完后,他讲道,如果我们玩牌无度,就等于玩四季、玩时间,大好的时光就会荒废在牌桌上。一次新颖的扑克牌讲座使扑克迷们受到了启发。

［特点］兴趣引导法以官兵兴趣需求为出发点,有极强的针对性。有利于发挥青年官兵的内驱动力。有利于帮助官兵不断把低层次兴趣需求引导到高层次兴趣需求。

［要求］一要深入了解官兵的兴趣需求热点,认真进行分析研究。二要从官兵最关心的热点入手,逐步进入主题。三要启发官兵自觉克服低层次需求,不断培养高层次需求。

7. 言传身教法

教育者在关键时刻的关键问题上,既要讲清道理以理服人,还要以身作则做榜样,用言行一致的良好行为给部队作出示范,以增强说服力和感染力。

［范例］某连指导员发现有些战士对实弹投掷考核存在心理障碍,主要是担心套在小指上的拉环会把投出去的手榴弹拽回来。指导员讲完考核的重要意义和要求以后,没有立即让战士投掷实弹,而是让战士卧倒,自己首先做了示范,投出了第一颗手榴弹。然后,把套在手上的拉环交给每个战士依次模拟体会,较好地消除了战士的心理障碍,全连战士不仅取得了优异的考核成绩,而且保证了安全。

［特点］言传身教法以教育对象在作战训练中遇到的难点为课题,客观地分析问题的症结,科学地提出解决的办法;以准确规范的动作为部队作示范,彻底消除官兵的心理障碍。既言传又身教,身教重于言传,能极大地提高教育的说服力。

［要求］一要深入作战训练的第一线,及时准确地把握重点、难点问题。二要对问题的性质和解决的办法进行深入的研究,用科学的道理来说明问题,不能回避问题。三要敢说"看我的!"不仅要讲得好,而且要做得好。在理论上要讲明白,在行动上要做表率。

8. 因势利导法

通过对教育主题的非直接阐述,借助与教育主题相关的事情,从官兵容易理解、乐于接受、浅显易懂的问题入手启发诱导,达到教育目的。

［范例］某连指导员发现部分战士衣袋里装有一个小镜子,动不动就掏出来美滋滋地照起来。针对战士爱美的心理,指导员在连队门前挂起了美观大方的仪容镜,上面写着"军人风采"四个大字,并且给全连上了一堂"镜子课"。他从镜子的起源讲起,然后又讲到镜子除了照人之外还有一个更重要的作用,就是借它可以自省。照镜子不仅要照人的脸面更要照人的心灵。以条令为镜可以严军容,以同志为镜可以知不足,以英雄为镜可以知进取,以法纪为镜可以律言行,以职责为镜可以常自省,以历史为镜可以明哲理。战士们听了深受启发,照小镜子的现象减少了,军容风纪却更加严整了,举止也更加端正了。

［特点］因势利导法从教育对象的习惯出发,不搞硬性灌输,变说教式教育为潜移默化式教育,使受教育者在不知不觉中接受教育。

［要求］一要选准教育突破口，从官兵最感兴趣的问题入手，进行说理教育。二要把握教育内容的针对性，紧紧围绕教育目的说古论今，举一反三。三是注意方法的巧妙性，运用大家喜闻乐见、乐于接受的方式，依次递进，环环相扣，步步深入。

9. 寓教于乐法

开展丰富多彩的文体活动，包括文艺演出、体育比赛、知识竞赛、读书演讲、影视评论、音乐欣赏、美术欣赏、知识讲座等活动，使官兵增长知识、受到教育、陶冶情操。

［范例］某连指导员发现战士多次出现酗酒的问题，有的酒后失态，影响很坏，就组织全连给醉汉画像，特别是让酒后耍酒疯、胡言乱语、萎靡不振的"小酒仙""小酒鬼"上台现身说法，有力讽刺了酗酒后的百般丑态，指导员则在大家的笑声中乘兴讲述了酗酒的危害。酗酒不仅会违反纪律，影响个人进步，而且会误大事，危害部队建设，破坏军人形象。醉汉自惭形秽，再也不好意思逞强好胜了。

［特点］寓教于乐法从教育对象的娱乐需要出发，发挥讽刺与幽默的功能，消除教育对象的逆反心理，提高教育的可接受性。使受教育者在开心的笑声中受到启发，懂得什么是美、什么是丑，增强教育的趣味性和吸引力。

［要求］一要选好娱乐的载体，让受众在艺术欣赏中受到教育和启迪，在轻松愉快的笑声中强化是非观念。二要掌握娱乐的技巧，运用幽默的手法于教育中，具体、生动、形象地表达教育内容，激发教育对象的兴趣，给人留下鲜明、生动的印象。三要掌握分寸，防止故弄玄虚、哗众取宠。

10. 对症下药法

针对教育对象的不同特点和不同情况，用一把钥匙开一把锁的方法，帮助解决教育对象遇到的难题，引导他们健康成长。

［范例］某连指导员发现部分战士思想消极、情绪低落，个别人甚至泡病号、压床板。经调查得知，产生这种消极情绪的原因是一些战士认为，本连作为勤务连队，与其他技术连队相比反差太大。针对这一思想，指导员对全连进行了"胸怀远大理想，干好本职工作"的教育，同时利用业余时间举办了"军地两用人才汽车驾驶学习班"，并规定在完成好本职工作的基础上才可以参加。学习结束后，请专业技术人员和有关部门考核验收发证。战士的思想情绪很快得到了扭转，"泡病号""压床板"的现象消失了。

［特点］对症下药法从教育对象的特点和实际出发，把解决思想问题同解决实际问题结合起来，以虚带实，最大限度地调动积极因素，克服消极因素。

［要求］一要抓准教育对象的特点。分清与其他对象有什么不同。二要客观地分析问题的症结所在，找出正确解决问题的办法。三要把解决思想问题同解决实际问题结合起来，争取从根本上解决问题。

（二）行为引导

在行为引导中，通常采用的主要方法有目标激励法、典型示范法、制度激励法、情感激励法、竞赛评比法、赏功罚过法、价值导向法、动机导向法、需求导向法、修养指导法等。

1. 目标激励法

帮助官兵树立正确的目标来激励上进心，以调动其积极性的行为引导方法。

[范例]某连指导员决定用目标激励法引导官兵按纲建连。年初,连队支委会作出了落实《军队基层建设纲要》争创先进连队的决定,然后发动各个班、排和个人制定了年度努力目标,并对这些目标的落实,实行按级负责制,定期检查、定期汇报、定期讲评,及时纠正官兵行为上的误差,把全连的思想和行动统一到连队全面建设上来,形成了巨大的合力。这个连队经过一年艰苦的努力,甩掉了多年不沾先进边的后进帽子,年终被评为先进连队。

[特点]实现目标的意义越大,实现目标的可能性越大,对官兵行为的激励力量也就越大。

[要求]帮助官兵确立目标,必须符合部队建设总体要求,同时要符合官兵的具体情况,还要积极为官兵实现目标创造条件,提供机会。

2. 典型示范法

运用榜样的力量来诱导官兵进行行为方式选择的行为引导方法。

[范例]某连党支部针对官兵存在的和平麻痹思想,有意识地授予在军事训练考核中获得射击、格斗、刺杀第一名的战士"全连爱军习武标兵"称号。指导员在连队军人大会上宣布了党支部的决定,给标兵披红戴花,并把标兵的照片挂在连队光荣榜最突出的位置,同时还让标兵给全连讲解动作要领及自己的训练体会。这使全连官兵受到极大的激励和鼓舞,很快,钻研军事技术、苦练杀敌本领的活动在连队蔚然成风。不但提高了连队训练成绩,而且也强化了官兵的战斗队思想。

[特点]真实可信的典型,对官兵有强大的示范作用。运用这种方法,对官兵意志、良好性格和思想行为的形成发展有积极的影响。

[要求]要针对部队的普遍问题选择典型;要实事求是地宣传典型;要形成学习典型的良好的舆论环境。

3. 制度激励法

运用制度的约束力来规范官兵行为方式的行为引导方法。

[范例]某连指导员发现连里请客送礼的现象有蔓延的趋势,使官兵之间高尚的同志关系被庸俗化、商品化,腐蚀了官兵的思想,败坏了连风。于是连里召开支委会研究制定了军官不准收礼的制度,在军人大会宣布以后开始执行。每月定期对制度落实情况进行检查讲评,对遵守制度的军官及时进行表扬,大力宣传;对违反制度的军官严厉批评教育,并责令其退回礼物;对屡教不改的干部则报请上级采取组织措施。制度的落实,规范了官兵的行为方式,净化了连队的人际关系,也有效地端正了连队的风气。

[特点]规章制度既是官兵行为的约束手段,也是官兵行为的评价手段。落实制度的过程就是把部队的要求内化为官兵心理尺度的过程。用制度进行管理更具有客观公正性和操作的科学性。

[要求]建立制度要体现我军建设的总体要求。落实制度要公正客观、合情合理。评价考核遵守制度的行为要与奖惩挂钩,强化其自觉性。

4. 情感激励法

运用情感的感染力与亲和力来实现官兵之间的心理沟通,用高尚情感的感化来影响官兵行为的行为引导方法。

[范例]某连在一次实弹考核中,一名战士因过度紧张而失手,手榴弹冒着黑烟落在脚下,那名战士当场惊呆了。在这万分危急的时候,军士班长飞身猛扑上去,把战士压在自己

身下。手弹爆炸了,战士脱险了,全连一起围了上来抢救军士班长。只见班长抖掉了身上的泥土,把战士从身下拽起来,仔细地看了一遍并问受伤了没有。战士们流下了激动的泪水,发现班长的腿出血了。班长却说:"我没事,擦破点皮很快就会好的。不过以后可别再拿手榴弹当高射炮使了,这可是血的教训哪!"战士们激动地说:"班长对我们比亲兄弟还要亲,我们一定把训练成绩搞上去。"班长舍身爱兵行为引起了全连的心理共鸣,并迅速转化成了官兵刻苦训练的实际行动。

[特点]健康的情感对人的心理活动有强烈的激励作用,官兵健康情感的培养需要有交往中的心理共鸣。用高尚情感与官兵心理相容,可以转化出自觉的高尚的外化行为。

[要求]要与官兵沟通思想,真诚地关心他们的进步成长。要尊重官兵的人格,保护他们的自尊心和自信心,帮助他们排忧解难。要和官兵缩小心理距离,注意以情动情,用高尚健康的情感去感染官兵。

5. 竞赛评比法

适应官兵争强好胜的特点,对其行为动机实施心理激发,以激励其更快地实现目标的行为引导方法。

[范例]某连组织全连官兵开展军事体育达标竞赛活动。在动员大会上,连长宣布了比赛的规则,把军体达标成绩作为每个人和班、排参加评功评奖的必备资格。全连很快掀起了比、学、赶、帮、超的军体训练热潮。连队干部一马当先、率先垂范,首先给全连作出好样子。最后,在五公里武装越野、百米短跑、手榴弹投掷、器械体操、超越400米障碍、军体拳六个项目的考核中,全连及格率达到100%,优秀率达到45%,总评成绩优秀,被评为"军体达标连",全连官兵的军事素质上了一个新的台阶。

[特点]竞赛评比法对官兵的行为动机有强烈的内驱动作用,对官兵的集体荣誉感有强烈的激发作用,对官兵团结互助加快实现目标的速度有极大的推动作用。

[要求]竞赛评比内容必须符合军队基层建设的要求,必须体现个体行为目标和群体行为目标的统一。还要严格比赛规则,禁止弄虚作假,确保评比结果的公正合理。

6. 赏功罚过法

对官兵正确行为给予表扬奖励、错误行为给予批评处罚的一种行为引导方法。

[范例]某连指导员在军人大会上,宣布了一名战士因工作成绩突出而受到嘉奖的决定,同时宣布了该战士因私自外出酗酒打架而受处分的决定,在连队引起了很大震动。具体情况如下:团里举行歌咏比赛,该战士担任指挥,为连队夺冠立下了汗马功劳,但在连里准备嘉奖他时,他却私自外出同老乡在驻地附近的小酒店喝酒庆功,还与地方几个小青年发生了口角,最终发展成打群架,造成了很坏的影响。对如何处理这一问题,支委看法不一,经过充分讨论,大家一致认为:功是功,过是过,既不能功过相抵,也不能因功而不罚过或因过而抹杀功,于是决定在宣布嘉奖的同时也宣布处分决定。此举一出,对受训者确立功过是非观念起到了积极的引导作用。

[特点]赏功罚过法对官兵的行为有严格的规范作用和积极的导向作用,可以激励官兵的进取意识,树立正确的功过观念,能够使官兵明确地选择正确的行为方式。

[要求]一要赏罚及时,二要赏罚得当。奖励时,要注意满足官兵实现行为价值的心理需求,使其体验到成功的愉悦,并转化为不断进取的内在动力,同时也对其他官兵产生激励作

用。惩罚时,要注意对官兵的副激励强化作用,以不愉快的刺激抑制其不正确的行为继续发展,激发其改正错误的决心和动力,同时也使其他官兵从中受到教育。

7. 价值导向法

帮助官兵树立正确的价值观念,纠正其错误的价值观念的行为引导方法。

[范例]某连指导员发现一些官兵在节假日里,把绝大部分时间用在玩扑克、看休闲视频上。针对这种现象,连队以"个人支配的时间干什么最有价值"为题组织了大讨论。在讨论会上班长首先作了发言,他对战士说:"一寸光阴一寸金,寸金难买寸光阴。浪费别人的时间是谋财害命,浪费自己的时间是慢性自杀。休息时间适当地放松一下是可以的,但是要适度,既要休息好,又要增长知识和才干,使自己不断得到充实和提高。"在指导员的倡导下,官兵办起了周末学习班,开设了军事知识讲座、历史知识讲座、法律知识讲座、市场经济知识讲座、世界名著和名画欣赏讲座等,使官兵在轻松愉快的氛围中学到了大量知识,提高了素质,增长了才干,全连形成了学习的好风气。

[特点]官兵的价值观念是官兵对自己的需求、动机、行为目标与方式作出选择的评价标准,对官兵行为具有导向作用。

[要求]要对官兵进行正确的人生观、价值观教育,提高其需求层次。要帮助官兵及时纠正行为的偏差,对官兵的行为要奖惩分明,以强化正确的行为方式和价值观念。

8. 动机导向法

运用动机支配行为的原理,从动机的关键点上帮助官兵增强内在驱动力,促使官兵行为趋向正确目标的行为引导方法。

[范例]某连指导员发现一名战士在连队发展党员之前,表现非常积极,每天都主动帮厨。但当他得知连队这次发展党员没有他时,便闹情绪,再也不见他去帮厨了。指导员找他谈话,说:"你热爱党的组织,这很好,实际行动也不错。可你为什么要入党呢?"战士回答:"入党光荣呗。"指导员又问:"入党为什么光荣呢?"战士回答:"共产党员是无私无畏、高尚的人!"指导员再问:"你觉得自己的动机是这样的吗?"那战士不好意思了。指导员接着说:"争取入党,首先要有共产党人那种高尚的动机,从个人名利得失的私心杂念出发,这本身就不符合共产党员的标准。"从那以后,帮厨的人员中又出现了这名战士的身影,他再也不干面子活了,而是关心集体、埋头苦干、不计名利。高尚的动机支配了他纯洁的行动,最后他终于光荣地加入了党组织,实现了他美好的人生愿望。

[特点]动机是激励人行为的原因,也是人行为的内在动力。目标的引力和外界的压力可以促进其动机的形成,官兵正确的动机会支配其正确行动。

[要求]要帮助官兵克服错误的动机,防止错误的动机支配行为。要帮助官兵树立正确的动机,让正确的动机支配官兵们的行为。

9. 需求导向法

引导官兵在旧的需求得到满足、新的需求正在产生的过程中,把个人需求建立在客观现实基础上,以个人需求服从社会需要,不断净化官兵行为的动力源的行为引导方法。

[范例]某连指导员带领全连利用业余时间养猪种菜,用生产收益改善伙食,提高了官兵的生活水平,也培养了官兵艰苦奋斗的优良作风。用节余的生产收益购买了大量图书,办起了连队图书室,满足了官兵的精神需求。官兵们阅读了《红岩》《青春之歌》《林海雪原》《高山

下的花环》《钢铁是怎样炼成的》等文学作品,陶冶了情操,提高了觉悟,激发了官兵的爱国主义热情。

[特点]物质需求决定精神需求,精神需求对物质需求具有反作用。满足官兵物质需求的同时,不断提高其精神需求的层次;用官兵高层次的精神需求,不断调节物质需求中的矛盾。

[要求]既要积极改善生活条件,满足官兵日益增长的物质需求和精神需求,又要引导官兵用健康的精神需求去抑制不现实和不合理的物质需求。

10. 修养指导法

对官兵思想品德修养实施积极影响,通过引导、启发、暗示、熏陶、感化、示范等各种方式,帮助官兵不断提高自我批评、自我调节、自我约束、自我激励、道德实践的能力的行为引导方法。

[范例]某连战士小王脾气火暴,性格刚烈,经常与周围同志发生矛盾,号称全连一号"野牛"。连里曾对他进行多次批评教育,都没有收到良好效果。这件事引起了班长的高度重视。在足球比赛中,小王因己方队员在慌乱中踢入自己球门一球而暴跳如雷,大骂"叛徒"并狠狠地踹了那个队员一脚,友谊赛也因此不欢而散。事后,班长找小王谈话,小王自己态度明确:"都怪我这该死的坏脾气,一到关键时刻就控制不住,我也知道他不是故意的,可就是忍不住。""我倒是有个办法,"班长向水龙头一指,"在忍无可忍、火冒三丈的时候,就到那去清醒清醒,先想想自己行为的后果是什么!""是!"小王向被打的同志道歉后,又在军人大会上作了检讨,并请求全连官兵监督自己,改正错误。不久,连队射击考核,小王所在的班本来成绩不错,但最后一名同志因压力太大没打好,射击优胜红旗眼睁睁地落入了他人之手。小王圆瞪双眼,提着枪大骂着冲了过来。大家心里都捏了一把汗,以为他老毛病又犯了。半天,小王从牙缝里挤出一句令人难以置信的话:"水龙头在哪?"大家怔了一下才明白过来,一颗颗悬到嗓子眼的心总算落了地,不由得暗暗称道班长的"药"还真好使,硬是把一号"野牛"的疯病给治好了。

[特点]侧重于"内省""慎独""躬行"境界的培养。官兵自觉根据军人职业道德规范的要求,通过内部思想矛盾运动,自觉接受积极影响,克服消极影响,逐步达到个性、品格的自我完善。

[要求]一是掌握标准,使正确的军人职业道德规范在官兵的头脑里扎根。二是循循善诱,帮助官兵学会对自己的行为进行客观的自我评价。三是启发引导,持之以恒,让官兵在军队生活的实践中反复强化自己的义务感、责任感,把情感化的道德认识和道德体验转化为理性化的道德信念。

(三) 组织管理

在组织管理中,通常采用的主要方法有民主决策法、责权对应法、联络沟通法、纪律约束法、人事调整法、监督考评法、以点带面法、中心带动法、疏堵结合法、科学预测法等。

1. 民主决策法

把民主集中制原则贯彻到日常组织工作中,使组织的决策成为集思广益、有序进行的科学决策。

[范例]某连指导员针对连队建设中存在的作风松散问题,召开支委会讨论研究解决办

法。支委会讨论时,大家发表了三种意见:一种意见是保持现状"两头不冒尖",只要保证不出事就行了;另一种意见认为搞整顿、抓得紧会使官兵产生抵触情绪,兵会更难带,出事会更多,费力不讨好,不利于连队建设;第三种意见认为"严是爱、松是害",必须从严治连,坚决实行以训促管的方针,通过严格的军事训练培养连队官兵的好思想、好作风和过硬的军事技术,向严格管理要战斗力。三种意见争执不下,指导员没有急于表态,而是让大家把自己的意见说完。最后,指导员才说,大家从连队建设出发,发表了不同的看法,各自都有一定的道理,在承认连队作风松散、防止连队出事、要把连队带好的问题上,大家的基本愿望是一致的,只是具体做法上认识不同。但是哪种意见才是正确的呢?象征性地抓整顿来吓唬吓唬,能保证部队不出事吗?以训代管能保证连队不出事吗?怕出事就放松管理,怕出事就不敢抓训练,怕出事就迁就消极情绪,这种以牺牲战斗力换来的先进又有什么意义呢?更何况,任凭极端自由主义、个人主义、享乐主义泛滥,任凭战斗力下降,这不正是在出事吗?依我看再也没有比这更大的事了。请同志们好好地考虑一下这个问题,然后举手表决。结果他们以少数服从多数的原则作出了从严治连、以训促管的决议。

[特点]以广泛的民主作为集中的基础,让大家畅所欲言、各抒己见。在充分民主的基础上实行正确的集中,用少数服从多数的办法使正确的意见上升为集体的意志。

[要求]民主不仅是一种方法,而且也是一个原则。政治工作要实施科学的组织管理,就必须制止个人说了算、家长制、一言堂的现象,努力营造民主平等的政治气氛。集中要按照科学的程序,对各种不同的意见进行优化,按少数服从多数的原则形成决议,作出正确的决策。

2. 责权对应法

给予各级骨干以一定责任的同时,给予其相应的权力,使其履行职责时能行使自己的权力,在行使权力中尽心尽责,从而使组织管理工作获得最佳效果。

[范例]某连指导员"两眼一睁,忙到熄灯",辛苦工作,政治教育的任务还是没能完成,最后受到了上级的批评。他认真总结教训,决心改变一竿子插到底的组织管理方法,实行责权对应的管理方法,努力实现全连工作的最佳运转。当上级下达政治教育、组织建设、军事训练、行政管理、安全保卫、后勤生产等各项任务之后,他按轻重缓急梳理成统筹图,然后召开干部会议布置任务、统一标准、明确分工、提出要求,让大家分头抓落实。属于军事工作的任务由连长负责,属于后勤工作的任务由副连长负责,属于政治工作的任务由自己负责。

在年终检查中,上级对这个连队任务完成情况非常满意,并且提出表扬,评价连队工作打乱仗的被动局面得到了根本扭转,整个连队忙而不乱、紧张而有秩序,为全面加强连队建设开创了良好的局面。

[特点]任何一个团体,只有分工明确、各负其责、紧密配合、协调一致,才能发挥最佳效益。根据人精力分配的一般规律,各级管理者的行为控制对象不宜超过5人,以3人为宜。当自下而上的管理者职责和权力明确,而各自行为控制对象又都在自身力所能及的范围内时,整个组织的运转将达到最佳状态。

[要求]职责要以职权为保证,职权要以职责为依据。实现各级管理者的责权统一是组织正常运转的重要因素。上级管理者对下级管理者既不能放任自流,也不能包办代替。下级管理者既不能越权自作主张,也不能失职、玩忽职守。

3. 联络沟通法

在组织管理过程中,建立上下左右之间互通信息、畅通无阻的渠道,以便于灵敏接收、加工、处理、反馈信息,提高政治工作的及时性和针对性。

[范例]某连指导员每月召开一次连队骨干会议,传达上级指示,分析思想形势,布置任务。在一次骨干会上,他先传达上级关于加强重要军事目标警卫,要做到万无一失的指示,然后分析本连形势,听取各排、班长的汇报。骨干们普遍反映:弹药库岗哨位于山谷树林中,夜间哨兵站岗不易发现敌情,极易遭到突然袭击,直接威胁弹药库的安全。指导员又根据最近从当地公安局获得的有一暴力抢劫团伙活动猖獗的信息,认为不能排除岗哨被袭的可能。他分析,一方面要加强哨兵和应急分队紧急出动的演习训练,另一方面要解决夜间哨兵安全问题。据研究,狼狗在夜间听觉、视觉、嗅觉比人要灵敏两千倍以上,可以在夜间帮助哨兵及时发现敌人和制伏敌人。于是,他作出了立即在每个岗哨配备一条狼狗的决定。三天后的深夜里,弹药库的山谷里突然响起了一阵狗叫和枪声,前来袭击哨兵企图抢劫弹药的犯罪分子不仅没有得逞,还被哨兵生擒,狼狗在这场夜战中起了极为重要的作用。连队不仅落实了上级指示,完成了重要目标的警卫任务,而且抓住了犯罪分子,为社会的治安作出了积极的贡献。

[特点]政治工作从某种意义上讲,就是不断把党的指示变成官兵的自觉行动的过程,也就是接收、加工、处理、反馈信息的过程。

[要求]上情下达,使局部不断作出相应的调整,以服从全局。下情上达,让全局不断地根据新情况作出新的决策。上下沟通,形成合力,使政治工作协调发展、整体推进。

4. 纪律约束法

严格执行我军纪律,按照条令条例规范官兵的行为,以保证上级交给的各项任务的顺利完成。

[范例]某连指导员组织全连官兵认真学习了政治纪律"十不准"的要求,着重强调了纪律的重要性,指出纪律是执行路线的保证。我军是人民民主专政的坚强柱石,是党绝对领导的人民军队,是保卫祖国的钢铁长城,全军官兵都必须严格遵守政治纪律,不允许任何违反纪律的现象存在。在指导员的组织带领下,全连官兵坚决反对迷信和伪科学。这个连队的官兵严格执行政治纪律的事迹受到了上级的表扬。

[特点]纪律具有导向功能,告诉官兵应该做什么,不应该做什么;允许做什么,不允许做什么;纪律具有评价功能,是对官兵行为对错的衡量标准和赏罚依据;纪律具有抑制功能,使官兵符合纪律的行为得到发扬,违背纪律的行为得到抑制。

[要求]要搞好宣传教育,强化官兵的纪律观念。要严格执行纪律、维护纪律的严肃性。要从军官做起,一级做给一级看,一级带着一级干,防止和克服严下不严上、严兵不严官的问题。

5. 人事调整法

调整班子成员和连队骨干队伍,使领导班子和骨干队伍达到最佳组合,让支部委员和连队骨干都能人尽其才、才尽其用。

[范例]某连指导员在工作中发现,爱好文娱活动的副连长经常闷闷不乐,而性格内向善于精打细算的副指导员对于组织文体活动则显得力不从心,结果,副连长分管的后勤工作和副指导员分管的团员青年工作都没有多大起色。指导员经过认真思考后向上级提出调整他们工作岗位的建议,很快得到了上级的批准。新的副指导员走马上任以后,团员青年的文化娱乐活动顿时活跃起来,球赛、棋赛、歌咏比赛、官兵同乐晚会搞得有声有色,使连队充满生机和活力。新的副连长走马上任以后,连队的伙食和农副业生产马上有了起色,官兵发现主

食增加了新的品种、副食增加了新的花样,顿时有了食欲。一段时间后,菜地和猪圈里,早已经是瓜果茂盛、肥猪满圈了。翻开账目,不但平衡了原来的超支,而且还做到了略有结余。两个人深有感触地说:"过去是赶鸭子上架强人所难,现在是如鱼得水尽情发挥。"

〔特点〕根据每个人不同的性格特点、能力才干、兴趣爱好,按照优化组合的原则,量体裁衣,量才用人,实行最佳搭配,人才在最合适的位置上,最大限度地施展才华。

〔要求〕要熟悉每个干部、骨干的性格、特长、爱好和工作风格。要根据连队建设的全局,掌握对各种不同特点人才的需要,大胆地建议党组织对各种不同人才进行调整使用,以实现人才结构的最佳组合。

6. 监督考评法

在政治工作组织实施过程中,对组织成员使用监督、考核、评议的方法,鞭策其奋发上进,并为合理使用和培养人才提供依据。

〔范例〕某连指导员组织全连民主评议党员,要求全连官兵以对党的事业、对部队的建设、对同志高度负责的精神来参加这次评议,对每个党员按模范作用好、较好或较差、差进行评议。在评议中,全连认真学习了党章,进行了党风、党性、党纪教育,党员进行了严格的自我对照检查和自我定档,互相之间开展了严肃的批评和自我批评,团支部、军人委员会也组织群众对每一个党员进行了民主评议和定档。最后,党支部根据每个党员的自我检查、党员之间的批评意见和群众民主评议的结果,综合起来给每个党员定档。结果,全连27名党员中,有9名被评为模范作用好,有15名被评为模范作用较好,有2名被评为模范作用较差,有1名被评为模范作用差。

指导员在民主评议的总结大会上,代表支委会当众公布了评议结果,对9名模范作用好的党员进行了表扬,对模范作用较差的党员进行了点名批评,对模范作用差的党员给予了党内警告处分。受到党纪处分的党员心情沉痛地说:"平时我自我感觉良好,迷迷糊糊放松了对自己的要求,糊里糊涂地走了下坡路。多亏这次党员评议给我敲响了警钟,群众的眼睛是最亮的,像一面镜子照准了我身上的缺点,感谢党组织对我的关怀和挽救,我要用实际行动洗刷自己的耻辱,挽回给党造成的不良影响,努力为党争光,请全连同志看我的行动吧!"

〔特点〕建立严格的监督考评制度,客观地反映组织成员的德才表现。加大监督的力度和提高考评的透明度,营造能使德才兼备的人才脱颖而出的良好环境。

〔要求〕要把组织监督与群众监督结合起来;要把德才考核与政绩考核结合起来;要把党内评议与党外评议结合起来。

7. 以点带面法

先在"点"上种好"试验田",取得成功经验后,再向"面"上推广。

〔范例〕某连指导员发现连队政治教育的讨论总是开展不起来,直接影响了教育效果。这个问题不解决,就会阻碍连队的思想政治建设。于是他来到一个政治教育效果较差的班参加讨论,发现战士讨论要么冷场,觉得没有什么好说的;要么跑题,乱哄哄离题万里。经过调查分析,指导员发现主要原因是班长组织讨论的方法不对。于是他帮助班长总结了一个名为"班长四要"的讨论组织方法,即讨论前班长要安排全班战士认真准备好发言提纲;冷场时班长要及时启发;跑题时班长要及时引导;讨论后班长要概括总结。

采用这个方法后,讨论果然热烈了起来。指导员立即把各班班长召集到一起,开了现场观摩会,并让班长交流心得体会,最后要求各班长按此方法落实。讨论教育效果差的问题就这样解决了。

［特点］针对普遍存在的倾向性问题去搞试点,用"点"上的经验解决"面"上的难题。

［要求］带着问题抓试点,抓普遍问题。解决问题总结经验,得出能解决普遍问题的经验。推广经验出成果,这个成果必须是行之有效的、经得起检验的成果。

8. 中心带动法

以主要精力紧紧抓住连队的中心工作,带动其他各项工作协调发展,始终把握工作的主动权。

［范例］连队建设的全局是一个完整的系统,各项工作是这个系统的相互作用的组成要素,其中全局性、关键性、经常性的中心工作是军事训练。某连指导员在制订工作计划和抓落实的过程中,始终把军事训练摆在中心位置,让政治工作、管理工作、后勤工作紧紧围绕军事训练这个中心展开,并为军事训练这个中心服务。他在开训的动员大会上对全连官兵讲:"我军是执行党的政治任务的武装集团,永远是个战斗队。武装集团是要打仗的,必须坚持战斗力标准,所以要把军事训练摆在中心位置。战斗力的构成用公式表达就是:$F=NM$,其中 N 是数量,M 是质量。质量包括人和武器两个方面。人又包括思想素质、纪律素质、文化素质、技术素质、身体素质等五个方面。每个军人的素质提高了,武器的质量提高了,还不能形成战斗力,只有两者结合起来才能形成战斗力。在战争年代这个结合是靠训练和打仗来实现的,而在和平年代,实现这个结合的唯一办法就是军事训练。军人对党、对人民、对祖国的无限忠诚不仅要写在纸上、喊在嘴上,更要体现在行动上,这个行动的标志就是优异的训练成绩。谁英雄谁好汉,训练场上比比看。"

这位指导员注意把政治工作渗透到军事训练的全过程,发挥后勤工作强有力的保障作用,在规范化的操练中还特别注重严格操场纪律,把操场当作战场,把练技术、练战术和练思想、练作风、练意志结合起来,推动连队的正规化建设。年终考核时,这个连队的共同课目训练、专业业务训练、军事体育训练、战备演习训练均取得优异成绩,思想建设、纪律建设、后勤建设也在全团名列前茅,被全师评为落实纲要标兵连队。

［特点］中心工作是连队建设中带全局性、关键性、敏感性的工作,是连队建设的主旋律。抓住中心工作就抓住了连队建设的主动权,就能使连队全面建设有条不紊地发展。

［要求］抓紧中心工作要始终不动摇。要让其他各项工作紧紧围绕中心工作来开展。要统筹全局,严密组织,调动一切积极因素,保证中心工作的落实,提高中心工作的质量。

9. 疏堵结合法

严格的行政管理一定要与疏导工作相结合,既要加强对官兵的管理,又要从思想上、意识上对官兵进行疏导教育,化解他们的心理疙瘩,使他们合理的诉求有一个释放的平台和渠道,这样才能在实践中取得良好的效果。

［范例］近年来,为了加强部队管理,某连出台了不少禁令。据不完全统计,仅生活方面的禁令就有 10 多个"不准",其中一些与条令精神相悖。比如战士外出时间不许超过两小时;就餐必须戴帽子;除周末、新闻联播时段和用闭路电视搞教育外,不许随便看电视等。五连战士小王告诉记者:"这么多的'不准'就像'高压线',一不小心就可能被'电'着,我们始终处在紧张状态,心情也特压抑。"

在一次新兵座谈会上,一名战士的话语引起李连长的深思,"首长,为什么我们的规定都是这个不准,那个严禁,我们有没有什么是可以的?"

连长通过调查发现,有的"不准"是根据条令精神和实际情况制定的,是合理的必要的,但也有些是对执行条令条例的过分拔高,有的则与条令条例相违背。"条令规定不得边走边吸烟,并没有说要完全禁烟,而连里却规定在营区任何地方都不得吸烟;条令规定军服内着毛衣、绒衣、棉衣等内衣时,下摆不得外露,而连里却规定绒衣甚至棉衣都要扎于裤内……"

"机关用'一刀切'、简单化的思路看问题,制定规定时就容易加码、过分。"常委会上,大家通过分析讨论,形成这样的共识:依法从严治军不是严而无度,对于各种规定,符合条令条例的就坚持,不符合的要坚决废除。

为此,他们组织机关梳理近年来制定的各种规定,围绕管理工作中不断出现的新情况,对基层官兵普遍关注的微机室管理、到服务中心购物、日常用品存放等10个问题,重新进行了明确,形成了"十个可以"的规定。

"十个可以"通知下发的当天,在班长宣读这份公文时,每读一条"可以",都被战士们猛烈的掌声打断。

早在"十个可以"酝酿过程中,就有人担心,一下子把这些"不准"变成"可以",能行吗?制度颁行之初,仍有人有这样的担心。

然而,一年来的实践证明,"十个可以"看来真可以:批假权的下放,并没有带来随意准假和私自离队的问题;微机室和活动室开放后,官兵们并未一味沉迷于娱乐;"禁烟令"取消后,烟民反而逐渐减少……在宽松的环境中,官兵的素质在悄然中提升。组织越信任,战士越自觉。

"十个可以"更是对带兵人的一种约束,使领导机关和带兵人对从严治军有了全面准确的理解。政委说:"十个可以"颁布后,更重要的收获在于转变了管理观念和领导作风,密切了官兵关系。过去总觉得多设"红灯"就是严格,制定了不少以"不出事"为目标、以矫枉过正为特征的"不准"。一味地"堵",结果适得其反;疏堵结合,才能收到事半功倍的效果。

[特点]实践证明,疏导的作用是显而易见的。仅仅要求官兵们"不做什么"是不够的,还要从实际出发,允许他们"可以做什么"。这样才符合"以人为本"的管理思想,从而在根本上解决问题,提高部队管理的实效。

[要求]堵固然必要,但正确疏导与引领是更重要的。堵只能堵其一时,不能堵其一世。对部队管理中出现的问题,如果不对其深层次的原因和症结进行查找并拿出对策,而只是一味采取强硬措施和高压态势去围堵,其结果只能是头疼医头,脚疼医脚,表面上看问题消失了,一旦风头过去了,问题又会换一种形式在另一个方面、另一个时间暴露出来。因此,队伍管理必须既堵又疏,疏堵结合,工作才能扎实、稳固,才能既治标又治本。

10. 科学预测法

根据官兵思想基础、气质性格情况、道德品质状况,结合形势进行综合分析,掌握思想动态和变化规律,以提高政治教育的主动性、针对性和有效性。

[范例]某连指导员在夜航开飞之前,组织全连思想骨干召开会议,对人员思想动态进行分析和预测。大家一致认为:两个团昼夜飞行,外场保障任务必然加重,人员会更紧张;天气寒冷,训练艰苦,对全连的战斗意志和顽强精神是严峻的考验;新春佳节来临之际,可能会引起官兵思想波动,甚至可能会出现争相与亲人通信、请假回家探亲的现象。如果发生这些问

题,必然影响训练任务的顺利完成。因此,制定了三条相应的对策:第一,全连紧急动员,把外场当战场,把训练当作战,班排之间开展训练竞赛活动,发扬不怕艰苦、不怕牺牲、不怕疲劳、连续作战的光荣传统,克服一切困难,确保外场保障任务的顺利完成。第二,采取一切措施改善取暖和就餐条件,使官兵在紧张艰苦的条件下能吃上热饭、喝上热汤、睡上热被窝,迅速恢复体力和精力。第三,发动全连给家里亲人写春节慰问信,宣传"忠孝不能两全""一家不圆万家圆""一人辛苦万人甜"的思想,汇报部队的训练工作,提前做好亲人的思想工作。最后,这个连队果然出色地完成了昼夜飞行的保障任务,受到了上级的表扬。尽管他们提前发了家信,春节前仍然接到了12封"母病重速归"的家信。由于思想教育超前,这些战士都能正确对待,通过电话主动做好家里亲人的工作,没有一个人向连队提出请假要求,以完成保障任务为先。

[特点]强调科学性,按照人的思维发展规律进行预测,保证了预测的准确率。强调思想性,透过现象看本质,不为表面现象所迷惑。强调超前性,把问题预测在发生之前,使思想教育做到了有的放矢。

[要求]一是要掌握第一手材料,平时就要注意积累有关资料,为预测准备好前提条件。二是要对材料进行深入细致的分析,去粗取精、去伪存真、由表及里、由此及彼,找出思想变化的内在规律。三是在综合分析的基础上找准问题,针对可能发生的问题制定相应的对策。

【知识拓展】

谈心的艺术

谈心(谈话)是基层做好经常性思想工作的一种最广泛、最有效的方法,也是衡量一个基层军士班长思想水平和工作能力的重要标志之一。

1. 谈心应遵循的原则

谈心活动是有规律可循的。一些同志的谈心活动之所以效果不佳,主要是因为违背了谈心活动中应当遵守的原则。谈心活动应坚持以下六项原则。

(1) 平等交流原则。这是由谈心活动自身的性质决定的。谈心活动是一种思想教育,而这种思想教育成功的前提是战士向军士班长掏心里话,因为只有了解战士的真实想法,谈心才能有的放矢。如果不是平等交流,战士就不会向你说心里话,谈心活动也就达不到预期的目的。因此,谈心活动最忌讳"摆架子""打官腔"。平等交流,最重要的是对战士诚恳,取得战士的信任。随着战士自我意识的增强,坚持平等交流的原则显得更为重要。

(2) 入情入理原则。以情感人,以理服人,是谈心活动取得成功的重要条件。情是同志情谊、战友情谊,理是科学的理论,正确的道理。真挚的情谊是谈心双方沟通的桥梁,具体实在的道理是解开思想疙瘩的钥匙。缺少真挚的情谊,道理讲得不着边际、脱离实际和低格调、庸俗化都不利于思想问题的解决。要做到入情入理,干部必须努力提高自身素质。自身思想水平低,知识贫乏,谈心活动就不可能入情入理。现在的战士文化程度较高,思想活跃,谈心活动必须克服空洞说教、泛泛而谈的不良做法,既要把道理讲透,又要把道理讲实,只有结合实际把道理讲透,战士才能听得进去。

(3) 表扬鼓励为主原则。每个战士都希望自己的表现得到领导的肯定,每个战士也都有自己的长处。善于发现他们身上的闪光点,并加以鼓励引导,使每个战士都能最大限度地发挥长处,从而推动部队的全面建设,是军士班长的重要责任。当战士发现他的成绩被军士班长认可,就会在今后的工作中更加积极主动。如果看不到战士身上的优点,一味地批评,战士就可能失去上进的信心。这就是谈心活动坚持表扬鼓励为主原则的客观依据。

(4) 因时因地制宜原则。军士班长与战士谈心,要注意把握特定时间、场合的谈话内容,什么时间、什么场合讲什么话都要经过深思熟虑。这个问题处理不好会伤害战士的自尊心,影响部队团结。比如,战士家属来队时,在家属面前对战士的成绩要给予充分肯定,以维护战士的自尊心,这样,战士才会在心里感激你,工作的劲头才会更足,对自身的缺点也会更加自觉地克服。某部一位军士的女朋友来队,指导员前去探望,当着其女友的面对军士的缺点进行批评,导致女友与这位军士分手,就是谈心不注意场合的典型事例。

(5) 有的放矢原则。解决思想问题像医生治病,讲究对症下药。谈心活动如果漫无边际,谈了半天战士心里没底,就很难收到预期的效果。要做到有的放矢,就要根据不同对象不同问题,事先考虑好谈话的内容和方法,以便切中要害,达到目的。

(6) 尊重隐私原则。随着社会文明程度的不断提高,个人的隐私权越来越受到重视。干部在与战士的交谈中,凡是涉及个人隐私的话题,不要主动询问,该不该讲、讲到什么程度由战士自己决定,更不能把战士的隐私作为新闻传播。某部一位战士的姐姐,遭人污辱,指导员与该战士谈心了解到这一情况后,没有替这位战士保守秘密,而是传扬了出去,引发不良的后果。这是值得吸取的教训。

2. 如何把握谈心艺术

把握谈心艺术要从以下几个方面着手。

(1) 确定谈心主题。在日常生活中,人们总要遇到诸如婚恋失意、家庭变故、进步受挫、身体患病等意外情况,产生一些思想变化。但每个人的思想反映往往不尽相同,即使同一个人,在不同的时期思想反映也不一样。因而,在谈心前,教育者要根据对象的思想反映,有针对性地通过调查、分析等形式摸准对象的思想脉搏,弄清谈心要解决的问题,确定谈心主题,做到有的放矢。主题选准了,工作才有针对性、主动性,才能开启对方的心扉。反之,主题选偏了,则可能隔靴搔痒,甚至把谈心引入死胡同,达不到谈心的目的。

(2) 选择谈心时机。打铁要看火候,谈心要看时机。谈早了,条件不成熟;谈晚了,时过境迁,失去意义。教育者要根据谈心的主题、对象的思想状况和客观环境适时地把握谈心时机,努力增强谈心效果。通常应把握好以下几种时机:一是问题显现,矛盾初露时;二是发生过错,有心理包袱时;三是遇到困难,需要帮助时;四是工作、生活发生重大转折,面临进退得失时。这就要求教育者要用心了解所属人员的基本情况,留心观察他们的变化,潜心摸索思想变化的内在规律,做下属的知心人、思想工作的有心人。

(3) 掌握谈心方法。人的思想基础、觉悟程度、知识水平、性格特点、具体情况等不尽相同,谈心之法也要因人而异、因事施法,做到"一把钥匙开一把锁"。对有缺点、犯错误的人要诚恳劝导,真心帮助,充分肯定对方的成绩和优点,在消除对方戒备对立的心理后,再逐步指出其不足,帮助其提高认识,迅速改过;对遭受打击的人在体贴安慰、热诚关心的同时,要帮助其分析原因,制定对策,引起对方思想上的共鸣、心灵上的沟通,使其尽快振作精神;对性格内向的人,要循循善诱,寓理于情,情理交融;对性格耿直爽快的人,可开门见山,直接把问题点透,不转弯子;对性格暴躁的人,应该由远而近、由轻而重,逐步接触问题的本质,使其在不知不觉中受到教育。

（4）把握谈心深度。谈心过程中要注意观察对象的情绪,对比对象在谈心前和谈心时的情绪变化,确定谈心的深度。对方心悦诚服,可以深入谈心;对方自悔自恨,可以加强鼓励;对方表达感谢,可以顺势加以引导;对方面露难色,可以适当降低要求;对方情绪抵触,强词夺理,可以中止谈心;对方反应冷淡,可以询问症结,也可中止谈心。无论哪种情况中止谈心后,都要进行必要的调查了解,了解清楚内情,再选择适当的时机、场合和方式进行谈心,直至达到目的。

（5）运用无声语言。谈心不仅是有声语言的交流,也是无声语言的交流。在某些特定的场合,谈心者一种得体举止、一次意味深长的微笑、一个传神的目光,都会取得"此时无声胜有声"的效果,所以谈心中要注意用无声语言配合有声语言。谈心时一般面向对方,目光平和,时而下视自己胸前,表示思考;时而平视对方,表示对对方发言的注意。谈心中情绪表达也很重要,同意对方意见时,可以表达欣慰;重视对方的意见,可以表示关注和肯定;同情对方的不幸,可以表示惋惜;等等。在谈心中,不仅用表情适应对方的某种感情、意向,还要用自己的表情去控制对方的情绪,比如,对方怒气冲冲,要有从容自若的表情;对方神情忧郁,要有关心、热情的表情,以便为谈心创造良好的情境。

3. 谈心注意事项

谈心要谈到点上。一是选准切入点。谈心前要通过调查、分析,摸准战士的思想脉搏,弄清要着重解决的问题,精心设计谈心的突破口和切入点,做到成竹在胸、心中有数。二是激发共鸣点。要想使自己所谈所讲能够启人心智、发人深省,必须在激发战士兴趣上下功夫;要尽力营造一种情理交融的氛围,拉近与战士的心理距离。三是留下思考点。通过留出一段时间、提出几个问题,让其思考,让其进行自省,达到自我教育的目的。

谈心是做好经常性思想工作的一项重要内容,是抓好管理教育工作和提高工作效率的重要环节。要使谈心收到实效,谈心中应注意做到"七忌"和"七要"。

一忌无准备,要胸有成竹。谈话前,不能打无准备之仗,要充分了解谈心对象的平时表现、思想状况和家庭生活背景方面的情况,以及谈心的原因,对实际问题预先要有对策,谈话的步骤、方法、内容、目要明确,要有针对性地做好谈心前的各项准备工作。

二忌居高临下,要放下架子。谈心必须是双方以平等的身份进行沟通,切忌摆出一副官架子,板起冷面孔,盛气凌人,把气氛搞得很紧张,让对方感到很拘谨,不敢也不想说真心话,非但没有解决问题,反而加重了对方的心理负担。

三忌心浮气躁,要心平气和。在谈心中,对方往往由于心中积压怨气而说出一些比较过激的语言。此时,要善于调整好自己的情绪,不能跟随情绪去指责对方,要和颜悦色地积极疏导,使双方在和谐轻松的气氛中交流思想。

四忌漫无边际,要切中要害。谈心时,要尽可能简明扼要,有的放矢,不可滔滔不绝漫无边际,也不可谈话内容延展太宽,不得要领。要注意察言观色,加快思维节奏,句句切入要害,让对方把心里话倒出来。

五忌浅入浅出,要循序渐进。沟通思想要拉近相互距离,把问题说透,既要通俗易懂,又要把原则性的问题说清,不能浅入浅出、避开矛盾,只谈表皮问题,不切入实际,搞得对方弄不懂、想不清。谈话双方僵持时,要做好第二次谈话的准备,循序渐进,切不可急躁冒进。

六忌信口开河,要言而有信。对于没有搞清的问题,要如实说明,待弄清楚以后再答复对方。谈心时,不能说无原则的话,不应信口开河,更不能随意许愿、打包票。但答应对方要办的事情,要尽快办妥,以免对方产生埋怨情绪。

七忌虎头蛇尾,要有跟进。谈心结束后,要鼓励和肯定对方的优点,并注意跟进掌握对方的表现情况。对谈话的主要内容要有记录,需要解决的问题要制定计划表,对重点问题要及时向上级领导汇报。

倾听的艺术

有这样一则广告,也许你看过:一位老太太坐在那里洗衣服。她一边洗,一边兴高采烈地称赞透明皂是如何如何好。而此时她的老头子则在一旁喝茶看报。为什么老头子不做事,老太太还很开心呢?因为老头子在倾听老太太的唠叨,脸上还浮现出赞许的笑容,从而极大地满足了老太太的心理需要,因而比老头子帮她做事还开心。如果别人专心听我们说话,我们也会觉得自己被看重、被了解、被接纳。积极的倾听可改善人际关系,倾听的本身,也是一门艺术。

美国一位资深外交官曾对周恩来总理在外交活动中注意"听"的风格留下深刻的印象。他说:"凡是会见过他的人几乎都不会忘记他。他身上焕发着一种吸引人的力量。长得英俊固然是部分原因,但是使人获得第一个印象的是眼睛。你会感到他全神贯注于你,他会记住你和你说的话。这是一种使人一见之下顿感亲切的罕见的天赋。"

闻名世界的教育家卡耐基先生曾在纽约出版商主办的一次晚宴上,见到了一位著名的植物学家。他倾听着植物学家谈论大麻、室内花园以及关于马铃薯的惊人事实。直至午夜告别时,卡耐基先生几乎没有说过什么话。那位植物学家却高兴地对他人说:卡耐基先生是最有意思的人,是一个最有意思的谈话家。这是因为卡耐基先生深深地知道,很少有人能禁得起别人专心致志的听讲所给予的暗示性赞美。

倾听是无声的语言。在实际工作中,倾听往往与言谈相辅相成、相得益彰。基层军士班长不会倾听,就不能了解教育对象的真实情况,话就说不到点子上;不会听,就捕捉不到对方心灵深处的东西,做思想工作就缺乏针对性。作为基层政治干部,除了有良好的口才外,还必须是一个诚诚恳恳的善听者。

有的军士班长在倾听上做得不太好,主要表现在以下几个方面:一是思想不重视,不愿听。有些军士班长习惯于用"我说你听"的思维模式进行思想政治教育,觉得自己是主体,总以为自己比别人高明,不愿意听取别人的意见。二是方法不得当,被教育对象在说话的时候,军士班长没有对此做出积极的反应,"听"只是走形式、摆样子,对方说完后,抓不住关键。三是态度不诚恳,不会听。听到赞扬就沾沾自喜,听到批评就满腔怒气;对关系密切的老乡、同学的话喜欢听,并深信不疑,对关系一般的人说的话就不爱听,并将信将疑。这些问题严重影响了思想政治工作的效果。

尊重对方,耐心听取。心理学研究表明,每一个人都具有自己的尊严与人格,人的自尊心受到尊重就能焕发出巨大的精神力量。认真仔细地听取对方的谈话是尊重对方的前提条件。热情友好地对待对方和及时肯定对方,都会使对方对你产生好感。全神贯注,尊重对方,就会造就一个良好的交谈氛围,就会使对方感到自己的发言是重要的,从而把自己的想法毫无保留地讲出来。思想政治工作者要有良好的修养和风度,要耐心地听人家把话讲完。如果心不在焉,顾左右而言他,就会使对方感到没有真心诚意地听他讲话从而产生消极情绪,欲诉则停、欲吐则噎,从而大大影响谈心的效果。

情态是打开心灵之窗的钥匙,是人心理活动的外化形式,是语言表达的重要补充。运用情态可以直接表情达意,往往能收到"此时无声胜有声"之效。眼神和脸色、手势、胳膊和腿的姿势以及你的体态,都可以告诉对方,自己对谈话内容的理解。所以,思想政治工作者在倾听时,应表情自然,以微笑对人。另外,眼神是表达思想感情的重要方式,是交谈者无声的交流,思想政治工作者在倾听时,要正眼注视对方,不要东张西望或呆滞不动,更不要在眼神中表现出故弄玄虚、高深莫测的样子,也不要死盯不放,或鼓励,或探询,都要恰如其分。

注重思索,善解人意。倾听的目的不在于当"录音机"。知道对方说了些什么,关键是要知道对方在想什么,要善于从对方的话中听出问题,有针对性地做好工作。军士班长和战士谈话,有时对方不一定表达出自己的真实想法,或拐弯抹角、闪烁其词;或有所暗示、不直接道明。这就要求军士班长开动脑筋,注重思索,对他们所说的话进行具体分析,摸清对方的真实意图。

记录要点,适时反馈。俗话说,"好记性不如烂笔头"。在倾听的过程中也应做一些记录。如果担心记录会影响谈话,可以记上关键内容,以便有针对性地回复。但应注意不要长时间地记,如果只顾埋头记录,不注重思索、考虑,既可能使对方感到拘束,也可能使有价值的内容,因未能深入了解而遗漏。倾听时,军士班长要根据听出的问题,在对方谈话的间隙,及时、主动地作出反馈。在适当的时候,可插上一两句短语,如"是吗""讲得好"等,绝不能毫无反应。对于那些拙于辞令或心事重重的人,还要循循善诱,以促其吐露心声。

听后有行,重在落实。基层军士班长同战士谈心,其根本目的是做好思想政治工作。可有不少军士班长在倾听过程中,貌似谦虚恭敬,不管你说什么,他都无动于衷,口口声声"是是是""好好好",过后却无回音,没有任何行动,群众反映的意见和问题依然存在。倾听成了走形式。这样的军士班长,说轻一点是不负责任,说重一点是失职。军士班长在倾听过程中,对战士的建议和批评一定要有高度负责的精神,逐条逐项抓好落实。有些问题即使不能解决,也要做好解释工作,绝不能把战士的呼声当作耳旁风,等闲视之。只有把倾听与落实结合起来,倾听的作用才能真正显示出来。

表扬的艺术

表扬是一种常用且有效的工作方法,恰当的表扬,会起到表扬一个人、激励一群人的作用,并能够增进连队军士班长与部属间的感情。政治工作者的天职不是抠出别人的短处,把人治住,而是激发每个人的长处,使人人变成英雄。表扬是一门学问,需要有广博的知识、较高的理论水平和娴熟的技巧。

表扬的基本要求有以下 5 点。

(1) 态度诚恳。表扬是对人肯定态度的一种反映。只有真诚的表扬,才能唤起部属的真挚感、亲切感、温暖感、信任感,从而愉快地接受表扬。相反,如果表扬的态度不真诚,给部属留下敷衍了事、言不由衷的感觉,就会使部属感到被冷落以致产生疑虑不安等消极情绪,不仅不能发挥表扬的激励功能,甚至还会起负面作用。

(2) 恰如其分。表扬要恰如其分,应避免三个误区。一是偏信。如果只看部属一时的行为就对其大加赞赏,难免会给某些爱弄虚作假的人钻空子的机会。表扬了这样的人,就会挫伤真抓实干的同志的积极性。二是偏执。要坚持主观愿望与客观效果相统一的原则,不能只看动机,不计结果,也不能以结果掩盖动机。比如,一位部属无意间做了一件有益的事情,可以肯定这种行为,但不能说他觉悟有多么高。三是偏见。分析表明,有的人往往乐于表扬自己周围的人、自己喜欢的人、第一印象好的人。这样就会给人一种搞小圈子、只看表面现象的印象,造成部属与表扬者之间的隔阂。作为连队军士班长,应自觉避免这些误区,尽可能使表扬恰如其分。

（3）善于谋势。表扬的目的有两个：一是巩固被表扬者正确的思想行为；二是激发其他人的上进心,产生更多类似的行为。所以,要考虑表扬的个体效应和群体效应。成功的领导者往往善于运用表扬,在本单位造成席卷裹挟之势,使先进者耻于停步,后进者羞于不追。一般情况下,如果连队正气不足、邪气较重,军士班长在狠刹歪风邪气的同时,应旗帜鲜明地表扬那些踏实肯干、敬业奉献的人；如果连队缺乏活力,平均主义、论资排辈现象严重,军士班长应打破常规,大力表扬那些为单位建设作出突出贡献的新面孔和年轻人；如果连队技术创新能力不足,军士班长应多表扬那些勇于进行技术革新的人。总之,表扬就是导向,军士班长要善于从单位建设的大局和实际出发,工作中最需要什么精神和行动,就大力表扬相应的人和事。

（4）因人而异。人对外部刺激的反应差别很大。表扬时不仅要考虑客观行为、工作需要等因素,还应根据个人的心理特点,注意表扬的方式,把握表扬的火候。从情绪特点上来说,对情绪稳定的人,表扬力度可偏大些；对情绪不稳定的人,表扬力度可偏小些。从心理状态上来说,对处于愉快心境的人表扬过多,可能会使他们飘飘然；而对那些处于沮丧心境的人进行表扬,则会使他们感受到关爱,精神为之一振,从而点燃克服困难的希望之火。总之,在表扬时应考虑部属的心理承受能力和可能产生的效果,因人而异。不管个体差异一刀切的做法是不会收到好的效果的。

（5）时机得当。应注意及时表扬。人的行为具有波动性,同一个人在不同的时间里可能表现不一。军士班长如果在部属表现好的时候及时表扬,就会给部属以明确的导向。尤其是那些后进的部属,当他们出现积极行为时,非常渴望得到承认。此时,及时表扬就能够使该行为稳定下来；若对其表示漠视,则可能使其灰心失望。另外,表扬及时与否,也反映了军士班长对部属的态度。表扬及时,部属会认为军士班长对自己是关心的、抱有期望的；反之,若迟迟得不到表扬,部属就会觉得领导者对自己的表扬可能仅仅是应付,以致对被表扬或被批评产生抵触心理。当然,强调及时表扬,并不意味着每当部属有进步时都必须表扬。在积极的思想和行为形成初期,连续表扬是必要的。但进步行为已经较为稳定地出现之后,军士班长应有意降低表扬频率。这样,部属就会逐渐养成在较少或没表扬的情况下,仍然能够稳定地表现出积极行为的习惯。

表扬要善于激发人的潜能。

一是表扬中提希望。人受到表扬,就会感到心情愉快,能满足自尊心,增强自信心,产生成就感、荣誉感和自豪感等积极的思想反应。同时,人在精神舒畅、信心十足时,容易接受带有希望性的要求与建议,因为这时受表扬者从希望中感受到了关心和爱护。因而表扬过程中,趁热打铁,提出有针对性的希望,受表扬者就会把希望作为动力,在工作中朝希望目标不懈努力；对工作中有成绩也有问题的同志把解决存在的问题作为希望提出来,受表扬者就会自觉发扬优点,克服缺点,进一步完善自己；对于受到表扬就沾沾自喜,感到船到码头车到站,该歇歇脚的同志的表扬,要提出带有挑战性的希望,受表扬者就会不骄不躁,为实现下一个目标而努力；对于工作中一贯突出,积极上进同志的表扬,也要提出一些具体的希望,从而促进他们更加发奋努力,继续发挥自己的优势。

二是表扬中教方法。受到表扬的人,说明他所做的事领先一步、高人一等,如工作中表现突出、完成任务出色、政治学习考核优秀等。这些成绩中凝聚了个人的汗水、智慧和经验,是一笔可贵的资源财富。为了实现资源共享,在表扬之前,要深入调查,归纳总结受表扬者在实践中悟出来的经验和体会,表扬时详细讲述这些经验方法,使大家从中学到更多的方法。对于旁人难以说清的经验体会,还可以集中时间,请受表扬者谈体会,具体介绍自己在工作中是怎么做的,遇到困难时是怎么想的,又是怎么克服的;还可以通过板报、广播、光荣榜、局域网等多种形式,宣传先进经验,让更多人受益。

三是表扬中讲道理。现实生活中,总有一些人看到别人在某些方面胜过自己时就不服气,如果引导不当,表扬先进对他们就会起反作用。因此,表扬时不能就事论事,而要就事论理,不仅要讲事实,而且要讲思想,从而使他人受到启发和教育。

四是表扬中有鞭策。表扬先进同志,实质是对后进同志的一种批评,这种批评不是直接的,而是间接的引导与鞭策。间接式批评更有说服力,更能激发后进者的内在动力。因此,在表扬过程中,要对照存在的问题讲。在表扬先进的同时,不点名地指出后进同志存在的问题,让其他同志在比较中看到差距、问题与危害,激励他们在今后的工作中加倍努力,赶上或超过先进同志。

批评的艺术

批评,是思想政治工作的重要手段。但有的同志不太注意批评的方式,往往弄巧成拙,达不到预期效果。

批评的方式主要有以下5种。

(1) 鼓励式批评。每个人都有自尊心,有了错误,如果受到过于直白的批评,可能会难堪。若用鼓励的话语进行旁敲侧击,也能使对方认识到错误并乐于接受。如有个班长工作积极性很高,但训练中不大讲究方法。如果对他说"继续努力,但要注意改进方法"这种鼓励式的批评,较之直接训斥和责备,显然让人容易接受得多。

(2) 沉默式批评。在一些不宜用言辞批评的场合,无声的批评也是有效的。只要你态度严肃、表情不悦,犯错误的同志就会在这种冷峻的气氛中感觉到领导的责备,并产生心理压力,进行自我反省,达到"无声胜有声"的批评效果。如连队司机有时为赶时间想闯红灯,当他问"现在没车,是不是过去"时,你只需用手指一指红灯,就足以表明你的态度。

(3) 商讨式批评。发现下属的不良行为后,要心平气和地对他们讲清危害和后果,以关怀的态度商讨纠正错误的办法,使其感觉到领导是实实在在地为了自己改正错误,帮助自己进步。这种商讨式的批评,既密切了相互关系,又帮助下属改正了错误。如有的士兵想在部队干出个样子,但又担心最后出了力却无法达到自己的目标。这时可以说:"农民春天播种时,可能会因为一场自然灾害,到秋天时颗粒无收。"然后问:"农民会不会因此而连种子都不播呢?"答:"不会。""是啊,播种不一定都会有收获,但要收获就必须播种。"这样的批评,效果会更好一些。

(4) 提醒式批评。不少同志出问题、犯错误是无意的。如果及时提醒和暗示,就会使下属少犯错误。如有的战士组织纪律观念不强,批评时可借助外单位的事故通报,暗示本单位的问题,提醒一些同志增强组织纪律观念。这种批评较之一般的讲道理,更有说服力。

(5) 公开式批评。对于错误严重、影响恶劣的同志,不能只私下批评,而要进行公开的严厉批评。批评时态度要严肃认真,语言要激昂有力,要让犯错误的同志受到教育,意识到错误的严重性,从而在思想上受到震动,达到挽救同志、帮助同志的目的。这样做的另一个目的是使更多的人从中吸取教训。

总之,实施批评应该因人、因事而异,做到有的放矢、对症下药,这样才能取得较好的效果。

批评还有以下"五忌"。

一忌以势压人。有些军士班长在批评时居高临下、盛气凌人,独断是非、不容异议,这样的批评容易造成上下的对立。

二忌捕风捉影。下属如确实有错误,批评时严厉一点,下属一般也能接受。但如果批评者疑神疑鬼,听信流言蜚语,冤枉好人,势必导致上下级之间关系紧张而影响工作的开展,弄不好还会产生更为严重的问题。

三忌恶语伤人。每个人都有自尊心,犯错误的下属也不例外。他希望领导能给以宽容和理解,给他一个立功改过的机会,而不是一味地埋怨和斥责。因此,在批评下属时一定要实事求是、注意分寸,而不能借题发挥、恶语伤人。尖酸刻薄的训斥只会造成对被批评者自尊心的损伤和人格的侮辱而且并不能解决实际问题。要平心静气地和下属一起分析产生错误的原因并共同探讨有效克服的方法,给下属一种亲近感和爱护感。

四忌揪住不放。批评不是靠量多取胜。少说能解决问题的,不要多说,点到为止;一次批评能奏效的,就不要再次提起,适可而止。过分指责,只能使人生厌。一般人都有自知之明,且能知错就改。没有必要揪住小辫子不放,否则,只会适得其反。

五忌姑息迁就。任何批评都不能对被批评者全盘否定,把人一棍子打死。在批评的同时要给被批评者一些必要的安慰、鞭策、鼓励,使之增强改正错误的信心和勇气。但这绝不意味着对下属的过失睁一只眼闭一只眼,姑息迁就,甚至抛弃原则、纵容包庇,听之任之。表面上看来是宽容大度,实际上是养痈遗患,为其今后犯更大的错误提供温床。因此,不能拿原则做交易、做和事佬,该严肃批评的一定要严肃批评,决不能心软。

批评之后要做好疏导工作。

在连队,对有过错的官兵,不能仅浮于表面批评一通了事,而应该注意做好批评的疏导工作。如果只知道严肃批评,不注意教育引导,不能从深层改掉犯错官兵的问题。

要做好批评的善后工作,使本人乐于接受批评并愿意改正过错,连队军士骨干应注意三点:一是要对犯有过错和违纪的战士有一个正确的态度。连队战士难免偶尔犯有过错,要相信他们会改正错误,不要因为他们有了过错就打入另册,冷落他们。二是要有耐心。允许犯有过错的战士有一个认识错误、改正错误的过程。要通过耐心细致的教育引导,使他们放下包袱,轻装前进。三是要热情关心。注意从生活上、政治上关心和体贴他们,使他们增强知错改错的信心和勇气。

实践训练

科目:开训动员

目的:学会组训教学过程中"做思想工作"的方法;

内容:进行开训动员,激发鼓舞士气;

要求:语言流畅、充满激情、配合动作手势、调动受训人员积极性。

【复习思考】

简答题

1. 什么是会做思想工作?
2. 做思想工作的方法有哪些?
3. 组训中的思想工作有哪些环节?
4. 思想情况收集的方法有哪些?
5. 简述心理疏导中思想引导的方法有哪些。
6. 简述心理疏导中行为引导的方法有哪些。
7. 简述心理疏导中组织管理的方法有哪些。

附录1　教案模板

授课序次	第　次课	授课学时			
授课类型					
单元标题					
教学目标		知识目标	能力目标	素质目标	思政目标
重点难点分析	重点： 难点：				
教学方法手段	方法： 手段：				
学生课前准备					
教师课前准备					

教学内容与过程	辅助手段 时间分配
新课导入：	
讲授内容：	
课堂小结：	
课后作业：	
教学后记（包括内容、方法、学情、资源等）	

附录 2　周训练计划模板

一、周训练课目:某型电站发供电操作

二、训练内容

1. 开机前的检查

2. 开机、发电、供电、停机

3. 停机后的工作

三、训练目的

1. 熟悉电站主要性能指标

2. 学会开机前的各项检查

3. 掌握开关机的方法要领

4. 明确操作使用注意事项

四、训练要求

1. 保持严谨的工作作风

2. 严格遵守电站操作规程

3. 在规定时间内掌握操作步骤

4. 训练中要认真体会方法要领

五、训练时间

××××年4月23日～××××年4月27日

六、训练对象及分组

第一组:组长:××　　器材保管员:××　　安全员:××　　小组成员:×××　　×××　×××

第二组:组长:××　　器材保管员:××　　安全员:××　　小组成员:×××　　×××　×××

第三组:组长:××　　器材保管员:××　　安全员:××　　小组成员:×××　　×××　×××

七、训练场地及划分

本周训练集中授课在理论教室进行,操作练习在电站训练场进行。第一组在左边,第二组在中间,第三组在右边。

八、装备器材

1. 某型电站　　　　　　3台

2. 班组工具　　　　　　3套

3. 柴油　　　　　　　　100 kg

4. 柴机油　　　　　　　10 kg

5. 擦拭布　　　　　　　　2 kg
6. 干粉灭火器　　　　　　3 个

九、组训方法

集中授课、分组训练、定点施训、轮流操作、总结交流、整体提高。

十、注意事项

严密组织、严格要求、严肃认真；
发现问题、及时纠正、提高效果；
勤俭节约、杜绝浪费、注重养成；
措施到位、严防事故、确保安全。

十一、进度安排

某型电站周训练进度安排表

时间	训练内容	组训形式	训练场地	组训者	备注
4.23 上午		集中授课	理论教室	×××	多媒体设备
4.23 下午		集中授课	理论教室	×××	多媒体设备
4.24 全天		分组进行	电站训练场	×××	提前准备到位
4.25 全天		分组进行	电站训练场	×××	提前准备到位
4.26 全天		分组进行	电站训练场	×××	提前准备到位
4.27 上午		单个进行	电站训练场	×××	要严密组织
4.27 下午		代表发言	理论教室	×××	交个人小结

十二、训练考核

（略）

参考文献

[1] 王洲伟.士官组训方法[M].北京:国防工业出版社,2019.
[2] 徐国庆,陆春炎.军队基层政治干部"四会五能"实务[M].北京:蓝天出版社,2009.
[3] 冯忠良,等.教育心理学:第3版[M].北京:人民教育出版社,2015.
[4] 袁文先.军队院校教育学[M].北京:国防大学出版社,2011.
[5] 柳海民.教育学概论[M].北京:北京师范大学出版社,2015.